臨床心理学をまなぶ ❷

実践の基本

下山晴彦 ──［著］

東京大学出版会

Studies in Clinical Psychology 2:
Basic Skills for Clinical Practice
Haruhiko SHIMOYAMA
University of Tokyo Press, 2014
ISBN 978-4-13-015132-0

シリーズ刊行にあたって

　皆さんは，臨床心理学をカウンセリングや心理療法と同一のものと思っていませんか。残念ながら，それは，既に時代遅れの考え方です。

　近年，世界の臨床心理学は，一貫した学問体系を備えた実践科学として，医師をはじめとする他の専門職と協働して心理援助の専門活動を展開しています。医療，福祉，産業，教育，司法・矯正といった多様な領域において，研究によって有効性が実証的に認められた方法を用いて，メンタルヘルスの問題解決に取り組んでいます。これはエビデンスベイスト・アプローチと呼ばれ，従来の臨床心理学が対処できなかった問題に対しても有効な介入法を開発しており，社会的ニーズもますます高まっています。また，ポストモダンと呼ばれる高度の情報化が進んだ現代社会に対応し，一人ひとりの利用者の語り（ナラティヴ）を尊重することを通して人々の生活を支援するサポートネットワークを，他職種と協働してコミュニティに形成していく実践活動も展開しています。

　日本の臨床心理学は長い間，このような世界の動きから取り残され，古いタイプのカウンセリングや心理療法の学派の集合体に甘んじていました。しかし，それでは社会的ニーズに応えられないとの反省も生まれつつあり，最近になってようやく新たな段階に向けての転換期を迎えるようになりました。

　本シリーズは，新たな段階の臨床心理学を先取りし，その実践と研究を体系的に，しかもバランスよくまなべるように構成されています。第1巻では臨床心理学の全体像を概説し，第2巻で実践の基本を押さえた上で，第3～5巻では介入までの流れと主要な介入方法について，第6・7巻では実証性を確認するための質的・量的研究法について，具体的に解説します。最新の情報も満載されているので，学生さんだけでなく，すでに現場で働いている心理職の皆さんにも，ぜひ読んでいただきたいと思っています。

　2010年2月

シリーズ編者　下山　晴彦

はじめに

　本書を手にとっていただいた方は，何らかの意味で臨床心理学に関心をもっておられることと思います。どのようなことがきっかけで臨床心理学に興味をもったのでしょうか。臨床心理学のどのようなところに魅力があるのでしょうか。

　本書は，タイトルが"実践の基本"となっていることからもわかるように，単なる学問としての臨床心理学に関心があるだけでなく，実践にかかわることに興味をもっておられる方も多いのではないかと思います。端的に言うならば，心理援助の専門職として"臨床心理士"になることに関心をもっておられる方も少なからずおられると思います。

　では，どのようにしたら臨床心理士のような心理援助の専門職になれるのでしょうか。そのためには何が必要なのでしょうか。思いやりや優しさがあればよいのでしょうか。困っている人について親身になることができればよいのでしょうか。あるいは，逆に問題を科学者のように客観的に分析する態度が重要となるのでしょうか。専門的な知識や技術を正確に習得し，"臨床心理士"の試験に合格しさえすれば，それでよいのでしょうか。

　本書は，このような疑問に答えるために，臨床心理学の実践活動の核となる基本技法とその訓練方法を示し，そのまなび方をまとめたものです。

　「臨床心理学をまなぶシリーズ」の第1巻『これからの臨床心理学』では"学問としての臨床心理学"をどのようにまなぶのかを示しました。それに対して第2巻である本書では，学問としてではなく，"実践のための臨床心理学"をどのようにまなぶのかを示すことになります。

　第1巻では，臨床心理学の学習を大海原の航海に喩えて記述しました。そこでは，読者の皆さんは船に乗り合わせている乗客という立場でした。第2巻では，読者の皆さんは乗客というあり方から一歩進んで，船を操る技術をまなぶ立場になります。

そこでは，一人ひとりが船を漕ぎだしていくことが求められます。行き先を決め，そこに向けて操舵するための技術をまなぶことになります。まさに一人前の船乗りになるための技術習得の方法を体系的に解説することが本書の目的となっています。

　読者としては，次のような人たちを想定しています。

　第1は，大学院で臨床心理学をまなんでいる大学院生の皆さん。大学院生としたのは，臨床心理学を，単なる机上の知識としてではなく，実践の学として実習を通して本格的にまなび始めるのが大学院に入った後であるからです。本書は，あくまでも実践の学としての臨床心理学をテーマとしています。

　第2は，既に現場で実践に携わっている心理職の皆さん。わが国では臨床心理学の共通基盤と全体像が明確でないため，多くの心理職は，ある特定の学派に依存する傾向があります。その結果，学派を越えて臨床心理学全体の可能性を議論することが少なくなっています。また，学問としての枠組みが曖昧なため，研究と実践が分裂し，現場での実践が学問としての発展に結びつかなくなっています。そこで，心理職が臨床心理学を実践の学として見直し，発展させていく土台として本書を利用することができます。

　第3は，臨床心理学を専門とはしていないが，さまざまな理由から実践の学としての臨床心理学に関心をもつ皆さん。この中には，これから大学院に進学して臨床心理学を専門的にまなぼうとする学生も含まれます。また，本書で解説される心理支援の技法は，たとえば教育職，医療職，看護職，福祉職などの，心理職以外であっても，人を援助する活動に携わる人々にとっても役立つものです。

　第1巻で詳しく述べたように，臨床心理学は，歴史的にも，また理論的にも次元の異なるさまざまな考え方や方法が重なりつつ成立してきた学問です。現在でも新たな考え方や方法が加わりつつあります。そのため，初学者だけでなく専門家の間でも，学問の共通基盤や全体像についてのコンセンサスが得られていません。本書は，このような臨床心理学の多様性を認めたうえで，その多様な考え方に共通する臨床心理学の核として"物語性"を取り上げ，それに基

はじめに　v

づいて臨床心理活動の実践技法を体系化し，その学習過程をわかりやすく提示します。

　臨床心理学の実践は，問題の解決や改善に向けて"事例の現実"にかかわっていく作業です。本書では，その"事例の現実"を，「語りとしての物語」と「劇としての物語」から構成される「事例の物語」として理解します。そして，実践を，物語性の観点から「事例の物語」にかかわり，問題の成り立ちについての"読み"である見立てをもち，事例に介入していく作業と定義します。したがって，本書では，「実践の基本」を「物語の技法」として解説していくことになります。

　臨床心理学の活動にかかわる皆さん，またこれからかかわろうとする皆さんが活動の基本となる技法を知り，それを習得するのに本書が少しでも役立つことを祈っております。

　Bon Voyage!

目 次

シリーズ刊行にあたって　i

はじめに　iii

第Ⅰ部 実践の基本とは何か……………………………………………1

第1章　人生の物語にかかわる……………………………………………3
1 臨床心理実践の基本特性としての物語性（3）　2 実践の基本は人生の物語にかかわることである（4）　3 事例の物語から（8）　4 実践は物語を共有することから始まる（11）　5 実践を中核とする臨床心理学の意義（16）

第2章　自己の物語を生きる難しさ………………………………………17
1 語りの共同生成にかかわる（17）　2 自他未分化な実践となる危険性（20）　3 理論によって物語を割り切る危険性（23）　4 専門職として責任をもつ（25）

第3章　実践のための基本的態度…………………………………………27
1 心理援助の専門職になるために（27）　2 自分自身と向き合う（29）　3 自らの隠れた欲求に気づく（33）　4 改めて心理援助専門職になること（36）

第Ⅱ部 実践の基本構造を知る…………………………………………39

第4章　事例の現実に臨む…………………………………………………41
1 実践を体験する（41）　2 理論から現実へ、そして実践へ（52）

第5章　方法としての物語…………………………………………………61
1 現実を読むために（61）　2 物語とは何か（67）　3 方法としての物語（70）　4 来談に至る事例の物語（75）

第6章　事例の物語を見立てる……………………………………………79
1「劇としての物語」へ（79）　2 事例の物語の奥行きを知る（83）　3 事例の物語の構造（87）　4 事例の物語の構造の実際（90）　5 実践過程へ（95）

第III部 つながりをつくる技能をまなぶ——コミュニケーション …97

第7章 実践技能の体系的理解 … 99
1 物語データの処理技能としての実践技能（99） 2 データ処理技能としての物語技法の整理（101）
3 実践技能の体系的理解（107） 4 3次元から成る実践技能の全体構造（111）

第8章 語りを聴き取る技能 … 113
1 臨床実践におけるコミュニケーション（113）
2 語りを"聴く"技能の実習：ロールプレイ1（118）
3 共感的に"聴く"ことの難しさを体験する（122）
4 語りを深めることの難しさを体験する（128） 5 発展に向けて（134）

第9章 問題を見定める技能 … 137
1 査定的コミュニケーション（137）
2 "聴く"技能と"訊く"技能を統合する実習：ロールプレイ2（138）
3 適切に"訊く"ことの難しさを体験する（140）
4 "聴く"技能と"訊く"技能の統合をまなぶ（145）
5 "みる"技能と"きく"技能の統合の難しさを体験する（150）
6 "診る"技能の実習（156） 7 多様なコミュニケーションを統合する"読む"技能（162）

第IV部 見立てをもつ技能をまなぶ——ケース・マネジメント …165

第10章 問題を見立てる … 167
1 ケース・マネジメントとは（167）
2 問題を見立てる——ケース・フォーミュレーションの形成（171）
3 見立てに基づいて介入方針を選択する（177）

第11章 ケース・マネジメントの訓練 … 181
1 事例検討のために物語を記述する（181） 2 事例を検討するための方法（190）
3 スーパービジョンのポイント（196）

第12章 ケース・マネジメント事始め … 201
1 実践を始める前に（201） 2 試行実践の実際（209）

第V部 場をしつらえる技能をまなぶ——システム・オーガニゼーション …219

第13章 システム・オーガニゼーションの役割 … 221
1 システム・オーガニゼーションとは（221） 2 実践を社会システムに位置づける技能（225）
3 相談機関を社会組織として運営する技能（230） 4 現場と大学院をつなぐ研修制度（234）

第14章 現場研修の実際 ………………………………………………………237
1 大学院での実習プロセス（237）
2 医学部附属病院における現場研修の実際（238）
3 病院での現場研修の意味（241） 4 修士課程での実習を振り返って（243）

第Ⅵ部 物語をつなぐ実践 …………………………………………247

第15章 事例の物語をつなぐ ……………………………………………249
1 物語をつなぐ（249） 2 つなぎモデルによる物語支援（254）
3 日本の社会文化に即した実践モデルに向けて（261）

第16章 実践の物語 ………………………………………………………265
1 理論モデルを超えて事例の物語へ（265） 2 事例の物語を読む（前半）（266）
3 事例の物語を読む（後半）（269） 4 物語の展開に向けて（273）

第Ⅶ部 実践の技能を使いこなすために ………………………277

第17章 "語り"を生成する機能 …………………………………………279
1 機能としての場（279） 2 "語り"を生成する機能（280）
3 "読み"を生成する機能（286） 4 "読む"ことの難しさと"みる"ことの必要性（292）

第18章 "劇（ドラマ）"を生成する機能 ……………………………………295
1「劇としての物語」の変容にかかわる機能（295） 2 行動の変化を導く機能（296）
3「生活」にかかわる技能（308） 4 全体から部分へ（317）

第19章 改めて実践の基本を考える ……………………………………319
1 行為としての知（319） 2 実践知と専門性（321） 3 社会的機能（326）
4 実践知としての臨床心理学（330）

人名索引　333

事項索引　334

＊本文イラスト：齋藤 稔

第 I 部

実践の基本とは何か

CRUSADES

第1章 人生の物語にかかわる

1 臨床心理実践の基本特性としての物語性

　臨床心理学は心理学の一領域ですが、他の領域とは異なる特徴があります。それは、学問の中核に"実践"があることです。臨床心理学以外の心理学の領域のほとんどでは、中核に"研究"があります。そして、研究の方法として実験や調査という手続きが必要となります。実験や調査によってデータを収集し、科学的な方法で分析し、最終的に生体の行動を説明する法則や理論を見出すことが学問の目的です。それに対して"実践"を核とする臨床心理学では、法則や理論を見出すことではなく、より有効な実践活動をすることが学問の目的となります。そして、その実践の方法としてさまざまな臨床技法があります。

　ただし、臨床心理学では、実践が中核にあるからといって研究を排除するものではありません。むしろ、本シリーズ第1巻で解説したように、研究は実践の有効性やモデルの適切さを検証するために必須の活動です。これは、科学者—実践者モデルが臨床心理学の主要モデルとなっていることにも示されています。実践と研究が重なって、臨床心理学の専門性が確立することになるわけです。つまり、実践活動を核として、研究活動と専門活動が重なり、層構造をなしているのが、臨床心理学の最大の特徴です（第1巻参照）。

　そこで本書では、臨床心理学の中核をなす"実践"、つまり臨床心理実践の基本とは何かについて、"物語性"の観点から解説します。物語性は、研究活動において主要な観点となる科学性と対をなす特性です。物語性を基本特性とする実践活動と、科学性を基本特性とする研究活動が相補うことで、臨床心理学全体の専門性を高めていくことが可能となります。第1章では、物語性の観点から、心理学研究や隣接領域である（精神）医学との比較を通して、臨床心理実践の基本とは何かについて見ていくことにします。

2 実践の基本は人生の物語にかかわることである

問題形成のストーリーを読み解く

　臨床心理学は，大学院のコースの中では比較的人気の高いものとなっています。この傾向は，日本だけでなく，欧米でも同様です。しかし，臨床心理学をまなんだところで，たくさんお金が儲かることも高い社会的地位に就けることもありません。つまり，臨床心理学の人気の高さは，経済的理由や社会的名誉といった実利的な目的とは別なところに魅力があるということになります。おそらく多くの人は，学問としての臨床心理学に惹かれるというよりはむしろ，その中核にある臨床心理実践に魅力を感じるのでしょう。

　では，その魅力はどのようなものでしょうか。一見，奇妙に思えるかもしれませんが，私は臨床心理実践の魅力として"非常に手間がかかる"という特徴に注目したいと思います。たとえば，臨床心理士は，1回のセッションに通常30分〜1時間ほどの時間をかけます。しかし，それですぐに変化が起きるというものではありません。むしろ，変化が生じるまでには何回かのセッションを要します。必要に応じて，本人だけでなく，親や教師などの関係者にも会うことがあります。しかも，そのように時間をかけ，手間をかけて面接したからといって必ず変化が起きるわけではなく，常に試行錯誤という面もあります。

　このように手間がかかるのは，相談機関に来談するという事態に至るまでに，すでにさまざまな要因が複雑に絡み合って，葛藤や混乱が容易には解きほぐせなくなってしまっているからです。臨床心理士は，問題形成のストーリーを聴き取り，その筋を読み解くのに時間をかけます。場合によっては当事者本人だけでなく，親や教師といった関係者から見たストーリーを聴き取ることも必要となります。そして，臨床心理士は，ストーリーについての「読み」である見立てを形成し，それに基づいて事例のストーリーに介入することになります。しかし，事例のストーリーはすでにそれ自体の固有の筋をもち，固定化しているので，ストーリーが変化するのには時間がかかります。しかも，ストーリーの変化の過程は決して一律ではなく，さまざまなストーリーの展開が予想されます。その結果，臨床心理士は，ストーリーの予期せぬ展開に応じて試行錯誤することになるというわけです。

このように臨床心理実践においては，時間がかかり，しかも対応が一律ではありません。そのため，医学の「治療」をイメージして相談機関に来談した場合には，依頼者は，その"非効率性"に違和感を覚えることになります。たしかに，薬で熱が下がって風邪が治るといった医学的治療を基準にして考えるならば，このような手間と時間のかかる対応は，効率が悪いということになります。

しかし，臨床心理実践の対象となる心理的問題の形成の過程を考えれば，それなりの時間がかかることは当然のことと言えます。医学は，病気の原因として生物的変化があり，その結果として症状が生じているとする原因─結果の因果論に基づく学問体系です。したがって医療では，病気を診断し，病因を特定し，それを取り除くことで治療を行うという手続きが明確に規定されます。

それに対して臨床心理実践では，原因がわかりにくい上に，原因がわかることが単純に問題の解決に結びつかないということもあります。臨床心理実践の対象となる事例では，心理的な要因を含め多様な要因が複雑に絡み合って問題形成のストーリーが構成されていることが多いからです。そのため当事者（関係者）と臨床心理士との間の話し合いを積み重ね，協働して問題形成のストーリーを読み解き，問題解決の方向を探っていくのが実践の基本となります。

実践の基本は数量化できない
本書のテーマとなっている"実践の基本"は，臨床心理学の実践活動をどのように進めるのかにかかわる事柄です。実践の結果としてどのような変化が起きたのかというのではなく，その変化を引き起こす実践の過程とはどのようなものであるのか，そしてそのような変化を起こす技法とはどのようなものであるのかにかかわる事柄が実践の基本に相当するのです。

第1巻では，臨床心理学の発展におけるエビデンスベイスト・アプローチの重要性を強調しました。そこでは，ランダム化臨床試験やメタ分析によって介入効果を数量化し，効果量としてその有効性を示すことが，臨床心理学が社会的活動として発展するために必要であると論じました。そのため，臨床心理学を数学や物理学と同様の科学的学問であると誤解された読者もいたかもしれません。実践者─科学者モデルが近代的な臨床心理学の基本モデルであると述べ

たことも，そのような誤解を招く原因になっていたかもしれません。

臨床心理学は，時として矛盾する二つの側面を含むものです。一つは，実践的側面です。もう一つは，科学的側面です。実践的側面は，まさに実践活動そのものです。これは，問題を解決していく過程そのもので起きる事柄を扱う側面であり，数量化の対象にはなりません。それに対して科学的側面は，実践の結果として生じた変化を扱います。ここでは，実践的介入の前と後での変化を示すことのできる変数を用いて，その変化を数量化して科学的に分析をします。

ここで注意しなければならないのは，実践活動そのものは，数量化はできないということです。つまり，実践の結果（outcome）は数量化できるのですが，実践の過程（process）は数量化できないのです。本書では，実践の基本として，この数量化できない実践の過程をテーマとします。そして，実践の結果を記述・分析するモードである数量化とは異なる記述・分析のモードとして"物語性"に注目します。このように臨床心理学には二面性があります。読者の皆さんには，ぜひ本書を読んでいただき，臨床心理学は，単純に科学性のみを重視する学問でないことを知っていただきたいと思います。

実践は固有の物語にかかわる

では，数量化できない実践活動とはどのような特徴をもつものでしょうか。ここでは，実践活動の特徴を，数量化を前提とする"科学性"との比較を通して確認することにします。現代社会では物事を判断する基準として，科学的であることが重視されます。科学的であるためには，対象を数量化し，数字や数式を用いた分析や比較を行います。そして，そこから普遍的な法則を見出し，その法則を現実に適用することで効率性を上げることが目指されます。

そこでは，まず第1に対象それぞれの個性が排除されます。なぜならば，数量化とは，対象から個性を排除することによって，時間と空間を超えて普遍的に共通する抽象的単位である数字に全てを還元することであるからです。そのように対象の個性を排除し，いつでもどこでも当てはまる抽象的法則を導き出すことで，効率性の追求も可能となるわけです。

ところが，臨床心理実践の対象となる事例は，数量化に馴染まない質的な事柄です。なぜならば，実践の対象となる事例には，その事例の問題が形成され

た固有のストーリーがあるからです。つまり,事例は,ある特定の空間と時間の中で生起した具体的出来事が織りなす個別のストーリーから構成されており,普遍性という名の下に個性や個別性を排除して,単純に数字に置き換えることができる代物ではないのです。

ストーリーとは,第5章で後述するように「出来事と出来事の時間的配列」と定義されます。事例において問題となっている事態は,さまざまな出来事が時間の経過の中で幾重にも重なり合って生じてきており,それ自体個性的なストーリーをもっています。しかも,事例のストーリーは,さまざまな出来事が時間経過の中で,無意識レベルも含めてダイナミックに関係し合うことで形成されています。そのため,臨床心理実践の対象となる問題は,単純な原因―結果の因果律に従って形成されるというものではありません。その点で論理的ではないのです。

したがって,臨床心理実践の場では,事例の問題形成のストーリーを明らかにするために,クライエントはまずそのストーリーを物語ることが求められます。ただし,当初は誰にとっても,自己の心理的問題に関連する事柄を見知らぬ相手に物語ることは,容易でありません。そこで,クライエントと臨床心理士との間に少しずつ〈語る―聴く〉という間柄を構成することが必要となります。そこに生じる信頼関係を軸にして,次第にさまざまな物語が語られ,事例の真実が明らかになっていきます。このように,事例に固有の物語を把握するだけでも,それ相応の時間を要するのです。

高度科学技術時代である現代社会では,科学の論理の下にあらゆるものが数字や数式に還元され,数字になりにくい「固有の物語」は切り捨てられ,効率性が一様に目指されています。このような社会的現実を考えるならば,臨床心理実践は,時代が見失いつつある"物語性"に注目するがゆえに,社会からの期待が増大していると見ることができます。高度科学技術時代を生きるわれわれは,生活の中から「自己の固有の物語」が失われつつあることを身をもって感じており,その自己の固有の物語の意味を取り戻すことを臨床心理実践に託しているとみることもできます。それが,臨床心理学への期待となっていると考えることもできるでしょう。

したがって,本節の冒頭で指摘した臨床心理学の人気の高さの理由としては,

臨床心理実践が，現代社会が見失いつつある"物語性"をテーマとしているからということが考えられます。

3 事例の物語から

　前節の議論を通して，臨床心理実践は物語性と密接な関連があることが示唆されました。そこで，本節では，事例の初回面接の抄録を提示し，それを題材として実践の基本としての物語性について考えてみることにします。

　なお，実例を示すことはクライエントのプライバシーを守るという臨床心理士の最も重要な倫理に抵触するので，ここでは私が実際に担当した複数の事例を組み合わせて事例を創作し，それを提示することにします。したがって，読者の皆さんは，以下の事例については，実際には存在していないが，しかし現実にあり得る事例としてお読み下さい。

事例：俊夫さん --

　ここで紹介する事例の当事者は，30歳の男性である俊夫さんです。相談の申し込みは俊夫さん自身によるものではありませんでした。私が非常勤の臨床心理士として勤務する心理相談センターに，XクリニックのY医師に紹介されたということで，妻から相談の電話申し込みがありました。俊夫さんは予約の日に母親と一緒に来談しました。

　初回面接は，俊夫さんの落ち込みがひどく，状態を上手に説明できないかもしれないということで，母親と一緒に行われました。母親は「この子は，本当に病気なのかわからない。会社で何か苦しいことがあると，すぐに体調を崩して落ち込んで会社を休む。寝込んでしまう。そのときは『死にたい』と言ったりする。でも，誰か他の人が代わりに仕事を引き継ぐと，気持ちが楽になるのか，元気になる。そのようなことが何回もあり，上司に厳しく叱責を受け，今回は落ち込みが長引いている」と語りました。

　Y医師の紹介状には，「有名大学を卒業後，銀行に就職し，5年間は問題なく会社員生活をしていた。働きぶりが認められ，プロジェクトリーダーを任された頃より休みがちになる。リーダーを降ろされたのを契機として抑うつ状態となり，3週間ほど休職となる。プロジェクトリーダーになった頃に結婚している。困難を回避して会社を休むことが断続的に3年ほど続いており，妻としては夫のそのような態度に不満をもち，現在は別居中である。それも本人が自信を失う要因となっている。典型的なうつ病ではなく，いわゆる『新型うつ』かもしれない。しかし，自殺未遂の既往もあり，診断は確定していない。抗うつ剤を処方したが有効ではなかったので，心理的な相談をお願いしたい」という主旨のことが書かれていました。

俊夫さんは，私が紹介状に記載されていることを伝えて内容を確認すると，それを認めた上で，「自分は仕事が嫌いなわけではない。むしろ，仕事は楽しい。しかし，自分が失敗して責められると思うと，気持ちとは関係なく体調が悪くなるんです」と語りました。妻は，最初は心配して看病してくれていたが，自ら責任回避をしておきながら「原因は責任ある仕事を自分に任せた上司にある」と言ったりする夫を「男らしくない」と責めるようになりました。すると，俊夫さんは，そのように厳しく当たる妻を避けるようになり，別居に至ったとのことでした。自ら言い出した別居でしたが，妻から離婚を提案された際にはとてもショックを受けて，大量服薬で自殺未遂をしています。

　私は，母親の話を聴いていて，俊夫さんの問題がはっきりした形で顕れたのは入社5年後であったとしても，責任を回避する傾向はそれ以前から生じていた可能性があると考えて，母親に俊夫さんの育ち方について訊いてみました。すると，「父親は，会社中心の生活だった。単身赴任で家を空けることが多かったので，子どもの教育は私に任されていた。本人は，小さい頃からおとなしい子で，絵が好きで絵画教室に通いたいという気持ちがあったが，大学時代水泳部にいた父親の希望で水泳教室を勧めたところ，素直にそれに従うような子だった。成績もトップクラスで，中学は，親が言わなくても勉強をして中高一貫の私立に入った。弟が発達障害だったこともあり，私は，長男の俊夫の成功が唯一の希望であった」とのことでした。

　そこで，家族について詳しく尋ねてみました。父親，母親，俊夫さん，弟，それに父方祖母の5人家族であり，母親によると，「俊夫の父親は戦争で実父を亡くしており，実父の記憶はない。祖母は，父親が小学校1年の時再婚したが，夫婦仲が悪く，結局5年後に離婚している。その後祖母は，一人っ子である父親が会社に入り，出世することが唯一の楽しみとなっていた。私は末っ子で，中学3年生の時に父親を亡くし，進学希望を諦めて就職し，その後にお見合いで結婚した」とのことでした。俊夫さんの2歳下の弟が発達障害であり，しかも小学校でいじめを受けて低学年から登校拒否気味だったので，親としては弟のことばかり気になっていたとのことでした。俊夫さんは，率先して弟の世話をし，また勉強も自分からするような子で，親としては何も心配をしていなかったということも語られました。

　ここで，私は，「お話を聴いていて，俊夫さんの一時的な落ち込みといったことで来談されたけれども，私としては，俊夫さんの責任回避傾向は，父親が不在であった家族の歴史，特にご両親とも父親を早く亡くされていることが大きくかかわっていると思います」と伝えました。

事例を構成する多様な物語

　事例の初回面接を素描しました。読者の皆さんは，どのような感想をもたれたでしょうか。皆さんなら，この俊夫さんの問題についてどのように考え，どのように対応するでしょうか。

　もちろん，この事例においては，俊夫さんの一時的な落ち込みや責任を回避する行動が中心テーマであることは確かです。しかし，その問題が生じてきた背景には，さまざまな要因が絡んでいることが推察されます。言い換えれば，俊夫さんの「落ち込み」という問題は，俊夫さん自身の人生の物語に加えて，その背景としてさまざまな物語が絡み合って成立したと考えられます。

　俊夫さんの人生の物語は俊夫さんひとりで創ってきたものでないことは，言うまでもありません。そこには家族の物語が深くかかわっていました。初回面接の情報からは，その家族の物語には，単に親の世代の物語だけでなく，戦争を経験した祖母の世代の物語，そして祖母と父親の親子の物語が影を深く落としているようです。また，父親は，日本ではめずらしくないことですが，サラリーマンとして会社一筋の企業戦士の物語を生きています。母親は，家で子どもを育てるという良妻賢母の専業主婦の物語を生きてきたことになります。また，俊夫さんは，母親の期待に沿って，日本を支配している，有名大学を受験して進学し，大手企業に入社してエリートサラリーマンとして活躍するという物語を生きてきました。妻は，「責任転嫁をしない」という男らしさの物語を夫に求めていました。また，どこの家でもあることですが，兄弟関係の物語もかかわってきています。少なくとも，俊夫さんの家では，母親の関心は，優秀で手のかからなかった俊夫さんよりも，発達障害の弟に向かっていました。

　このように事例を物語として見た場合，まずさまざまな物語が重なりつつ進行している現実があり，その物語の一幕の中の一つの出来事として俊夫さんの問題が生じてきたと理解することができます。

　もちろん，この事例で生じてきていた俊夫さんの回避行動や抑うつといった出来事は，誰でも経験するような日常的なことではありません。しかし，物語として見た場合，この事例を構成しているさまざまな物語のモチーフは，読者の皆さんにとっても"他人事ではない"テーマと感じられてくることになります。たとえば，夫婦の物語，家族の物語，親子の物語，兄弟の物語は，誰しも

何らかの形で経験しているはずです。また，進学競争の物語，会社の組織の物語は，まさに現代を生きる日本人なら誰でも，それに参加するか否かは別にして，否応なくつき合わなければならない社会的物語と言えます。さらに，戦争の物語は，日本人全体が体験した大きな物語であり，日本の社会や文化の根底にあり，日本人が無意識の底深く抱えている世代を超えた物語でもあります。

　このように，事例として表に現れる出来事は個別の心理的問題や行動の問題であったりしますが，それを物語として理解した場合には，そこにはさまざまなストーリーがかかわり，そしてさまざまな人の人生が重なり合ってきます。また，直接ではないにしろ，同じ時代を生きる者にとっては，誰にとっても"他人事ではない"物語のモチーフをそこに読み取ることも可能となります。

　なお，俊夫さんには抑うつといった症状が見られました。その点で，うつ病の可能性も否定できません。しかし，人生の物語というレベルで考えた場合には，俊夫さんの問題は，病気としてだけでは説明できないし，薬で症状を沈静化させるのだけでは済まない側面があることは確かです。臨床心理実践とは，このような事例の物語にかかわっていく活動であると理解することができます。

4　実践は物語を共有することから始まる

他人事ではない

　第2節では臨床心理実践が数字に還元されない物語性をテーマとしており，それが現代社会において臨床心理学の活動が注目を集める要因となっていることを示しました。そこで，本節では，物語性の観点から臨床心理実践の特徴を明らかにし，現代社会における臨床心理学の意味を明確化します。

　まず，物語性との関連で臨床心理実践の特徴として第1に考えられるのは，"他人事ではない"ということです。誰しも，自分の人生という物語を生きています。自己のあり方について悩み，人生の物語の意味を考え，過去のストーリーを見直し，将来のストーリーを思い描きます。しかも，自分自身に加えて家族，親戚，知人との関連などを含めて考えれば，人生の物語を生きる中で何らかの心理的問題にかかわったことが全くないなどという人はいないでしょう。

　したがって，誰にとっても，心理的問題を抱えつつ自己の物語を生きることがテーマとなっています。その点で，心理的問題で混乱している事例の物語に

かかわり，その心理援助を行うという臨床心理実践のテーマは，誰にとっても"他人事ではない"のです。臨床心理学は，このように誰にとっても"他人事ではない"テーマを扱っているからこそ，誰にとってもわかりやすく，共感でき，魅力的な学問となるわけです。

しかし，"他人事ではない"ということは，同時に臨床心理学の学問のあり方を非常に特殊なものとする要因ともなっています。自然科学を代表とする近代の学問の特徴は，客観的対象をデータとしており，研究者は，その対象間の関連性を客観的に分析し，そこに普遍的法則を見出していくことを目的とします。ところが，前述のように臨床心理学の活動において対象としてかかわる事例の物語は，研究する側である臨床心理士にとっては本質的に"他人事ではない"ということになります。

そのため，臨床心理実践では，事例を自分自身とは全く無関係なものとして対象化し，それを客観的に分析するといった対応が不可能となります。むしろ，対象である事例の物語を他人事ではないと感じるからこそ，その物語に共感的にかかわっていくことが可能となるわけです。人が小説を読み，ドラマを観て，その物語に共感するのは，そのストーリーを自分のことのように感じ，その物語世界に入り込み，その物語を生きるということが生じるからです。それと同様に，事例の物語にかかわる中で臨床心理士自身の物語が呼び起こされ，そこに新たな関係の物語が生成するといった事態も生じてきます。

したがって，臨床心理学にあっては，臨床心理士の主観，つまり"私"ということを棚に上げて客観的に対象を分析するという，近代科学で重視されてきた学問のあり方とは異なる，特殊な学問のあり方が求められることになります。このように"対象化できない"ということが，"他人事でない"事例の物語を扱う臨床心理学の学問としての特徴になるわけです。

専門職として客観性を保つ

高度の科学技術社会である現代においては，遺伝子操作などによって生命の誕生のコントロールまでもが可能になったことにも示されるように，「物として"対象化"された人間」への科学的介入は驚くほど進んでいます。

しかし，科学によって物として操作される人間がどのように生きるかについ

ては，科学は何も語ってくれません。なぜならば，科学は，前述のように対象を客観的なものとして分析するあり方，つまり全てを対象化し，他人事として分析するあり方を学問の基本としており，学問のあり方自体が，人がどのように生きるかという人生の物語を排除する構造となっているからです。逆を言えば，個々人の人生の物語を全くの他人事として排除し，それらを客観的なものとして分析し，そこに普遍的法則を探求するあり方を学問の基本としたことこそが，科学がこれほどまでに発展してきた理由でもあるわけです。

遺伝子操作によって誕生した子どもに何らかの問題が生じた時に，その責任は誰が取り，その子どもはどのような親子関係の物語を生きるのでしょうか。どのような形にしろこの世に生を受けたからには，人は自己の物語を生きることになるわけですが，科学は人生の物語にまで責任をもつことはありません。

物語性を基本特性とする臨床心理実践は，まさにこの高度科学技術時代において排除されてきた「人が自己を語り，自己の物語を生きること」をテーマとしています。しかも，個々人の物語に他人事としてではなくかかわるという点で，臨床心理実践は，独自な意味をもち，また現代において必要とされる活動であると考えることができます。

ところが，実際には人生の物語に他人事としてではなくかかわるというのは，大変な作業です。ましてや，それが，心理的・行動的問題を含む物語である場合には，当然かかわる側もその問題に巻き込まれる危険性があります。

そこでは，事例の心理的問題から距離を取り，客観的に観察する態度も必要となります。ただ単にクライエントの話に同情すればよいというのではなく，クライエントの語る問題形成のストーリーを分析し，心理援助の専門職として責任をもってそのストーリーに対応していかなければなりません。慈善活動としてではなく，専門職の立場にある者として，事例の物語にただ単に"他人事ではなく"，親身になってかかわればよいというのではなく，同時に専門活動として事実に即した分析をする態度も求められるのです。

このように，一方では"他人事ではない"という特徴をもちつつ，他方では専門職として"事実に即して分析する"といった態度を必要とするという矛盾する二面性を求められることが，臨床心理実践の独自なあり方であり，またわかりづらい点でもあります。したがって，"他人事ではない"という特徴は，

臨床心理実践の魅力であると同時に難しさにもつながることになります。

日常に開かれている

物語性と関連する臨床心理実践の第2の特徴は，"日常的である"ということです。

客観的論理性を基本特性とする自然科学においては，客観性や論理性を維持するための実験法や数学，物理学，生理学，化学などの知識といった，専門的事柄についての特別な学習や訓練がなされて初めて，学問をすることが可能となります。その点で自然科学に準ずる学問は，非日常性が強いということになります。それに対して臨床心理実践の基本にある物語性は，別に専門的な学習や訓練を受けた人でなくても誰しも日常生活において自分自身の物語を生きているという点で，決して専門的な特別の事柄ではありません。むしろ，人は，日々の生活の中で互いに自己の物語を語り合う中で，織物を紡ぐようにそれぞれの人生の物語と社会の物語を生きています。

何らかの心理的問題が生じた時，多くの人はまず日常生活を送る中で身近な人に相談します。相談された人は，その問題にかかわる当事者の物語るストーリーを聴くことを通して何らかの手助けを試みます。したがって，事例の物語にかかわりつつ心理的援助をするという活動は，誰でも経験のある日常的行為であり，その点では臨床心理実践は"日常的である"ことが特徴となります。日常的であるからこそ，誰もが親しみを感じ，自分でもできるという安心感をもちやすいのです。それが臨床心理実践の魅力となっていると思われます。

しかし，日常的行為を専門的に行うためには，日常を超えた上質の行為を提供できる技能を身につけることが求められます。たとえば，料理は各家庭で行われている日常的行為ですが，プロの料理人が，煮る，焼く，炒めるといったことに関して，家庭での素人の料理を超えた専門的技能を身につけるように，臨床心理士は，物語を聴く，読む，演じるといったことに関して，身近な相談相手の支援を超えた専門的技能を身につけなければなりません（終章参照）。

日常を基盤として成り立つ専門性

臨床心理学は，学問の基礎を日常生活に置き，日常生活で生起する事例の物

語に関与するための学問である点では，極めて"日常的"です。しかし，臨床心理実践は，専門的な活動として日常生活に関与するものであり，そのための特殊な技能を必要とします。その点では，決して日常そのものではありません。したがって，日常的ではあるが，日常そのものではないという二重性が臨床心理実践の専門性の基本にあるということになります。

　日常的行為を専門的に行うことは，日常で経験していることだけに，一見すると誰にでもできるように考えられます。しかし，実際はその専門性の評価が日常生活に開かれている点で，決して生易しいものではありません。たとえば，医療のように非日常的行為であれば，専門家が意識して一般に公開しない限りは，その専門性の評価は専門外の人間にはほとんど不可能です。その点で医療の専門性評価は，以前よりは情報公開が進んだとはいえ，専門家集団の内に閉じており，ある意味で非日常性によって守られています。それに対して，他者の語りを聴き，その物語にかかわる臨床心理実践の専門性については，そのような行為は誰でも日常的に行っていることであるだけに，誰しも自らの体験に基づいて評価できることになります。たとえ子どもであっても専門店の料理の味を評価できる（むしろ，子どものほうが正直に，時には辛辣に評価する！）ように，誰でも臨床心理実践の専門性を評価できるのであり，臨床心理士は常に利用者の評価に直接さらされることになります。

　料理のおいしさは，その料理をある特定の人が食して初めて感じるのであり，決して料理本の中のレシピや写真によって生じるわけではありません。それは料理人とお客さんの出会いの中で生じる具体的出来事です。同様に臨床心理実践は，クライエントが「助かった」「役立った」と感じて初めて意味をもつものであり，臨床心理学の本の理論通りに行えばよいというものではないのです。

　臨床心理実践の場合は，臨床心理士とクライエントとが互いのやりとりを通して意味のあるかかわりを探っていくという協働作業となります。そこでは，臨床心理士の見立てと，利用者の考え方を突き合わせ，その妥当性について互いに合意するか否かを確認します。この協働作業においては，クライエントが日常生活で感じている価値観や意見が出され，それを考慮しながら進展することになります。日常生活では，常に多様な価値観が錯綜し，用いられる概念も日常語として多義的な意味を帯びています。したがって，臨床心理学は，その

ような日常の多様性に開かれ，それを含めて学問を構成することになります。その結果，"相対的である"ことが学問のあり方の特徴となるわけです。

5 実践を中核とする臨床心理学の意義

医学では，正常と異常の判別は病理学という専門的基準によってなされます。それに対して"日常的である"臨床心理学では，正常と異常の判断についての日常のさまざまな基準を考慮し，それを利用者と確認することが前提となります。たとえば不登校一つとっても，価値観や立場によってその異常性をどのように判断するかについてはさまざまな基準があります。したがって臨床心理学は，多様な基準を含むという点では極めて"相対的"ということになります。

自然科学に代表される近代の学問は，絶対的な真実の存在を仮定し，普遍的法則を求めることに価値を置きます。そのような「絶対」を評価基準とするならば，前述したように日常的であり，相対的である臨床心理学は学問として格が低いことになります。しかし，一部の科学技術（例：遺伝子組み換え食品）のように，日常生活からかけ離れたところで発展し，日常生活に活用され，それを利用した本人が何も知らされない，あるいは知らされても自己の物語に取り入れることができないというのでは，何のための学問なのかわかりません。そのような日常生活から切り離された科学技術の発展に対する反省として，近年インフォームド・コンセントや情報公開ということが言われるようになってきています。

日常生活を舞台として展開している各人の人生の物語は，その物語を読む人の価値観や立場によってさまざまな読みが可能となります。日常的である臨床心理学は，日常生活から離れて学問の論理を組み立てることはできません。したがって，日常生活の多様性を前提として，クライエントとの関係の中でその場に応じた相対的な判断をせざるを得ないということになります。しかし，自然科学が置き去りにしてきた多様な日常生活との関係の中で学問の専門性を構成していく臨床心理学のあり方は，学問としての限界を感じさせるというよりはむしろ，新しい知のあり方として求められているモデルともなり得るものと考えられます。

第2章 自己の物語を生きる難しさ

1 語りの共同生成にかかわる

共同生成される物語

　現代の科学技術は，基本的には普遍性や客観性を重視する自然科学の理念に基づいて発展してきたため，他者との関係性や日常性といった側面を排除したまま発展してきました。それに対して臨床心理学は，"物語性"を基本特性とすることで，現代の科学技術社会において排除されている関係性や日常性をテーマとしていることは，前述の通りです。

　ところで，急激な勢いで高度の組織管理社会，情報社会，消費社会になっている現代の日本においては，社会における物語性の意味自体が大きく変容しつつあります。そこで，以下では現代社会における物語性の変容との関連で臨床心理実践の役割について考えてみます。

　かつて日常生活は，村落共同体を単位として営まれていました。私は，伊豆半島の天城山の山間部にある全9戸の村落で中学校を卒業するまで生活していました。そこでは頻回に「寄り合い」と呼ばれる会合が各戸もち回りで開かれていました。会合はすぐに酒宴となり，村落のメンバーの互いの語り合いを通して村落の運営がなされていました。子どもの私にとっては，「寄り合い」での大人たちの語り合いを聴くことは，個人の物語，各家庭の物語，村落の物語が重なりつつ地域の物語が展開する場に居合わせることでもありました。そのような経験を通して私は，個人と社会とのつながりの原点は物語にあることを子どもの頃から実感していました。

　本来，物語とは，他者（たとえば聴き手）との間で共有されることで生成され，発展するものです。このような物語の共同生成の原点は，乳幼児期の母子間の原初的な関係にあるとも言えます。母子の情動調律に見られるように，親は子どもの表現を受けとめ，子どもとの間で行為を共同して行う関係を形成するこ

とを通して，子どもの自己の物語を共同生成していきます。したがって，自己の物語を生きることは，決して孤立して生きることではありません。子どもにとって，物語を共有する人間関係が母親から家族へ，さらに地域の仲間へと，発達の過程で変化，発展していくことはあるものの，物語生成の基本は常に，他者との間での共同生成です。人が語り合いの場に参加し，そこで互いに物語を語り合い，共有することで，個々人の物語とその場の物語が連動し，個人の物語は社会的物語として展開していきます。

このような物語の共同生成を介して，人は自らが生きている場の物語の展開に関与します。そしてそれを通して社会の中で自己の物語を生きているという現実感を得ることが可能となります。つまり，自己と社会の物語の共同生成の過程があって初めて，自己の人生の物語が現実感をもつことになるわけです。その共同生成の場が土着的であればあるほど，そこに魂や霊といった人間の意識を超えたテーマが加わり，物語としての真実性が出てくることになります。

物語の共同生成の場を失いつつある現代社会

しかし，現代の高度の組織管理社会では，かつてはどの地域でも見られた個人と社会の物語の共同生成の場が急速に失われていきました。村落共同体のような物語を共同生成する場が失われ，個人を超えたところで自己組織化する会社に個人の人生の物語が管理される社会となっています。会社は，経済効率に基づく組織固有の物語をもち，構成員である会社員を組織の物語に従うように巧みに管理していきます。

たとえば，1955年には約43％であった就業者人口に対する雇用者（サラリーマン）の割合は，1988年には76％，2001年には84％，2011年には88％となり，ほとんどの人がサラリーマン化し，会社員となりました（労働力調査年報〈http://www.stat.go.jp/data/roudou/report/2011/pdf/summary1.pdf〉）。人生の時間の多くは会社の管理下に入り，人は，会社の組織が求める物語を自己の物語として生きるようになり，身の回りの共同体での語り合いを通して自分たちの物語を生成していく感覚を失っていきます。

日本の場合，会社の組織の物語は，会社に属する父親（や母親）個人の自己の物語として位置づけられるだけでなく，家族全体に浸透し，家庭の物語も会

2 自己の物語を生きる難しさ

社の組織の物語に沿って形成されるようになります。しかも，子どもたちは，それに加えて学校，特に進学競争の物語に組み込まれ，追い立てられるようにその物語を生きさせられています。そのため，各人にとって最も身近な家族という共同体も，社会において組織の物語を生きる場となり，家族メンバーの語りで家族を構成していく地盤が失われていきます。その結果，自己の物語を生きているという主体的な現実感だけでなく，社会の物語の生成にかかわって生きているという社会的な現実感も希薄化していきます。第1章で提示した俊夫さんの事例の物語の背景として，このような日本の現代社会の特徴が深く影を落としていたことを読み取ることができます。

しかも，高度の情報社会となり，世界中の情報が街中に溢れるようになり，情報は物語性を帯びたものとして流布するようになりました（大塚，1991）。それは，固有の歴史をもたない人工的な既製の物語である点で，共同生成される土着の物語とは，全く異質なものです。日本では多くの場合，それは，マスメディアによって消費情報として人々に与えられます。自己の物語を生きている現実感の希薄化した現代人は，少しでも現実感を得ようと消費情報に群がり，既製の物語を生きようとします。しかし，流行りの情報や商品をいくら身につけても，それは，魂のない"物"質としての"モノ"語りでしかなく，自己の物語を生きているという現実感はますます薄らいできました（大平，1990）。

ちなみに，源氏物語を初めとして日本が世界に誇る文化である平安期の物語文学における物語の"もの"は，「物の怪」にも通じる「霊」であったとの説があります（赤塚，1990；藤井，1997）。現代社会では，このような日本人の文化の中で共同生成され，語り継がれた物語が失われてきています。

このように物語の共同生成の場が社会から急激に失われ，人工的で既製のモノ語りが氾濫し，人々の間で自己の物語を生きる現実感を得られなくなっている現代社会にあっては，日常生活に基礎をおき，各人が自己の物語を生きることに現実的にかかわる臨床心理実践の意味は大きいと言えます。

よちよち歩きの頃から娘の成長を知っている近所の小さな八百屋のご夫婦が，娘が5歳になり，初めてひとりでおつかいに行った時に，「初めてのおつかいよくできたね」と声をかけてくれました。それを自慢げに喜ぶ娘を見て，親として娘の人生の物語を共有してもらえたことをとてもありがたく感じたという

ことがありました。臨床心理実践は，地域においてかつては当たり前に存在していた，このような日常の物語の共有を専門的に行う活動であると言えます。

2 自他未分化な実践となる危険性

自己の物語を生きる

このように臨床心理実践は，現代社会において見失われつつある「人が自己の物語を生きる」ということを援助するための実践活動であり，臨床心理学はそのための学問ということになります。したがって，たとえ実践の対象となる人が精神医学的病理を患っていたとしても，実践の目標は，あくまでもその人が病理を抱えつつどのように自己の物語を生きるかを援助することになります。そのような心理的援助の過程で結果的に病理が治癒することがあったとしても，病理に対して治療行為をするのは医師であり，精神医学的治療と臨床心理学的援助の違いを明確にしておくことは重要です。つまり，病理を治療する義務と責任があるのはあくまでも医師であり，臨床心理士は，医学とは次元の異なる「病理を抱えてどのような人生の物語を生きるか」についての心理的援助を行うことになります。

しかし，次元が異なるとはいっても，精神医学と臨床心理学が互いに相容れないわけではありません。客観的な疾患（disease）としての病理を扱うのが精神医学的治療であるのに対して，臨床心理学的援助は，クライエントの病理経験としての病い（illness）を扱うことになります。そして，両者が協力することで病理についての多面的な対応が可能となります。臨床心理実践が対象とするのは，クライエントの病理経験についての語りである「病いの語り（illness narrative）」であり，疾患そのものではありません（Kleinman, 1988）。臨床心理士は，精神疾患やそれに対する医学的治療について十分に理解した上で，それとは異なる次元の，「病いの語り」の支援を通して医療と連携していくのです。

このように考えるならば，臨床心理学の活動の対象となるのは，単に精神医学的な病理を患う人に限られないことになります。なぜならば，自己の物語を生きるということは，誰にとっても最も重要なテーマであり得るからです。たとえば，人生の物語という観点からするならば，有名なエリクソン（Erikson, E. H.）の「アイデンティティの確立」という概念も，「社会の中で生きる自己

の物語をもてること」として理解できます。そのように考えるならば、むしろ誰にとっても、人生のそれぞれの発達段階で自己の物語を生きることがテーマとなっていることが明らかとなります。

自己の物語を生きている実感の希薄化

ストーリーとは、時間の経過に従って出来事を配置したものであり、そこでは時間を意識することが最も重要な意味をもちます。「自己の物語を生きる」ということは、自己の一生という限りある時間において、どのような出来事をそこに配列して人生のストーリーを完成させるのかを意識することなのです。

現代の日本社会では、戦争や貧困による生命の危機を意識することがなく、また医療制度の充実により寿命が世界最高レベルに達し、死が社会の表面からどんどん後退してきています。そのため、生きることをいかにもたやすいことのように受け取る風潮が強くなっています。また、高度の情報社会であるため、既製の物語がマスメディア等によって一方的に流され、人々は、人間の生死を隠蔽した人工的な物語が氾濫する中を生きているといった状況となっています。しかも、前節で指摘したように高度の組織管理社会の中で、現代人は、組織を効率よく機能させるための社会的物語に組み込まれてしまっています。

その結果、現代の日本人の多くは、氾濫する物語に踊らされ、与えられた物語のシナリオを演じるのに腐心し、時間に追い立てられるように生きており、自己の時間を生きるという感覚自体をもてなくなっています。

このように限られた時間を生きるという感覚自体が失われてきていることを考えるならば、現代の日本社会において「自己の物語を生きる」ことが人々の切実なテーマにはなり得なくなっていることは、むしろ必然といえます。巧妙に仕組まれたシステムによって個々人の人生が管理されていることで、人は自己の物語を生きられなくなっているだけでなく、自己の物語を生きていないことさえも意識できなくなっています。

現代社会において、自己の物語を生きることが切実なテーマにならなくなっているということは、同時に自分の人生を生きている実感が失われているということでもあります。借り物の物語を演じているだけであって、生活の中から自己固有の物語をつくっているという手応えを得ることはできません。自己の

生活している場において，他者とともに物語を共同生成しているというつながりの感覚が希薄化し，社会を生きているという現実感も失われていきます。その結果，豊かさの中で自分の人生を楽に生きているようでいて，実は与えられた既製の物語を生きているだけの空しさに，人々は薄々気づきつつあります。

このような現代社会にあっては，意識レベルにおいては自己の物語を生きることの困難さを感じずに楽に生活することを追い求めていながら，他方，無意識レベルでは自分の人生を生きている実感がもてず，自己の物語を希求するといった不安定な心理状態が存在することになります。

自己の物語と事例の物語を混同する危険性

現代社会のこのようなあり方は，第1章で述べた臨床心理学に関する人気や期待とも密接にかかわってきます。これまで述べてきたように，臨床心理学は自己の物語を生きることの援助の学です。したがって，臨床心理学をまなぶことによって，無意識に希求している自己固有の物語を得ることができるといった幻想から，臨床心理学に過大な期待が寄せられている危険性があります。しかも，臨床心理士は，実践において実際に他者の物語にかかわり，新たな物語を共同生成する作業を行います。このような物語生成の場に参加することで自己の現実感の希薄さを回復できるといった幻想に基づいて臨床心理士を目指す人が現れる危険性もあります。実際に，臨床心理学関連の書籍に記載されている事例報告から，物語を生きる実感や物語の共同生成における現実感を読み取り，それをきっかけとして臨床心理学の領域を目指す場合が多いと言えます。

しかし，ここで注意しなければならないのは，物語を生きるのは事例の当事者であって，臨床心理士は，あくまでもその援助をする立場でしかないということです。つまり，臨床心理実践は，あくまでも事例の物語を支援する活動であって，臨床心理士自身の物語を生きるための活動ではないのです。

ところが，第1章で指摘したように，臨床心理実践には"他人事ではない"という特徴があります。そのため，臨床心理士自身の物語と事例の当事者の物語の間の，自他の区分が曖昧になりやすくなります。もし，臨床心理士自身の物語希求が強く，しかもその自分自身の欲求を自覚できていない場合には，その臨床心理士は，自分自身の物語希求を満たすために無意識に事例の当事者を

利用するという，自他未分化な行動に出てしまう危険性が出てきます。臨床心理士が自己の物語を生きることができていない場合，無意識のうちにその臨床心理士自身の問題が事例の当事者の問題に重ね合わせられ，臨床心理士が，自身の欲求を満たすため，あるいは自己の物語を生きるために，事例の物語に介入するといったことが生じる危険性が高くなります。このようなことが実際に生じた場合，倫理に抵触することになり，厳しく罰せられることになります。

明確な倫理問題とはならなくても，人生の物語を生きるという"他人事ではない"事柄を扱う実践活動においては，常に自他の区別を厳しく意識しておくことが，専門性として強く求められます。自他の区別が曖昧な場合には，臨床心理士自身の想いが先走り，その想いを事例に重ねてしまうので，事例の現実が見えなくなります。

また，難しい事例であればあるほど，事例の物語は固定化したパターンをとるようになっており，そこにかかわる者を事例の物語のパターンに巻き込む力が強くなっています。そのような場合，自他の区別が曖昧な臨床心理士は，容易に事例の物語のパターンに巻き込まれてしまいます。そこでは，臨床心理士の想いと事例の物語が融合し，介入が逆に事例の混乱を助長する危険性が出てきます。したがって，臨床心理士は，自他の区別を維持するために，具体的なデータに基づき，自己の想いとは別に存在する事例の事実をきっちりと把握する実証的態度を，専門的技能としてまず身につけなければなりません。

3　理論によって物語を割り切る危険性

物語の複雑性と理論モデルの合理性

"他人事ではない"事柄の援助を行う実践活動において生じやすい自他未分化の問題に関しては，前述の無意識レベルでの対応に加えて，さらに意識レベルで生じる自他未分化な対応にも注意しなければなりません。

「自己の物語を生きる」といった場合の「物語」は，決して個人の内でのみ形成される閉鎖的な事柄ではありません。時間という観点からは，個人が生きている物語は，乳幼児期以来の親子関係の歴史を初めとして，世代を超えた家族や地域の歴史といったコンテクストの中で生成されています。したがって，個人の物語は，その人の一生という限定された時間を生きる物語であると同時

に，個人の時間を超えた数世代にわたるより大きな歴史のサイクルの部分を構成する物語でもあるわけです。このことは，第1章で示した事例においても，当事者である俊夫さんと両親，そして祖母の世代にわたる3代の物語が事例の物語の背景となっていたことが示唆されていました。

　また，社会という観点からは，個人が生きている物語は，家族を初めとして地域，学校，会社といった社会的場（フィールド）において生成される物語です。したがって，人は，社会的関係の中で自己の物語を生きているのであり，個人の物語は，個人を超えた社会の物語の中での一つの役割を生きているといった側面も出てきます。第1章の俊夫さんの事例においても，問題は会社や家族といった社会的関係を通して顕れてきていました。

　このように臨床心理実践において対象とする物語は，時間や社会に開かれ，多様なコンテクストの中で展開する物語です。しかも，その物語は，単に意識レベルで認識できるレベルだけでなく，無意識の，認識しにくいレベルを含めた多様な出来事によって構成されている物語です。さらに病理的反応が含まれる場合には，常識では理解しがたい，混乱した物語となっています。そのため，物語の援助といっても，臨床心理士は，単に自己の経験に頼っているだけでは，事例のストーリーを読み取ることができず，したがって適切な対応ができないことになります。

　そこで，複雑な事例の物語を理解し，そこに適切に介入していくために，参照枠として臨床心理学の教科書に示されているさまざまな理論モデルの知識や技法を利用することが必要となります。つまり，事例の物語を適切に聴き，読み，そこに介入するために，学問としての臨床心理学が必要となるわけです。

　しかし，その際に，専門的な介入という合理的な理由の下で，臨床心理士が信奉している特定の学派の心理療法の理論モデルによる解釈を事例の物語に押しつけ，その方向に事例の物語をねじ曲げてしまう危険性が生じることになります。事例の物語の事実に即した介入ではなくて，「理論モデルではこうなるはずだ」という筋書きを事例の物語に押しつけるわけです。そしてその筋書き通りの物語を生きさせるような介入をする危険性もあるわけです。

　このように，事例の当事者の人生の物語を理論モデルの筋書き通りに書き換えることを臨床心理実践であると誤解している場合は，臨床心理士は，理論を

合理的な意味づけに利用して，自身が信奉する理論的物語を事例の物語にすり替えてしまう自他未分化な行動をしていることになります。

データに基づいて物語を読み解く

事例の物語の援助という実践活動の専門性からするならば，臨床心理士は，理論モデルをあくまでも相対的な参照枠として位置づけ，事例の物語の複雑性に耐えて，事例の現実に迫っていく技能を身につけることが求められます。そして，そのような技能を身につけるためには，事例の事実に基づいて事例を理解する実証的態度が最低限必要となります。このような態度を身につけるためには，まず臨床心理学の教育において，事例についての幅広いデータに基づいて事例の物語を読み取っていく実証性が何よりも必要とされます。

ところが，日本の臨床心理学の教育においては，理論モデルを軸としたカリキュラムが構成されています。その結果，臨床心理士の技能は理論モデルをいかに事例に適用するかであるといった，誤った認識が根強く見られます。このような認識は，前述のような臨床心理学をまなぶ際に陥るかもしれない危険性を考えるならば，今後改善していかなければならないものです。

現代の日本社会では，既存の理論モデルを借りてくるのではなく，まさに自己の物語を生きることが困難になっている社会の現実から，物語を生成すること自体をテーマにしなければなりません。したがって，臨床心理学が現代の日本社会の期待に応えるためには，事例の現実から物語を生成する技能を根幹に据えた臨床心理学の方法論を構築していく必要があると言えます。

そこで，理論モデルの寄せ集めとしてではなく，実証的データに基づいて事例の物語を理解し，その事例の現実に介入していく実証的な臨床心理学を構築するための実践技能が必要となります。本書では，このような実証性に通じる実践技能を明確化し，その習得過程を具体的に示すことが目的となっています。

4 専門職として責任をもつ

臨床心理実践においては，臨床心理士の側が知らず知らずのうちに自己中心的になって，自分のためにクライエントの物語に介入してしまう危険性があります。そのような介入は，事例の混乱をさらに悪化させてしまいます。

では，介入をせず，ただクライエントが自己の物語を語るのを聴いていればよいのでしょうか．もちろん，クライエントの語りを聴くことは重要であり，すべての臨床心理実践の基礎と言えます．しかし，それだけで問題が解決するわけではありません．臨床心理士には，心理的問題の解決を支援する専門職として，問題解決に向けて何らかの判断をし，介入していくことが求められます．

第1章で示した俊夫さんの事例では，一時的な抑うつといった心理反応だけでなく，さまざまな回避行動によって家族関係にも会社での人間関係にも混乱が生じています．具合の悪い時には「死にたい」と自殺念慮をほのめかし，実際に自殺未遂といった出来事も生じ，深刻な事態となっていました．

臨床心理士の対応によっては，来談回避といった回避行動が生じることは容易に予想されます．また，このまま会社に行けず，妻との別居が継続した場合には，自殺念慮が高まる可能性も推測されます．問題の当事者が自己の物語を生きられるように支援するといっても，臨床心理士が判断（読み）を誤れば，さらに深刻な事態を引き起こしかねない状況です．

臨床心理学の実践活動は，さまざまな出来事が起き，混乱した事態に，臨床心理士自身が介在し，そこに新たな出来事を生じさせ，問題の解決を図る作業です．臨床心理士としての判断と，それに基づく介入を通して，そこに生身のあなたが介在することになります．「死にたい」といった当事者の言葉を聴いて，臨床心理士自身の感情が揺さぶられ，不安な気持ちになることもあります．

したがって，まさに実践の現場では，専門職としてのあなた自身の判断と行動が試されることになります．その点で読者の皆さんには，まず専門職としての責任の重大性を認識していただきたく思います．

注 本章は，下山晴彦（2000）．心理臨床の基礎1 心理臨床の発想と実践 岩波書店，pp. 20-32 を，大幅に加筆修正したものです．

〈引用文献〉
赤塚行雄（1990）．「気」の文化論 創拓社
藤井貞和（1997）．物語の起源――フルコト論 筑摩書房
Kleinman, A. (1988). *The illness narratives: Suffering, healing and human condition.* Basic Books.（江口重幸他（訳）（1996）．病の語り――慢性の病いをめぐる臨床人類学 誠信書房）
大平健（1990）．豊かさの精神病理 岩波書店
大塚英志（1991）．見えない物語――〈騙り〉と消費 弓立社

第3章 実践のための基本的態度

1 心理援助の専門職になるために

専門職になるための心の準備

　臨床心理実践では，机上の空論ではなく，問題が実際に生じている現実に，生身の人間として介在し，問題解決を図ることが求められます。しかも，第2章で検討したように，臨床心理実践は事例の当事者の人生の物語にかかわる活動です。臨床心理士自身にとっても他人事ではない人生の物語を扱う点で，自他未分化な介入をしてしまう危険性が常にあります。しかも，自己の物語を生きることが困難な現代社会では，当事者の問題解決を支援しているようで，実際のところ，臨床心理士が自己の物語を生きるために事例の物語を利用する危険性も生じてきます。

　したがって，臨床心理士実践は，安易にはできない活動と言えます。机上の学問であれば，失敗しても思考実験としてすまされます。しかし，実践活動では，それは許されません。その都度その都度が真剣勝負です。失敗したら責任を取らなければなりません。臨床心理士としては不安になり，理論や権威にすがりたくなるものです。しかし，理論を当てはめただけでは通用しません。その結果，専門職としての能力や技能に自信を失うこともあるでしょう。「臨床心理学は自分に向いているだろうか」「私には臨床心理士の適性があるのだろうか」といった疑問が浮かぶこともあるでしょう。

　そこで，本章では，実践の基本技能をまなぶ本論に入る前に，自他未分化な介入といった不適切な実践をしない専門職になるためには，どのような心の準備が必要となるかを皆さんと一緒に検討することにします。

自分の問題を棚に上げない

　私は，臨床心理学を専攻するという進路選択に関して苦い思い出があります。

大学時代の友人に「臨床心理学を専門にしたい」と話をしたところ，「自分の問題も解決していないのに他人様の面倒を見ようというのはお笑い草だね。他人様のお世話をする余裕があるならば，まずは自分のことに取り組んだらどうなの」という，親切な，しかしとてもキツ～イ意見をいただきました。ほとんど同様のアドバイスを親からももらいました。当時，自分でも「たしかにそうだな」と思いました。正直今でも，このような自分がなぜ心理援助の専門職になったのかという問いには明確な答えが出ているわけではありません。

心理援助の専門職になるということは，他者の心理的問題の解決の支援を専門とするということです。したがって，心理援助の専門職になろうとする者は，私が受けたのと同様に，「あなた自身は自分の心理的問題を解決できているのですか」「あなたは本当に他者の心理的問題の解決を支援する資格のある人間なのですか」といった問いを投げかけられる可能性があるということです。言い換えるならば，心理援助を専門とするということは，あなた自身の"人間としての在り方"が問われるということです。

そこで，以下において心理援助の専門職になるための"人間としての在り方"をテーマとして検討することにします。"人間としての在り方"というのは，少々おおげさな表現かもしれません。それは，他者や自分自身と向き合う態度と言い換えることができます。表3-1に，そのような態度のリストを示しました。あなた自身の態度をチェックしてみてください。

さて，皆さんは，表3-1の項目を読んでみて，どのようなことを感じたのでしょうか。自分に当てはまるものはあったでしょうか。ぜひ，自分自身の人間としての在り方を考える参考にしていただけたらと思います。できたら，本章を最後まで読み終わった後に，もう一度表3-1を読み直してみてください。

なお，コーリィら（Corey & Corey, 1998）は，表3-1に示したのは，誰もがもちやすい考え方であるが，心理援助の専門職になるのにはふさわしくない態度であるとしています。そして，心理援助の専門職になるためには，そのような考えをもっていることから逃げないことがまず必要となると指摘しています。

表 3-1 他者の心理的支援をすることと関連する態度チェックリスト
(Corey & Corey, 1998, p. 28 を改変)

1 自分の人生には，ほとんど問題がない。だからこそ，自分は他者の問題解決を援助する立場にある。
2 私の生き方は正しい。したがって，私の価値観を受け入れるならば，他者は幸せになる。
3 自分の目指す援助は，他者に何をするべきか教えることである。
4 私は，他者が，寂しさ，悲しみ，罪悪感といった感情を表現するのに耐えられない。なぜなら，そのような感情を表現しても，それは自己満足に過ぎず，何も状況は変わらないと思うからである。
5 私の人生はつらい道のりだった。しかし，私はそのつらい人生を生き抜いてきた。したがって，他者もそのようにすべきだと思う。
6 私にとって最も大切なのは，学位や資格を得ることである。
7 私は，苦悩している人を見るのがつらい。そのような苦悩をなるべく早く取り去り，楽しい気持ちにしてあげたい。
8 私にも悩みがある。しかし，その悩みを自分から他者に話すことはなく，助けを求めることもしない。
9 自分は，自分の欲求よりも他者の欲求を大切なものと考える傾向がある。
10 他者の心的世界に入り込み，共感することは難しい。私は，自分の目で実際に見ることができるものだけを現実と見なす傾向がある。
11 他者の問題を自分のこととして感じてしまいがちである。
12 私は，とても傷つきやすく，自分に対する批判に対して敏感に反応する。
13 私は，安全な人生を送ってきており，他者もそのような人生を送ることができたらよいと思う。
14 私は，自分と異なる価値観をもつ人を受け容れることが難しい。
15 私は，常に状況をコントロールしていたいという気持ちが強い。

2 自分自身と向き合う

問題を共感的に理解する

　臨床心理士，心理セラピスト，心理カウンセラーは，総じて心理援助専門職と呼ばれるのですが，それらの職種に共通した課題として，問題の当事者（関係者）への"**共感**"が必要とされるということがあります。つまり，心理援助の専門職は，物が落ちるのを客観的に観察する物理の落下実験のように，情を交えずに冷淡にクライエントの問題を観察して判断すればよい，というわけにはいかないのです。

　問題の当事者や関係者がクライエントとして問題解決を求めて心理援助専門

職のところに来談します。多くのクライエントは，問題となっている混乱した事態に巻き込まれているので，情緒的に混乱しています。さらに，そこに葛藤や対立があり，紛争に巻き込まれての来談であれば，疑心暗鬼になっているということもあります。そのような場合には，クライエントは容易に心開いて真実を語ることはしません。したがって，まずはクライエントの気持ちに共感して，安心してもらうことが必要となります。クライエントが安心して心理援助専門職に心を開いて問題について語ってくれなければ，問題を理解するのに役立つ情報を得ることができません。また，問題の解決に向けての作業は，心理援助専門職とクライエントが協働して行うものです。協働関係を形成するためには，相手に対して信頼感をもてることが出発点となります。そのためにも心理援助専門職のクライエントに対する共感的理解が必要となるわけです。

　このように心理援助専門職の実践では，クライエントに対する共感的理解が求められます。クライエントに共感した場合，クライエントのさまざまな感情，たとえば不安，絶望感，悲しさ，空しさ，いらだち，怒り，焦りなどが心理援助専門職の側にも伝わってきます。物理実験のように客観的に観察する立場にいることはできないのです。クライエントを支援する立場にあるとはいえ，心理援助専門職の側でも心穏やかではいられなくなるのです。

　事例の現実に介入するということは，このようにクライエントへの情緒的反応も含めて生身の人間として混乱した事態に身を置くということになります。ただ単に専門的な判断の正否を問われるというだけではなく，自らの情緒的な反応への対処も含めて，専門職としての適切な行動を取ることができるのかが問われることになるわけです。

共感することの難しさ

　あなた自身，自分のこととして何らかの心理的問題の解決を迫られたことはないでしょうか。あなたが心理援助の活動に関心があるならば，おそらく心理的問題と無縁ということはないと思います。むしろ，自らの内に何らかの情緒的問題を抱えた経験があるからこそ，心理援助の活動に関心をもったということではないでしょうか。誰もが親子関係，同胞関係，夫婦関係，あるいは幅広く家族関係の中で何らかの葛藤を感じたことはあるでしょう。葛藤を抱えたこ

とがあるからこそ，当事者の苦しみを理解できるという面はあります。その点で，自らの心理的問題を全く経験したことがないという人は，心理援助専門職には向いていないと言えるでしょう。

　しかし，自ら情緒的問題を抱えた経験があるからといって，それで的確な共感ができるというわけではありません。自分の問題に適切に対処できていない場合には，事例の混乱した事態に直面したことで，むしろ心理援助専門職自身の心理的問題が賦活され，感情的に揺さぶられ，情緒的に混乱してしまうことが生じます。そのような場合には，問題解決に向けて的確な判断や介入ができなくなります。この他にも，クライエントの問題に直面することを契機として，心理援助専門職の側の感情が揺さぶられて適切な判断ができなくなることがあります。クライエントの依存心や期待感に共感するあまり，熱心にかかわりすぎて心理援助専門職自身の感情が燃え尽きてバーンアウトしてしまう場合などが，それに相当します。

　また，価値観の相違ということも出てきます。第4章および第17章で扱う結花さんの事例では「死にたい」ということがテーマとなっています。もし，あなたが自殺を教義として認めない宗教に属していたとしましょう。そのような場合には，彼女の「死にたい」という気持ちに共感できるでしょうか。

　このような事態を敷衍するならば，心理援助専門職という職業はそもそも成り立ち得るのかという基本的な問いが生じてきます。なぜならば，全く心理的問題を抱えていないという人間，あるいは心理的問題を抱えていたとしても，完璧に対処できる状態にあるといった人間はいないと考えられるからです。したがって，自分の問題を解決していないのに，他人の問題の解決を支援する資格があるのかという疑問は当然のこととして起きてきます。また，他人の問題にかかわっている余裕があるならば，まずは自分の問題の解決を優先すべきであろうという意見も十分成り立ちます。

　読者の皆さんは，このような疑問や意見にどのように応えますか。このような疑問や意見は，せっかく他者を助けようとする親切心や優しさを否定するものであり，認められないと反発する人もいると思います。しかし，私は，このような疑問や意見については歓迎の立場を取ります。むしろ，心理援助専門職になろうとする者，あるいは心理援助専門職として働いている者は，常にこの

ような疑問や意見を自らに問いかけ続ける必要があるとも考えています。というのは，心理援助専門職とは，そもそも矛盾を抱えた，不自然で無理のある職業であると言えるからです。

自己の欲求に気づく

　家族，あるいは同じ地域や組織に属しており，日常生活でも助け合って暮らしているという状況であれば，そのコミュニティに属する誰かが問題を抱えた場合には，メンバーがその苦悩に共感し，支援を申し出るのは自然なことでしょう。しかし，心理援助専門職がクライエントを支援する状況は，そのような自然の成り行きで成立するものではありません。それまで関係がなかった人，そして支援が終わったなら再び関係がなくなるだろう他者に対して行う支援だからです。それは，人工的であり，役割的です。

　このような人工的な状況の中で他者を支援したいということであれば，それはその人に特別な人助けの欲求があるからだと考えられます。心理援助専門職がこうした自らの欲求を意識できていない場合には，その個人的欲求を満たすためにクライエントを利用することが生じる危険性があります。

　クライエントは，混乱した事態を何とかしようとして心理援助専門職のところにやってきています。したがって，藁にもすがる思いで心理援助専門職の意見に従う傾向が強くなっています。そのような状況では，心理援助専門職が自らの欲求に気づいていない場合，無意識にクライエントを自らの欲求に従うように支配することが起きてしまいます。それは，他者を助けたいという欲求は，実は人を支配したいという欲求と重なっている場合があるからです。だからこそ，心理援助専門職は，なぜそのような不自然な職業を選んだのかという，自らの動機と，その背後にある欲求を意識しておく必要があるのです。

　この点に関連してあなたは，自分が心理援助専門職に関心をもった動機，あるいは心理援助専門職を仕事として選んだ動機に関連する自己の欲求について気づいているでしょうか。自己の欲求を意識できていない場合，知らず知らずのうちにその欲求にしたがって介入方針を決めてしまう危険性が高くなります。

　あなたは，私利私欲のない援助者になることを理想と考えたりしてはいないでしょうか。そのような場合，自分自身の欲求をもつことに罪悪感を覚えたり，

申し訳なく思うようになったりします。そして，自己の欲求を後回しにして，心理援助の仕事にのめりこんでいき，バーンアウトに至るということも生じてきます。

したがって，心理援助専門職にとって，自己の欲求に気づいていることがとても大切になります。しかし，そのような欲求の多くはもっていることを認めたくないものでもあるので，自分自身で気づくのは難しくなります。そこで，(Corey & Corey, 1998を参考として) 表3-2に心理援助専門職が抱く典型的な欲求をリストに挙げ，それを次節で解説することにします。

表3-2 心理援助専門職が職業選択と関連して抱く典型的な欲求
(Corey & Corey, 1998を改変)

① 恩返しをしたい
② 自分が救われたい
③ 必要とされたい
④ 地位や名声を得たい
⑤ お金を儲けたい
⑥ 他者の世話をしたい
⑦ 他者に答えを与えたい
⑧ 他者に影響を与えたい
⑨ 他者を支配したい

3　自らの隠れた欲求に気づく

本節では，表3-2に示した欲求について解説します。皆さんは，そのような隠れた欲求が自分の中にないか，自分に正直に心の中を探ってみてください。まずは，その人自身の思いと直接かかわる欲求をまとめ，次に他者を介して間接的に自己の欲求を満たすあり方をまとめます。

自己の思いを満たす欲求

①"恩返しをしたい"欲求は，その人が育つ過程で助けてもらったことへのお返しとして他者の役に立ちたいという気持ちとして示されます。恩を受けた人とは，たとえば学校の教師であったり，サポートを受けたスクールカウンセラーであったりします。そのような場合，恩を受けた人がモデルになり，そこから自由になれないということも生じてきます。

②"自分が救われたい"欲求は，自分の個人的課題を解決するために心理援助専門職になるという場合に相当します。つまり，自分の受けた心の傷や体験した苦しみを癒すために他者の支援に取り組むということです。自らの人生の苦難に取り組むことを契機として他者の苦悩と，その問題解決支援に関心をもつことは自然であり，それは心理援助専門職として仕事をしていく原動力にな

るといえるでしょう。自ら苦悩の経験があるからこそ，他者の苦悩を理解し，癒すことが可能となるとも言えます。しかし，自らの問題について未解決の葛藤を抱えたままでいた場合，同様の問題をもった人が来談した場合，自己の問題とクライエントの問題が融合し，両者の区別ができずに問題に巻き込まれてしまう危険性が出てきます。

③ **"必要とされたい"欲求**は，心理援助専門職に関心をもつ人なら誰でももっているものです。「おかげでよくなりました。ありがとうございます」と言われた時に，「報われた」「心理援助専門職になってよかった」と感じ，満たされる欲求です。それは，他者の問題解決を支援する動機づけとなる自然な欲求であり，否認すべきものではないと言えるでしょう。しかし，その"必要とされたい"欲求が心理援助専門職の中心を占めるようになるとさまざまな支障が起きてきます。まず，心理援助専門職の側の必要とされたい欲求が前面に出て来てクライエントの欲求を覆い隠し，クライエントの求めていることを見えなくしてしまいます。また，クライエントに"必要とされたい"という気持ちが強くなると，クライエントの依存性を高めて援助する側の自分を頼りにするように仕向けるということも起きてきます。そのような場合には，クライエントが心理援助専門職を必要としているのではなく，逆に心理援助専門職がクライエントを必要としているという事態になってしまいます。これでは，本末転倒です。さらにクライエントの感謝を求めて仕事をするようになると，仕事がその心理援助専門職の人生そのものになってしまいます。仕事以外の生活で，必要とされたいという欲求を満たせなくなってしまった場合，その人の人生そのものが貧しいものとなってしまいます。

④ **"地位や名声を求める"欲求**は，心理援助専門職になるための隠れた動機づけになっている可能性が高いと言えます。日本では，心理援助専門職はエビデンスに基づく議論よりも，"心の専門家"と称して心理的問題を分析し，評論したり，"心の処方箋"といった比喩を用いて心理的問題への対処法を啓発する随筆を出版したりする傾向がありました。その結果，社会的に恵まれない人々を現実生活のレベルで支援するのではなく，面接室の中でクライエントの心を分析する高邁な職業であるというイメージをもって心理援助専門職を目指す場合が少なからずあります。そのようなイメージが動機づけになっている場

合，地位や名声を求めることが隠れた欲求になっていると言えるでしょう。そのような人は，どんどん自己愛的で高慢な態度を取るようになり，クライエントからも，また他の専門職からも見放されていくことになります。

⑤ "お金を儲けたい"欲求は，日本の現場では実際のところ満たすことが難しいものです。そもそも心理援助専門職としての仕事だけで生計を立てていくのが難しいのが日本の現状です。そのような中でお金を儲けることに執着する場合には，法外な報酬を要求したり，無理に来談を継続させたりするという弊害が起きてきます。しかし，現実には，お金を稼ぐことを目指して心理援助専門職になる人は少ないのではないでしょうか。逆にお金を稼ぐ必要のない，経済的に余裕のある人のみが心理援助専門職になった場合には，心理的問題を抱えた人々の現実生活の厳しさを見落としてしまうことも生じてくるでしょう。

他者にかかわることで満足を得る欲求
⑥ "他者の世話をしたい"欲求は，幼い頃より家族内や学校場面で，他者の助けをする役割を担ってきた人が抱きやすい気持ちです。家庭や学校に問題がある状況で，他の人より優れていたために親や教師からしっかり者として期待され，よい子役割を演じてきた人は，その枠組みから抜けられないことがあります。そのような人は，自己の欲求よりも他者の欲求を優先しがちであり，自己の欲求自体を意識できなくなっています。また，自分自身が助けを求めることを経験しておらず，その方法をまなんでいないので，自分が困った時に他者に助けを求めることができません。自己の欲求を直接満たすことをしないままに他者の世話を焼くことで自分を保とうとするため，他者の援助活動にのめりこみ過ぎてバーンアウトに陥る可能性が高くなります。

⑦ "他者に答えを与えたい"欲求は，他者にアドバイス，さらには正しい答えを与えたいという動機と結びついています。それが，クライエントの話をじっくり聞き，問題状況をしっかりと把握した上で，問題解決に向けて互いに協力して適切な方法を探っていくことに結びつくならば，それは心理援助専門職として適切な態度となるでしょう。しかし，自分は正しく相手を導くことができるという思い込みに基づいて一方的にアドバイスや"正しい"答えを与えようとするならば，クライエントは心を開いて問題を語ることをしなくなるでし

よう。また、クライエントが自ら問題に取り組もうという意欲を阻害することにもなります。

⑧ "他者に影響を与えたい"欲求は、自分がかかわる相手の生活や人生に意味のある影響をもたらす存在でありたいという気持ちとして示されるものです。それは「世の中の役に立ちたい」という形で意識されることもあります。普段はそれとして意識できないことが多いのですが、クライエントが相談を拒否したり、思う通りに変化しなかったりして、その欲求が挫かれて不快に感じたときなどに、その存在が浮かび上がってきます。

最後に⑨ "他者を支配したい"欲求について見ていくことにしましょう。人は誰でも自分をコントロールしたい欲求をもっています。それは、自分を安定した状態に保つのに必須なものです。それと関連して、自分の安定を維持するために自分とかかわる環境をコントロールしたいという欲求もあります。その中に他者も含まれることになります。それが発展して、自分の安定のために他者を思い通りに支配したいという欲求となった場合に、心理支援を障害する欲求となります。そのような支配欲求は、心理援助専門職になる、隠れた動機として最も共通して見られるものであり、しかも最も影響力の強いものです。前述した欲求のほとんどの根底に、思い通りに相手を支配したい欲求が隠れています。たとえば、"他者の世話をしたい"欲求においては、自分が世話をするよい子役割を取ることができるように状況を支配したいという欲求がかかわってきます。また、"必要とされたい"欲求においても、自分を必要とするように相手を支配したい欲求がそこに隠れているのです。

4 改めて心理援助専門職になること

前節では、心理援助専門職になる動機にかかわる欲求について検討しました。皆さんは、そこでの議論を読んでどのように感じたでしょうか。「自分の中の隠れた欲求を見せつけられて心理援助専門職になることに自信がもてなくなった」という人もいるのではないかと思います。あるいは、「そんな人間の裏の裏まで考える必要はない。他者を援助したいという善意を壊してしまうだけで意味がない」と反発を感じた人もいると思います。

私としては、むしろ前述のような欲求をもつことは心理援助専門職になるた

めに必要であると思っています。なぜなら，ほとんどの人は，自分自身の問題を解決しているわけではないからです。自分自身も助けられていない人間が他者を助けようとすることは，本来無理な，不自然な試みです。その点で心理援助の活動は，特別な欲求がなければ通常は成り立ち得ないものと見なすことができます。それが自己中心的な欲求であっても，心理援助活動を成立させ，さらに維持するためには特別な欲求が必要となると考えるわけです。つまり，自分自身を支えること自体が困難な状況にあって，人が他者を助けることをし続けるためには，それが自分自身のためでもあるということが必要と考えるのです。それゆえ，私は，前述のような欲求をもつことが心理援助専門職になる出発点となると見なします。

そこで重要となるのが，自己の欲求と他者（ここではクライエント）の欲求をバランスよく両立させることです。少なくとも，そのような自己の欲求を意識できていないと，さまざまな問題が起きてきます。知らず知らずのうちに自己の欲求のためだけに介入方針を決めてしまうといったことが起きてきます。さらには自己の欲求や葛藤を解消するためにクライエントを利用するということも出てきます。そのような場合には，専門職としての権力を濫用することになり，倫理問題が生じることになります。

したがって，大切なのは自分自身の欲求を意識できていることです。そのような欲求は，あなた自身の心理援助の活動の原動力になっているという点でとても大切な意味をもっているからです。そして，心理援助の活動を行う際には，問題を解決するために，その自己の欲求に支配されるのではなく，それを有効に活用する態度を身につけることが，実践に向かう基本的態度となるのです。

〈引用文献〉
Corey, M. S., & Corey, G. (1998). *Becoming a helper. 3rd ed.* Brooks/Cole.（下山晴彦（監訳）(2004)．心理援助の専門職になるために　金剛出版）

第 II 部

実践の基本構造を知る

第4章 ●● 事例の現実に臨む

1　実践を体験する

現実にかかわる

　臨床心理実践は，心理的な問題が起きている**現場（＝事例の現実）**に介入し，問題の解決や改善を目指すものです。臨床心理士がかかわる事例の現実は，問題が起きているという意味でさまざまな混沌を含む事態となっています。つまり，何らかの問題が起き，葛藤や混乱，時には対立が生じることで混沌とした事態となっているわけです。そのような混沌を含む現実に入り込み，その問題の成り立ちを調べ，問題を解決する方法を探り，実際に介入していくのが，臨床心理学の実践活動となります。

　本シリーズ第1巻でも解説したように，臨床心理学には，問題を理解し，改善していくためのさまざまな理論があります。たとえば，クライエント中心療法，精神分析や認知行動療法，さらには家族療法やコミュニティ心理学の理論などです。そのような理論は，論理的一貫性を保っているという点で，秩序立てられているものです。しかし，さまざまな問題が起きている事例の現実は，そのような理論で単純に割り切れるものではありません。

　第1巻では臨床心理学をまなぶ過程を航海にたとえて説明しました。学問としての臨床心理学の理論を船とするならば，その船が現実という海に入っていかなければ航海は始まりません。そもそも海に入らない船があるとすれば，それは船としての機能をもたないことになります。それと同様に，実践の学である臨床心理学は，実践活動ができて初めて意味をもつことになります。いくらフロイトやユングの本をたくさん読んでいても，実際の実践活動を遂行し，しかも有効な結果を出すことができなければ，臨床心理学を身につけたとは言えないのです。臨床心理学の理論や学問体系をいくらまなんでも，実践ができなければ，単なる机上の空論でしかないのです。

ただし，単に海に入れば船として十分に機能するかといえば，そうではありません。というのは，臨床心理実践がかかわる事例の現実は，波静かで穏やかな海というわけではないからです。しばしば暴風雨が吹き荒れ，荒波が押し寄せる厳しい事態となります。解決に向けての光が見えない中，暗闇を航行しなければならないことも多々あります。そこかしこに岩盤や浅瀬が隠れていて，舵取りを間違えば座礁し，大事故になりかねない場合もあります。そのような危険性と隣り合わせなのが事例の現実です。

もちろん，すべてが危険や混乱に満ちているというわけではありません。現実には，人々の生活を支える場としての側面もあります。事例の現実がどれだけ危険なものであっても，人はそこで生活し，そこから命のエネルギーを得ていかなければなりません。厳しい現実であっても，どこかに慈悲深い生命の海としての側面につながるところがあるはずです。命を育み，生活の再生につながる豊かな資源が海底深く眠っています。臨床心理実践においても，問題を解決するための資源を事例の現実の中から探り出し，新たな可能性を育てていくことも必要となります。そのような資源を活用するためには，臨床心理学の船だけでなく，他の専門活動の船と協働して事に当たる必要も出てきます。そのような場合には，それぞれの船が役割分担を明確にして航路を決めていくことが大切となります。

そのような厳しさと豊かさをもった現実にかかわる実践活動が根幹にあることが，臨床心理学の魅力でもあります。したがって，実践の学としての臨床心理学をまなぶに当たっては，厳しさと豊かさを併せもつ現実に触れていくことが学習の第一歩となります。

実践における出来事性

臨床心理学の"実践の基本"をまなぶための航海に出るに当たって，読者の皆さんには，まず海のもつ怖さや厳しさに触れてもらうことにします。というのは，臨床心理学の実践活動を，カウンセリングのように，ただ優しく話を聞いていればよいと誤解している人が意外と多いからです。もちろん，クライエントの話を受動的に聴くことは大切です。しかし，ただ単にクライエントの話を優しく聴いているだけでは，問題の解決につながらないどころか，問題をよ

り一層混乱させることもあるのです。そこで，読者の皆さんには，まず事例の現実の厳しさを体験してもらい，専門職としての臨床心理士になる覚悟をもつことの重要性を伝えたいと考えます。

　臨床心理士が事例にかかわる際に体験する厳しさや難しさの要因として，現実のもつ**出来事性**の強さがあります。臨床心理士がかかわる事例の現実は，さまざまな出来事が重なり合うことで混乱した事態になっています。たとえば，家族の対立や不登校といった外的出来事に，抗しがたい不安や葛藤といった内的出来事が重なり，混乱が生じることがあります。多くの場合，さまざまな出来事が複雑に重なり合って問題が成立しています。そのため，何が問題なのかさえもわからない事態になっていることもあります。

　臨床心理士は，このような事態に介入し，新たな出来事を生み出すことによって問題解決を図ります。つまり，さまざまな出来事が重なり合って生じた事態に対して，新たな出来事を生み出す行為が臨床心理学の実践活動となります。

　したがって臨床心理実践は，出来事に出来事を重ねるという意味で，出来事性が強いと言えます。出来事性については，小森（1996）が「テクストを読むこと」と関連して解説しています。後述するように「読む」という行為と実践との間には，多くの共通点があります。しかも，それが本書のテーマともなっているので，少し長くなりますが，以下に小森の説明を引用します。

　　「ここで言う出来事とは，誰も予想だにしなかった事態が，突然に，かつ偶発的に発生することであり，その事態そのものについて，事後的に説明を試みようと思っても，決して完全に言語化することもできなければ，因果論的な位置づけを与えることもできないことを指しています。

　　読むことにおいて，とりあえず投げ出されているのは，テクストとしての文字の連なりという場にほかなりません。そこに読者である私の意識がかかわりはじめた瞬間から，時間が流れはじめ，テクストの空間が現象しはじめます。それはまた，表現者と読者が同時に立ちあらわれはじめることでもあります。表現者がかつて書きつけた言葉が，読者の意識という場の中に入り込むことで，意味生成が発生し，そのことはまた，読者の意識の中にあった言葉が，表現者の構成したテクストの場へ投企されることでもあるのです。時空連続体としての場の一瞬の歪みと突起。そこに発生するのが出来事なのです。」(pp. 5-6)

　臨床心理実践において，上記のテクストに相当するのが，問題となっている

混乱した事態です。臨床心理士は，実践行為を通して，その事態に介入します。その瞬間から時間が流れ始め，問題となっている事態の空間が現象します。そして，そこに問題（の当事者や関係者）と臨床心理士との関係が生じ，その関係によって新たな意味が生じ，臨床過程という出来事が発生することになります。

　ただし，介入の対象は，読むことにおけるテクストのように固定したものではありません。問題となっている事態であるので，その事態は刻々と変化します。しかも，介入することで新たな出来事が生じ，またそれらが，問題の事態そのものに影響を与えます。それによって事態が変化し，さらにそこに介入するという循環的過程が時間の経過とともに進行することになります。介入を契機として出来事が循環的に積み重なっていく経過こそが臨床過程となるわけです。この点で実践は，読むことに比較して力動的であり，循環的です。したがって，実践は，まさに「誰も予想だにしなかった事態が，当然に，かつ偶発的に発生する」という意味での出来事が主要な要素となる活動なのです。

　このように臨床心理実践では，"事（こと）"が生起するという意味での出来事性が重要な意味をもつことになります。この"事"と関連して臨床心理学で用いられる"事"例という用語について解説しておきます。「事例」という用語に関しては，医学領域の用語である「症例」という語としばしば混同されて用いられます。しかし，症例という用語が文字通り病気の症状の例という意味で用いられるのに対して，臨床心理学における事例は介入の対象となる出来"事"や"事"態の例という意味であり，両者の違いを意識しておく必要があります。

　臨床心理実践の対象となる事態は，単に病気や症状といった病理的事態にのみ限定されるものではありません。臨床心理学では，不安や葛藤といった心理的出来事に加えて，人生の過程において生じてくる出来事（life event）や家庭，学校，会社といった対人関係やシステムの場で生じる社会的出来事（social event）なども含む，広い意味での混乱した事態を対象とします。さらに，その事態に臨床心理士がかかわることで新たに生じる出来事も臨床過程として重要なテーマとなります。

　したがって，臨床心理学では，病理的事態に限定されない広い意味での出来事をテーマとしていることをまず指摘しておきたいと思います。また，これに関連して本書では，介入の対象となる個人についても，医学用語である「患

者」という語を極力用いずに「クライエント」という語を用いることにしました。また，問題となっている事態や出来事という"事"に当たっている人という意味を強調する場合には，「当事者」という語を用いることにします。

ところで，このように実践では出来事性が重要なポイントとなっていると指摘すると，読者の中には「それなら臨床心理士は何を言ってもよいのか」「ただ単に新しい出来事を起こしさえすればよいのか」といった疑問を抱く人も出てくるかと思います。たしかにそれは，当然の疑問です。

そこで，次項では，問題事態に対してどのように介入すれば，問題解決に向けて役立つように出来事を生起させることができるのかを，読者の皆さんと一緒に考えていくことにします。

事例の現実を体験する

実践の"事"始めとして具体的な事例を提示しますので，読者の皆さんは，臨床心理士になったつもりで，示された問題事態にどのように対応するのかを考えてください。事例への参加を通して"出来事としての実践"を体験することになります。体験こそが臨床心理実践をまなぶ基本となります。

以下に，私自身の臨床経験に基づいて創作した，23歳の女性「結花さん」の事例の初回面接の様子を示します。

一般的に事例の始まりは，相談の申し込みを受けて初回面接を設定し，そこでアセスメントを行い，見立て（ケース・フォーミュレーション）をし，それをクライエントと共有した後に介入方針を話し合い，実際に介入するといった手続きとなります。しかし，臨床現場では，アセスメントの結果いかんにかかわらず，その事例を引き受けなければならない場合や，初回面接において即危機介入を迫られるといった場合が少なくありません。

この事例も，精神科病院の臨床心理士が看護師長から，「何度も自殺未遂をして入退院を繰り返している患者さんで，最近また不安定となり，本人が心理相談を希望しているのでよろしくお願いします」と依頼されたもので，受付即危機介入といった事態が予想されました。当時結花さんは，退院したばかりでしたので，臨床心理士は初回面接の予約日までに，それまでのカルテと，以前の担当の臨床心理士の記録を読んでおきました。これまで3か所病院を変わり，

通院歴4年，入院6回，病院内で暴れるなどのトラブルがあったことがわかりました。当日，結花さんは母親と一緒に来院しました。

以下に，初回面接における臨床心理士とクライエントである結花さん，および母親とのやりとりの要約を示します。臨床心理士の反応の一部をブランクにしてあるので，読者の皆さんはぜひ臨床心理士になったつもりで，自分なら結花さん親子の話をどのように聴き，その時どのように対応するかを考えてみてください。結花さんの抱える問題に関するあなたなりの仮説を立て，今後予想される展開に対して，どのような援助計画を立てるのかを考えながら読み進めてください。それが見立てになります。その際，皆さんがまなんできた臨床心理学の知識と技法をどのように利用するかをチェックしてみてください。

事例：結花さん

［面接室に母親とともに入ってきた結花さんは，背の高い，目鼻立ちの整った女性でした。ただ，疲れた表情で自信なさげにうつむいていました。母親は小柄で弱々しい印象でした。臨床心理士が，これまでの経緯を尋ねたところ，結花さんはぽそぽそとしゃべり始めました。その際，一回り小さい母親に同意を求めないと安心できないといったそぶりが見られたのが印象的でした。］

結花：中学までは活発で元気ないい子だった。高校が進学校で，人間関係に冷たいものを感じてなじめず，登校拒否気味だった。でも大学は猛勉強して国立の法学部に入った。

母親：父親が弁護士で法律事務所をやっており，私も手伝っていました。それで，とても大変なのはわかっていたので，私は法学部進学には反対したんです。

臨床心理士：自分自身で進学を決めたの？

結花：兄がいるが，兄は勉強が嫌いで今は大工をしているので，自分が継がなければと思っていた……大学入学後，恋愛関係のトラブルで落ち込むようになった。結局2年目で大学を辞めた……アルバイトをしたが，続かず，落ち込んで自殺未遂をして入院した。入院したら，外出するのが恐くなった。結局，入退院の繰り返しとなった……昨年父親が交通事故で急死。その後長期間入院していた。ずっと死にたいと思っている。

臨床心理士：死にたい気持ちはいつ頃から感じていたの？

結花：高校の時に家にあった薬を大量に飲んだ。狂ったようにバーッと飲んだ……恋愛関係のトラブルの後は，イライラして手首を切った。繰り返しやった。その時は死にたいと思った……父親の死後は，ビルの屋上から飛び降りようとした。父親の手伝いで忙しかった母親の代わりに私を可愛がってくれた，高校時代に死んだ祖母のところに行きたかった。入院中は看護師さんが優しいので安心するが……。

母親：一時退院の後，帰る途中で大量の薬を飲んで，朦朧状態で手首を切って警察に保護された。最近は恐くて結花から目を離せない状態なんです。

結花：最近は人混みが恐くて入れない……気分が落ち込んでイライラしてくると死にたくなる。

　［と言いつつ，結花さんは落ちつきがなくなってきます。そこで臨床心理士は，話題を現実的なものに変えます。］

臨床心理士：一日の生活はどうしている？

結花：することない。一人でいられない。イライラして怒鳴ったり……急に買い物したり，でもその後，生活費が心配になる……。

母親：経済的には父親の遺産があるので心配ないんですが。

結花：私は不安。お母さんが死ぬときは私一緒に死ぬからね……。最近は小刻みに手首を切る。死なない程度の血を見ると安心する。満足感……。これって異常ですか。

臨床心理士：反応①

結花：瞬間的に落ち込む。そうなると死にたくなる。死にたい気持ちをなくしてほしい。

臨床心理士：反応②

結花：私は統合失調症ですか。お医者さんは，それぞれ違うことをいう。周りの人もいろいろなことを言う。お母さんも本を読んで自律神経失調症なのかもしれないという。

母親：昨日，私がそういうことをいったら怒りだして，手首を切り始めたんです。

結花：周りに惑わされている感じがする。そうするとイライラしてくる。私って何だろうと思う。どうしたらいいんですか。

臨床心理士：反応③

結花：みんな勝手なことを言う。それが気になってイライラ……。私はいろいろ考えているのに周りの人が私のことを全くわかってくれない……小さい頃からそうだった。お母さんはいつも父親の事務所のことばかり。私のことは祖母まかせだった……。本当はお母さんのことを恨んでいる。

母親：たしかにこの子の面倒を見てやらなかった。それが今の病気と関係ありますか。

臨床心理士：反応④

結花：私は治りますか。治るとしたらどのくらい時間がかかるんですか。

臨床心理士：反応⑤

読者の皆さんは，最初からリストカットや自殺念慮といった出来事が頻出する事例に面食らうかもしれません。ただ，臨床現場では，このような突発的な出来事を繰り返す混乱した事態にどのように対応できるかによって，隣接領域の専門職（この事例の病院臨床の現場では，看護師や医師）からの臨床心理士に対する社会的評価がなされます。そこで，この事例に基づいて臨床心理士の仕事の特徴，そして臨床心理実践の基本的な在り方について見ていくことにします。

あなたならどのように対応する？

　あなたが結花さんの初回面接を担当していた臨床心理士ならば，結花さん親子の問いかけにどのように応えたでしょうか。皆さんの中には，テストの穴埋め問題に答えるように，「正しい答えってなんだろう」「自分の答えは合っているのかな」という気持ちで取り組んだ人もいると思います。

　そこで，このような場における臨床心理士の対応に正解というものはないということを，ここではまず確認しておきたいと思います。つまり，実践とは，結花さん親子の質問に対する正解があり，それを答えることができたならば症状の改善が進むという，単純な正誤問題のような代物ではないということです。

　本節の冒頭で述べたように，実践とは混乱した事態（ここでは，リストカットや自殺念慮などの出来事によって生じた事態）に臨床心理士がかかわり，そこに新たな出来事を生じさせる行為です。混乱した事態と臨床心理士との出会いによって新たな出来事が生じるという点で，実践には「誰も予想だにしなかった事態が，突然に，かつ偶発的に発生する」（小森，1996）という出来事性が強いといった特徴があります。このように，実践の第一の特徴として，単に法則やマニュアルを当てはめて対象を理解するのとは異なる"出来事性"があるのです。

　しかし，臨床心理士は，混乱した事態にただ単に素朴に出会えばよいというのでもありません。小説というテクストを読む場合には，読者の側の意識があり，それとテクストに示された表現者の言説との対決ともいえる厳しい出会いがあって初めてそこに「出来事としての読むこと」が成立します（小森，1996）。ここでの「読者の側の意識」とは，読者のテクストについての"読み"と言えるものです。それと同様に，実践においても，そこで生じている混乱した事態に向き合い，事態に適切に対処するための"読み"が臨床心理士の側にあって

初めて，問題解決に向かう出来事の生起が可能となります。ここでの"読み"は，臨床心理士の側の，問題に関する"見立て"（これについては，後述する技法論では，ケース・フォーミュレーションと呼ぶことになります）に相当するものです。

したがって，実践の場で生じる出来事は，問題となっている事態に関して臨床心理士がどのような見立てをもつのかによって変わってきます。この見立ては，「問題はどのような事態となっているのか」「その問題はどのように発生し，発展し，そして維持されているのか」さらに「どのようにしたら問題は解決するのか」という，問題の成り立ちと解決に向けての方針に関する仮説です。それが臨床心理士の"読み"に相当するわけです。臨床心理士は，その"読み"に基づいて事態にかかわる方針を決めていきます。したがって，"読み"によって実践の場で生じる出来事は大きく変化してくるのです。臨床心理士がどのような仮説，つまり見立て（＝ケース・フォーミュレーション）をもち，どのような援助計画を立て，それをどのように実践できるかによって，実践の場で生じる出来事は変わってくるのです。

臨床心理士は，当事者の発言や行動に対応して仮説を発展させるのですから，当事者がどのような事柄を表現するかによって"読み"は変わってきます。さらに厳密にいうならば，当事者の表現は，臨床心理士の対応によって左右されるものです。相手が専門家である臨床心理士といえども，失礼な質問や態度を示す人だと感じれば，当事者が自分の本当に傷つきやすい事柄を打ち明けたくなくなるのは当然のことです。そのような場合，問題についての見立てを形成するための，適切なデータが得られないということになります。

このように考えるならば，臨床心理士の"読み"は，当事者との関係の中で生成され，発展していく仮説ということになります。したがって，臨床心理士は，当事者との関係の中で，問題の成り立ちを正確に把握するための情報を収集し，問題解決に向けての最適な仮説を発展させ，事態の改善に向けて主体的にかかわっていく責任があります。つまり，臨床心理士の専門性とは，その仮説の生成を通して，事態の改善に向けて主体的にかかわっていく在り方にあるのです。このように考えた場合，臨床心理士の反応の妥当性は，正解か否かといった基準ではなく，その反応が事態の改善に適切な役割を果たしているか否かといった基準によって判断されるものであるといえます。そして，その臨床

心理士の反応の妥当性は，臨床心理士だけでなく，その関係を分有する当事者によっても評価されるのです。

その点で，実践の過程は，混乱した事態と臨床心理士との出会いによって生起する出来事であると同時に，臨床心理士と当事者との間の合意によって介入の妥当性を確認しながら進んでいく過程でもあります。その過程を適切に遂行するために必要となるのが臨床心理士の専門技能です。具体的には，当事者との間に信頼関係を形成するとともに臨床心理学の最新知見を参照し，問題を的確にアセスメントし，問題の成り立ちと介入に向けての最適な方針についての仮説を立てることができる技術ということになります。本書では，そのための基本技能の訓練方法を解説します。

一つの対応例――私の場合

結花さんの事例について，私が臨床心理士である場合の対応を見ていくことにします。私は，生活史を聴く中で結花さんが深い満たされなさとそれに由来するさみしさや怒りをもつ経過は理解できました。しかし，その苦悩の程度と表現の仕方および対処の仕方は常軌を逸していると思いました。

そこで私はまず，結花さんの問題は正常と異常が混在している境界状態であると考えました。そして，その正常と異常の混在を本人だけでなく，母親を含めた周囲の人たちが理解できていないため，結花さんと周囲のズレが生じ，結花さんがますます孤独とイライラを募らせる悪循環が生じているとの仮説を立てました。

また，援助計画としては，この正常と異常の部分の区別をし，それを当事者や関係者に伝え，その悪循環をゆるめるとともに，正常な部分を評価し，逆に異常な部分は病的なものとして指摘し，問題を外在化することで援助の目標を明確化することとしました。

以上の仮説に基づき，反応①の箇所で私は，「異常だと思う。話を聴いていると結花さんは何か自分に欠けているものを感じているように思う。結花さんが，それを満たして安心したいという気持ちをもつのは正常であると思うが，手首を切って血を見ることで満足感を得るという方法は，やはり異常であると思う」と応えました。前述の事例には書きませんでしたが，私のこの反応に対

して結花さんが「なるほど」と応えましたので，私は内心，自分の仮説がズレていないこと（妥当性）を確認できました。反応②では，「死にたくなるのは，抑うつ状態だから。結花さんは，耐えられないくらいさみしくなる病気に罹っていると思う。ある意味で病的な満たされなさをもっている。それをどうするかだと思う」と伝えました。

この私の「病気」という言葉に対して，結花さんは以前ある医師に言われた統合失調症という診断名を示して，間接的に私の判断を問うてきました。この時点で，すでに私の中には，上記の援助計画がある程度意識化されていました。そこで，私は，反応③で「結花さんにとって診断名が決まることはどんな意味があるの？」と逆に尋ねてみました。それに対して「病名がつくと落ち着く。治す気になる」と応えたので，私は「おそらくお医者さんの間でも意見が分かれるくらいだから，結花さんの問題は単純な状態でないことはたしかだと思う。自分は医師ではないのではっきりしたことは言えないが，印象としては統合失調症とは違う感じがする。ただ，問題なのは，結花さんの状態が複雑でわかりにくいため，結花さん自身も周囲の人たちも混乱して，ますます事態が悪くなっていることである。僕は，まずはそのことを何とかしなければと思っている」と，私の臨床心理士としての見立て（仮説）を伝えました。

ここまできて私には，私と結花さんとの間で互いに理解できそうな相手だと感じる関係が形成されてきたように思われました。それは，彼女の発言が，私の見立てを受けて，自分のことから周りの人との関係の在り方に広がってきたことからも確認できました。ここでは，私が臨床心理士としての主体性を発揮して関係を展開したと見ることができます。

小さい頃，面倒を見られなかったことが今の病気と関連しているのかという母親の質問は，この関係の展開の結果と言えます。この母親の質問に対して私は，反応④で「お母さんが結花さんの小さい頃に手をかけられなかったことは，今の状態と関係あると思う。ただ，それがわかったからといって問題が解決するわけではない。これからどんな関係をつくっていくかが重要となる。その点で，今後の結花さんの問題解決にはお母さんの協力がどうしても必要となる」と私の方針を伝えました。また，結花さんの治るならどのくらいで治るかという質問に対しては，反応⑤で「状態はすぐよくなるという軽いものではない。

時間はかかると思う」と伝え、さらに「結花さんはどのくらいで治りたい？」と尋ねました。

それに対して結花さんが「遅めの結婚適齢期の28歳くらいまでには治りたい」と応えたので、私は「あと4年。そのくらい時間がかかるつもりでやりましょう。今後も死にたくなったり、暴れたくなったりすることが生じると思う。手首を切るのも仕方ないと思う。ただ、危なくなったらなるべく早く連絡してほしい。お医者さん、看護師さんと協力してサポートしていきたい。とりあえず、入院をうまく利用しながらやっていくことが必要だと思う。いずれにしろ希望をもつことは大切です」と、私ひとりで援助するのではなく、病院という環境の中での人間的つながりで援助体制を取ることを伝えました。この時点で私には、彼女の抱える混乱は簡単に収まるものではないとの判断がありました。そこで、私の援助計画は、混乱した事態がこの後も継続することを前提としたものであることを当事者に伝えました。

以上に示したように、臨床心理士の反応は、いずれも当事者と臨床心理士という具体的な人と人との関係に基づいて提示されるものです。このことをさらにつきつめるならば、両者の間の関係性は、単にことばのやりとりや行動の仕方だけでなく、視線やちょっとしたふるまい、あるいは語り口といったことから醸し出される、その場の雰囲気といった事柄にも大きな影響を受けます。つまり、臨床心理士の対応が両者の具体的関係から生まれてくるものであるとするならば、当然このような微妙な、意識に上りにくい関係も考慮しなければならないことになります（気や間といった、微妙な事柄が事例の展開においてもつ意味については、下山、1993がテーマとして扱っています）。

したがって、事例の状況に適した仮説の生成は、その場にいる臨床心理士でなければできないことになります。この点で、その抄録しかないデータから読者の皆さんに対応を考えていただくという設定には、最初から無理があったことをお詫びしたいと思います。

2 理論から現実へ、そして実践へ

専門的技能をまなぶために

第1節では、混乱した事態に介入し、問題の改善や解決に向けて新たな出来

4 事例の現実に臨む

事を起こしていくのが臨床心理実践であることを解説しました。それを受けて本節では、臨床心理士の専門性の基本となる実践方法のまなび方を見ていくことにします。

臨床心理士の専門性とは、問題の成り立ちについての仮説を生成し、その仮説に基づいて問題となっている事態の改善に向けて主体的にかかわっていくことにあります。では、その専門性を適切に発揮するための技能は、どうしたら習得できるのでしょうか。本書は、まさにこの臨床心理士の専門性の基本となる実践技能の習得をテーマとしたものであり、本項はその導入に当たります。

実践技能の習得に当たっては、誰もが最初に注意しなければいけないことがあります。それは、臨床心理学における理論の位置づけの問題です。事例に関するデータから仮説を生成する際に、たとえば心理力動論、学習理論、認知理論、家族システム論、コミュニティ理論などといった理論を参考とするのはよくあることです。そのこと自体には、特に問題はありません。むしろ、仮説生成の照合枠として適切な理論を利用することは必要なことです。

ところが、実際には、それとは逆のことが行われていることがしばしば見られます。それは、理論を仮説生成の参考にするのではなく、理論そのものを事例に当てはめてしまうという在り方です。そのような場合には、データを収集する段階から既に理論に合致しやすい情報が集められるようになります。当然、臨床心理士の反応も理論に沿ったものとなり、関係の形成も理論に合致した方向に臨床心理士の主導で進むことになります。

このような理論に沿った臨床心理士主導の事例の展開は、一見論理的整合性をもち、また普遍性をもつようにも見えることから、臨床心理学の専門性を表すものと考えられがちです。しかし、先ほど述べた臨床心理士の主体性とは、あくまでも事例の当事者との間の相互関係における主体性であり、理論に沿った臨床心理士の主導とは似て非なるものです。臨床心理士の専門性は、事例の事実から仮説を生成し、それに基づく関係の展開に責任をもつことです。それは、具体的な事実とは逆の抽象的で一般的な理論を根拠とする専門性とは、全く質を異にするものです。

このような事実と理論の逆転現象は、単なる誤解から生じた些細な事柄ではなく、むしろ臨床心理実践の特徴から必然的に生じた深刻な事態と言えます。

というのは，実践の学である臨床心理学では，理論といった抽象的な知を身につけることが一概に具体的な実践の向上につながらずに，むしろ理論を知り過ぎることが実践の妨げになる場合があるからです。その点で臨床心理学には，理論と実践の矛盾が本来的に含まれているのです。

"実践"は混乱を含む複雑な現実において行われる具体的な行為であるのに対して，"理論"は一般的な法則や論理から構成されている抽象化された概念体系であり，両者は必然的に矛盾する性質を有しています。アカデミックな心理学など，他の学問領域では理論や知識をまなぶことが，比較的単純に研究者としての成長につながります。しかし，実践の学である臨床心理学では理論をまなぶことが，実践の専門職である臨床心理士としての成長に単純に結びついてこないことになります。

現実のわかりにくさに耐える

理論と実践の矛盾は，さまざまな点で実践技能をまなぶ上での障害になります。人間には，わからないと安心できないといった性癖があるようです。そのため，混乱した出来事のわかりにくさは，そこにかかわる人間に不安を呼び起こします。したがって，理論を当てはめて事例を理解しようとする態度は，臨床過程で必要とされるわかりにくさに耐えることやそれによって生じる不安を回避する態度と見ることができます。

仮説を生成する作業は，ある特定の事例に関して，そこで生じている具体的出来事に基づいて，その事例の混乱を理解するための見立てを構成する行為です。それに対して理論は，一般的で抽象化された概念体系です。したがって，事例の理解のための照合枠として理論を利用する場合には，常に特定と一般，具体と抽象，混乱と体系（つまり秩序や構造）の矛盾に直面することになります。実践とは，その矛盾の中から事例の事実に適した仮説を生成する作業でもあるのです。矛盾を乗り越えて仮説を生成する作業は，普段は行わないことであり，相当な困難を伴います。

したがって，実践における単なる理論の適用は，現実のわかりにくさや実践と理論の矛盾に直面することで生じる困難に対する回避反応と言えます。それは，防衛反応であるため，臨床心理士本人が自覚することは難しいものです。

しかも，理論は事例理解のための照合枠として実践過程の一部に組み込まれているので，理論の適用を合理化することは容易です。その結果，理論の適用による自己防衛は，臨床心理士本人にとって非常に自覚しにくいことになります。この自覚しにくさが事態を一層複雑にします。

　実践における単なる理論の適用は，事例の具体的状況に基づかない，つまり根拠のない不安定な推論です。ところが，そのことを臨床心理士本人が自覚していない場合には，臨床心理士はその不安定さに直面する代わりに，安定を求めてますます理論に依存する悪循環が生じます。そのような場合，理論は，単なる照合枠の域を越えて，ドグマとなります。そこでは，事例の混乱を理解するための臨床心理士の関心は，具体的出来事から離れ，いかに理論を適用するかにさらに強く向かうようになります。そのような臨床心理士の態度は，対応が困難な混乱した事態に直面した場合，まだ自分の理論理解が不十分であるという反省が先に立ち，より一層理論への依存が進み，修行に励むという発想にもつながります。それは，具体的出来事から出発し，具体的出来事に戻るという臨床心理実践の実証性を見失った，本末転倒した態度であると言えます。

　単に理論を適用しようとする態度は，既存の理論を実践に先立つものとするため，具体的出来事という事実から出発し，仮説を生成し，新たなモデルを構成していく創造性を最初から放棄していることになります。このような態度は，理論重視の研究者だけに見られるものであるかというと，そうではなく，実践現場にいる臨床心理士の間でも多く見られる現象です。むしろ，現場の臨床心理士は，現場のさまざまな混乱に日々直面しているために，逆に心の拠り所として既存の理論への傾倒が生じる場合も少なくないようです。その結果，現場の実践から日本の現実に基づく実践モデルを生成，構成していく地盤が失われていくことになります。

　このように考えるならば，実践技能をまなぶためには，実践と理論の矛盾から目をそらさないことがまず必要となります。臨床心理実践は，あくまでもさまざまな混乱を含む具体的な事例の現実から出発し，その過程において理論で示される一般的で抽象的な概念や方法論を照合枠として参考にしながら事例の理解と援助のための仮説を生成し，事例の現実にかかわっていく活動ということになります。

混乱を秩序につなぐ

ところで，実践と理論の矛盾から目をそらさないということは，単に異質なもの同士の兼ね合いや折り合いをつけるという問題なのでしょうか。もしそうであるならば，それは両者を無理に結びつける，あるいは両者の間の妥協点を見出すという不自然な結合関係となり，問題を改善するような有効な実践にはつながらないでしょう。そこで，本項では，両者の異質性を改めて確認し，有効な実践につながる道筋を明らかにすることにします。

臨床心理学における実践と理論の異質性として第1に挙げられるのが，実践の対象が特定の具体的事例であるのに対して，理論は一般的，抽象的な概念体系であるという"特定・具体"と"一般・抽象"の間の異質性があります。つまり，事例は具体的で一つ一つ異なるのであるから，抽象的で一般的な理論では割り切れないということです。

ただし，これについては，それは理論を事例に具体的に適用する際の技術が未熟なだけであり，それぞれの事例に合わせた適用の技術を磨くことで解決するとの意見もあると思います。しかし，実践と理論の矛盾は，単に適用の技術を磨くだけでは片づかないもう一つの異質性を内包しています。

それは，"混乱"と"秩序"の異質性です。理論とは，論理的な一貫性（自然科学の客観的な論理一貫性という意味だけでなく，精神分析理論のような解釈のための理論体系の一貫性をも含む）という秩序を備えた概念体系です。要するに理論は，秩序ある概念構造体です。それに対して実践の対象となる事態は，さまざまなレベルの混乱の事実そのものです。

しかも，本章の冒頭で指摘したように，実践には出来事性が強いという特徴があります。この出来事性とは，「誰も予想だにしなかった事態が，突然に，かつ偶発的に発生する」といった傾向です。したがって，出来事としての実践は，論理的予測が立たない，つまり理論では割り切れない混乱をその特徴としていると見ることができます。

このように臨床心理学における実践と理論の間には，"混乱"と"秩序"の異質性が関与しています。そこで，以下において事例の当事者がこの異質性をどのように体験するかという観点から，両者の違いについて見ていくことにします。当事者は，混乱した事態に困惑して心理援助を必要としたのですから，

混乱を抜け出て何らかの秩序に至ることを求めていると見ることができます。

しかし、ここで当事者は、単純に理論が示すような秩序を求めているわけではないことに注意しなければなりません。むしろ、直面している事態の混乱が深ければ深いほど、当事者はその混乱に当惑しつつも、混乱を生きていること自体に自己の存在証明（アイデンティティ）を感じるということもあります。

たとえば、第1節で提示した事例の結花さんは、通院歴4年でその間に入院6回と混乱を極めた状態となっていました。そのような結花さんが、精神病理学の理論や心理療法の理論に当てはめた解説をしただけで納得するということはないでしょう。むしろ、統合失調症の診断といった中途半端な理論の当てはめは、当事者である結花さんをさらに混乱させることになっていました。そのような場合には、当事者にとっては、理論の当てはめは、混乱を否定されるだけでなく、自己そのものを否定されることにもつながります。つまり、理論の適用という発想は、事例の展開を理論に従わせることにつながり、ひいては事例の示す混乱を理論という秩序で管理する発想につながります。

それは、理論を適用する臨床心理士の側にその意識がなくても、両者の関係の構造として結果的にそうなるという意味です。重篤な心理的混乱を抱えている事例であればあるほど、事例の当事者にとっては、理論のもつ管理的側面を感じるものです。その結果、安易な理論の適用が、事例への不自然な管理の押しつけになり、それがさらなる混乱を生じさせる危険性も生じます。このように理論を当てはめるだけの実践は、事例を強引に管理することになるので、その問題点を意識しておく必要があります。

しかし、その一方で、混乱と秩序との関係を考えるならば、私たちは社会秩序の中で生きているのであり、混乱を混乱のままにしておく危険性も当然考慮すべきです。むしろ、事例の当事者は、社会の秩序に適合しない混乱を抱えているからこそ、心理的混乱を示す事例として臨床心理士とかかわることになったわけです。私たちの自己確立は、社会の枠組みである社会秩序を身につけることを基礎として成立するものです。そのように考えるならば、秩序を生きることの重要性も忘れてはならないと言えます。

そこで、混乱と秩序の関係を検討する際には、単に混乱を秩序に従わせることの危険性を指摘するだけでなく、混乱と秩序のつながりを調整することの重

要性を確認することも必要となります。このような観点に立つならば，実践とは，混乱した事態を秩序の中に適切に位置づけるように援助する行為，すなわち混乱と秩序の間に適切な"つながり"をつくる行為と見ることができます。それは，秩序を優先してそれに混乱を従わせることで混乱を無理に秩序につなげるのではなく，混乱の状況を見極め，そこに秩序に通じるつながりを見出し，その混乱と秩序との間にあるつながりを育んでいく作業と表現できます。

　混乱の中にあって，秩序につながる道筋を見出す作業は，混乱した事態のコンテクストを読み取り，そこから社会の秩序につながる物語の筋を読む行為の積み重ねとなります。その物語に関する"読み"が仮説（見立て＝ケース・フォーミュレーション）に相当することになります。この点については，第10章で改めて解説します。

結花さんの事例についての"読み"

　実践の混乱を理論という秩序に無理に当てはめるのではなく，事例の混乱の中に社会的な秩序につながる可能性を見出し，そのつながりを育んでいくための仮説やモデルを構成することが実践の基本手続きであり，そのための方法が実践技能に相当します。そこで，本項では，第1節で取り上げた結花さんの事例を題材とし，私が臨床心理士である場合を想定して，混乱をどのように秩序につないでいくかについて具体的に見ていくことにします。

　初回面接であったので，臨床心理士である私は，結花さんを取り巻く状況に関する情報を収集することから始めました。その際，乳幼児期の対象関係がその後の心理障害に影響を与えるという精神分析学の理論は当然のことながら頭にはありました。また，頼りにならない兄のことも考え，父親の跡を継ぐために進路を決定したという情報からは，自己の内的欲求に従わない自己実現傾向の問題というクライエント中心療法の理論が頭をかすめました。イライラ感情からすぐに死にたくなり，リストカットにおよぶという情報からは，認知の偏りや感情調整行動の学習がなされていないことが推測され，認知理論や学習理論も頭に入れておく必要を感じました。父親と母親が仕事中心で養育が祖母まかせであったとの情報からは家族境界の混乱というシステム論による理解も頭に浮かびました。これらの情報は，彼女の問題についての仮説を構成する上で

は重要な働きをしたと言えます。

　さらに介入方針を考える際には，彼女の無意識の感情を意識化していけるような転移関係を形成する方向，暗暗裡の体験過程に触れるような共感的理解を示す方向，死に直結する認知の偏りの修正と自己コントロールに結びつく行動の学習を促す方向，母親との関係改善を中心とした家族システムへの介入を図る方向なども考慮しました。

　このように，事例に関する仮説と介入方針を立てる上では，さまざまな理論を参考としました。しかし，いずれの理論も結花さんの混乱した現実を理解し，そこにかかわっていくためには不十分でした。彼女の過去を探ることや転移関係を形成することは，母親への恨みを引き出し，母子関係をさらに混乱させる恐れがありました。体験過程に触れるような共感的理解は，彼女のコントロールできない恨みや怒りの感情を引き出すと思われました。自己コントロールできるような認知や行動の変容を彼女に求めることは，逆に彼女には他者からの支配に感じられ，それへの反発としてさらなる行動化を招くと思われました。家族システムへの介入にしても，父親不在のこの家庭にはシステムと呼べるような構造が維持されておらず，システム変更を前提とする介入自体が母親に対応不可能な負担を課すことになり，家族の混乱を深めるだけだと判断しました。

　このように，結花さんの事例に理論をそのまま当てはめることは，単にそれが困難であるというだけでなく，さらに一層の混乱を生じさせる危険性がありました。そこで，私は，あくまでもこの事例の混乱の現実に基づく介入方針を立てることにしました。

　私は，この事例の混乱については，前節で見たように，異常と正常の二分法では割り切れない結花さんの境界的な混沌が要因としてあると考えました。そして，その混沌が理解されないことによって，混乱がますます増幅される悪循環が生じているとの仮説を立て，その悪循環を指摘することで，悪循環のコンテクストを変えていくことをとりあえずの介入目標としました。

　結花さんによって出された「異常かどうか」との質問，あるいは「診断」についての質問に対して，私は正常と異常の二分法や診断の分類概念といった秩序を当てはめるのではなく，境界的な混沌が理解されないことが問題であるとの主旨の指摘をし，事例の混乱の有り様についての私の"読み"を伝えました。

私には，この悪循環のコンテクストこそが混乱の中にありながらも，秩序につながる道筋だとの読みがあったからです。私の指摘に対する彼女の反応から，彼女が現在の混乱を解釈するあらすじとして，この私の"読み"を受け容れたことが見て取れました。

　また，この事例で見られる混乱については，混乱することそのものが彼女のギリギリの存在証明であり，同時に人を求める行為ともなっていると感じられました。したがって，リストカットや暴力といった行動化も無理にコントロールしようとすること自体が彼女を否定することになるとも考えました。

　そこで，介入方針としては，混乱を肯定し，いかにうまく行動化してもらうかを第一の目標としました。つまり，秩序に向かう見立てとして，混乱した事態を抱えられるような援助側のチームを構成し，その環境の中で行動化してもらい，それに援助チームが対応することで，彼女に少しでも自らの混乱が抱えられる体験をしてもらうというシナリオを考えたわけです。私としては，混乱が抱えられる体験をすることを通して，少しでも人に頼り，人とつながる経験をしてほしいと思いました。このような方法を採ることで，混乱の中にありながらも社会関係という秩序につながる，人を求める彼女の気持ちを大切にし，そのつながりを育てていくことを試みたと言えます。

　このように事例の事実に基づき，混乱した事態のコンテクストを読み取り，そこから秩序につながる物語の筋を読み込み，秩序へとつながる道筋を見出していくのが実践知です。臨床心理学は，このような現実に根ざした実践知の学であると言えます。なお，結花さんの事例の，その後の展開については，実践の具体的経過を示す例として第16章で詳しく報告し，物語論の観点から解説します。

〈引用文献〉
小森陽一（1996）．出来事としての読むこと　東京大学出版会
下山晴彦（1993）．心理療法過程における関係性の研究――日本の"気"と"間"を媒介として　心理臨床学研究，9（1），55-69．

第5章 方法としての物語

1 現実を読むために

事例の現実に迫る

　第4章で解説したように，臨床心理実践は，問題が生じている事例の現実に基づいて問題の成り立ちを把握した上で，問題解決に向けて新たな出来事を起こしていく活動です。事例の現実に基づいて問題の成り立ちを把握するのが"アセスメント"活動であり，問題解決に向けて新たな出来事を起こしていくのが"介入"活動になります。

　そこで，まず重要となるのが，「事例の現実に基づいて問題の成り立ちを把握する」作業です。ところが，第4章で指摘したように日本の臨床心理学では，ある特定の学派の心理療法の理論を当てはめて現実を理解し，その上でその心理療法を適用する傾向が強くなっています。事例に関して，理論に基づく勝手な読みをするような事態が生じることになります。その結果として，事例の現実を歪めて，あるいは限定して理解することが生じます。したがって，実践の基本として，事例が起きている現実を正確に把握する視点と方法を正しくまなぶことが重要となるわけです。

　臨床心理学では，実践のためのさまざまな理論や技法が提案されてきています。それは，心理療法発展の歴史から言えば必然の結果でした。しかし，問題なのは，日本では，未だにそれらがバラバラに提案され，勝手に適用されていることです。たとえば，内的世界に焦点を当てる精神分析学，分析心理学，クライエント中心療法，認知療法の理論や技法があります。また，外的世界に焦点を当てる行動療法，家族療法，コミュニティ心理学の理論や技法があります。このようにさまざまな学派の理論が乱立している状況において，日本では"心理臨床学"の名の下にある特定の学派に取り込まれ，そこから出られなくなる心理職が続出しています。この点については，本シリーズ第1巻で詳しく解説

しました。

　したがって，臨床心理学を適切にまなぶためには，一つの学派に囚われるのではなく，事例の現実に基づいて問題の成り立ちを正しく把握し，問題解決に向けて新たな出来事を起こすために，最も効果的な技法を選択する態度を身につけることが課題となります。そのためには，一つの学派に限定されずに，さまざまな理論や技法を包括的に理解できる枠組みを習得することが必要となります。

　このことはコンピュータにたとえるとわかりやすいでしょう。個々の学派の理論や技法は，さまざまなアプリケーションソフトに相当します。それに対して，そのようなアプリケーションソフトを動かすプログラムの実行を制御するための基本ソフトが，OS（Operating System）です。個々のアプリケーションソフトを使いこなすためには，基本ソフトであるOSの仕組みを知っていることが必要です。それと同様に臨床心理学においても，個々の技法を使いこなすためには，その実行を制御している操作システム，つまりOSに相当する実践の枠組みを知っていることが大切となります。

　日本の臨床心理学の教育では，これまで特定のアプリケーションソフトに相当するある学派の技法だけを与え，OSに相当する実践の基本となる枠組みを教えることを重視していませんでした。そのため，与えられた特定の学派の理論や技法を使うことだけで精一杯で，さまざまな技法を自由に使いこなすという発想も技能も育ちませんでした。そこで，本章では，臨床心理実践においてOSに相当する操作システムとしての"物語性"を取り上げ，それとの関連で臨床心理実践の構造を明確化することにします。

観点としての物語性

　ここで，なぜ"物語性"なのかについて簡単に説明しておくことにします。本章の冒頭でも述べたように，臨床心理実践では「問題が生じている事例の現実に基づいて問題の成り立ちを把握した上で，問題解決に向けて新たな出来事を起こしていく」ことが目標となっています。その際，問題が生じている事例の"現実"は，単なる"事実"のみから構成されているものではないことに注目する必要があります。

5　方法としての物語

　もちろんどのような出来事が起きたのかという事実は、現実の重要な構成要素になっています。しかし、それに加えて、「なぜ当事者はそのような出来事を起こしたのか」ということを考えるときに、その人の想いや信念、あるいは願望といったことがかかわってきます。当事者にとっては、何が起きたのかという事実よりも、自らの想い、信念、願望のほうが出来事の"内実"にかかわっているということもあります。これは、"内的現実"と呼ばれたりするものです。また、「なぜそのような出来事が、その場面で起きてしまったのか」ということを考える時には、その場面に関連する人々の思惑や相互の人間関係、さらには集団力動などもかかわってきます。事実として何が起きたかよりも、そこにどのような人間関係の力動が働いたかのほうが、出来事の"真相"に肉薄できるということもあるわけです。

　このように、単に何らかの出来事が起きたという事実だけでなく、その出来事が起きるに至った背景も、現実の重要な構成要素となっています。それは、物事の内実や真相とかかわる事柄です。時として、そのような内実や真相とかかわる事柄のほうが"現実味"があったりするものです。つまり、現実は単に表面に現れた"事実"のみから構成されているのではなく、事実としては見えにくい、人々の思いや集団力動などといった事柄も、現実の構成要素となっているのです。むしろ、そのような見えにくい事柄のほうが出来事の"真実"を伝えているということも多々あります。さらに言えば、事実に対して虚構とされるイメージなども、現実を構成する重要な要素となります。たとえば、ある人が抱いた物事に対する誤ったイメージが、問題の起きる主要な要素になっているということはしばしばあります。

　このように考えるならば、現実は、虚実ない交ぜとなって構成されていると見ることができます。そして、そのような虚実ない交ぜとなって成立している現実を理解する上で重要となるのが、物語を読む観点である物語性なのです。前章で示唆したように、事例が起きている現実を読み、そこから問題の成り立ちを読み取り、さらに新たな出来事を起こすための筋を読み込んでいく作業が実践の基本となっています。事例の現実を読み込み、そこで起きている問題の成り立ちを読み解いていくためには、物語性を知り、物語を読むための方法を身につけていることが必要となるのです。

しかも，臨床心理実践は，通常，問題に関するクライエントの"語り"を聴くことから始まります。その点でも，物語性は臨床心理実践の技能をまなぶ上で重要な観点となります。ただし，事例の物語は，単にクライエントが問題の経緯を語るという意味での"物語"（narrative）だけではありません。事例の問題が実際に起きているのは，当事者が生活している日常場面です。つまり，事例の物語には，日常という舞台において演じられる"劇"（drama）という側面もあるのです。そのような劇という観点から見るならば，日常の舞台において問題が生じ，その当事者（関係者）が相談機関に来談することで，クライエントの語りが始まることになります。そこでは，クライエントの語るという行為自体が，劇としての事例の物語の一幕の出来事といった位置づけとなります。

　したがって，臨床心理実践は，物語性の観点から次のように記述することができます。劇としての物語の幕が開き，問題の当事者（関係者）が，クライエントとして問題に関する物語を臨床心理士に語り始めます。それを契機として新たな出来事が生起し，「実践の物語」が展開します。そして，問題の解決の方向が見えてきた時点で，「実践の物語」という劇は終演となり，幕が閉じます。あるいは解決の見通しがつかないために中断という幕引きとなります。

　本章では，臨床心理学をまなぶ皆さんが幅広い視点から実践の基本を理解し，自由に技法を使いこなすための展望を獲得することを目標として，物語のメタファーを媒介とし，臨床心理実践とは何かについて解説することにします。

実践の舞台とそこで行われること

　実践の構造を明らかにするために，まず個々の学派の理論を超えて，臨床心理学の実践活動に共通する基本枠組みから見ていくことにします。本シリーズ第1巻で，臨床心理学の実践活動の構造について，それがどのような場において，どのようなプロセスを経て行われるのかの観点から，以下のように解説しています。

　　「臨床心理学の対象となる人々は，個人の場合もあれば，家族や学校といった集団の場合もありますが，いずれにしろ現実生活を営んでいます。現実生活は，……時間軸と空間軸から構成されています。人々は，時間の中で自己の人生という発達の物語を生きています。ただし，空間の中で一人で孤立して生きているのではあり

ません。社会的な環境の中で人と人との関わりを通して生きています。社会の物語を生きているわけです。……したがって，時間と空間は，発達と社会という現象として現実生活の中で展開しているのです。人は，その現実生活を生きています。その中で何らかの問題が生じます。そして，問題の当事者，あるいは関係者が問題解決に向けての心理面での援助を求めて来談することから臨床心理学の実践活動が始まります。……クライエントが来談したら，まず問題は何かを査定する**アセスメント**を行います。次に，その結果から問題解決に向けての方針を立て，実際に問題に**介入**していきます。介入しても好ましい成果が出なければ，介入方針を修正して再び介入していくことになります。したがって実践活動は，アセスメントと介入によって事例の現実にかかわり，問題解決を図っていく一連の活動ということになります。……アセスメントや介入に当たっては，既存の理論を参考とするということはあります。しかし，特定の理論に従って問題理解をするのではなく，問題が生じている社会的現実の文脈の中で問題の意味を理解し，クライエントが生活していくのに本当に役立つ介入をしているのかを常にチェックしなければいけないのです。」
(下山, 2010, pp. 13-14)

　以上の解説からもわかるように，実践の対象となる問題は，当事者が生活している場で起こります。つまり時間軸と空間軸が交錯する現実生活を舞台として起きた出来事です。問題の当事者（関係者）が来談し，その出来事を臨床心理士に物語ることから実践が始まります。臨床心理士は，クライエントの語りを聴き，そこでどのような出来事が起きていたのかを推測し，問題の成り立ちを見立てていくことになります。「現実生活を舞台として起きた出来事」という表現からもわかるように，そこにはさまざまなドラマが生じていることになります。したがって，実践の対象となる問題は，"劇"にたとえられる構造となっています。

　ここで注意しなければならないのは，クライエントの語る問題は，必ずしも「現実生活を舞台として起きた出来事」そのものではないということです。問題の当事者や関係者を含めて，そこで生活している人々は，時間軸を通して自分の人生という物語を生きています。そのため，クライエントが問題として出来事を語る時は，記憶をたどりながら自らの人生の物語の観点から脚色をしたプロットを語ることになります。つまり，それは，必ずしも現実に起きた出来事をそのまま語っているとは言えないのです。あくまでもクライエントの視点

から見た語りでしかないのです。そこで,「現実生活を舞台として実際に起きた出来事」（＝"劇"）と，クライエントの"語り"とを分けて理解する必要が生じます。

物語性の観点から実践を理解する意味

このように"劇"と"語り"を区別しなければならない難しさはありますが，臨床心理実践の構造を理解する上では，物語の比喩を用いることはとても有益な示唆を与えてくれます。実践は，時空を超えた普遍的真実を追求するのではなく，時間と空間によって限定された場において生起する「具体的出来事」を対象とする活動であるからです。

自然科学に基づく学問であれば，変数を数量化し，数学的手法をもって普遍的法則を導き出すことを試みます。したがって，そこでは量的データが基本となります。それに対して，時間と空間に限定される出来事を扱う実践では，対象とする出来事を，具体的なストーリーとして記述する質的データが重要となります。ストーリーとして記述された質的データは，当然のことながら物語性が強いと言えます。

もちろん，本シリーズ第１巻で解説したように，実践で見出した知見を一般化し，臨床心理学の理論を形成するためには，変数を数量化し，その一般性を統計的手法によって検証することも必要です。これは，エビデンスベイスト・アプローチと呼ばれる方法です。しかし，本書では，臨床心理学の理論ではなく，実践とその技法をテーマとしています。したがって，具体的な出来事を把握し，記述するために，実践の基本に"方法としての物語"を置き，物語性の観点から実践技法を解説します。

そこで，次節で物語の定義を明らかにし，第６章で物語の観点から実践の構造を明確化します。本章と第６章で明らかにされる物語の特質は，実践の全体を支える骨組みとなるものです。それは，同時に臨床心理学における各学派の理論モデルのいずれをもその内に含むような基本的な構造となります。臨床心理学をまなぶ過程において，個々の理論モデルに入り込む前にこの基本的構造を見取り図として頭に入れることで，実践全体の中での各理論モデルの位置づけとそれぞれの関連性を理解することができるようになります。

2 物語とは何か

物語の多義性

　一口に「物語」といっても，実はその意味するところはさまざまな種類に分かれており，その定義を明確にしておかないと議論が混乱することになります。たとえば，『新和英中辞典』（研究社）で「物語」をひくと，「tale, story, narrative」とあり，さらに意味を広げるならば「talk, account, legend, fiction, romance, novel, fable, episode」も相当することになります。「物語る」という語についても，「tell, relate, narrate, give a account」とあり，意味を広げるならば「show, indicate, prove」も加わることになります。

　また，物語論の起源の一つとなっている『物語の構造分析』(Barthes, 1966)においても，物語はフランス語の récit となっています。しかし，本文中では，これ以外に histoire（物語内容），discours（物語言説），narration（物語行為）という語が使用されており，それぞれで意味が使い分けられています。さらに，日本語の「物語」と「お話」の相違，あるいは「（物）語る」「話す」の相違についても確認しておく必要があります。

　このように物語は，多義的な意味を内包している概念です。そこで，本書における議論の混乱を防ぐために，以下において，まず物語にまつわる諸概念を下位分類に分け，物語概念を構成する次元を明確化します。そして，その上でそれらの総合概念として物語を位置づけ，最終的に本書で用いる物語の定義を明らかにしていくことにします。

ストーリーとプロットから成る物語の定義

　本書では，物語を単に「文学作品における記述」という限定された意味ではなく，現実の中で生成され，構成され，語られる過程までをも含めた概念として捉えることにします。以下において，石原（1991）を参考に，物語を構成する要素として，"ストーリー"と"プロット"を取り上げ，本書で用いる物語の定義を示すことにします。

　ストーリー　物語が構成されるためには，まずその構成要素として「出来事 (event)」がなければなりません。しかし，単にそこに出来事が雑然とあるだ

けでは物語の体を成しません。さまざまな出来事が関連づけられて初めて，そこにストーリーが生じることになります。そして，その出来事の関連づけを成立させるのが時間性です。したがって，ストーリー（story）とは，「時間の経過に従って生起した出来事の配列（sequence）」と定義できます。

プロット 物語を構成する要素としては，上述したように時間の順序によって配列される出来事の連鎖であるストーリーがあります。ところで，ここで注意しなければならないのは，物語表現においては，単に生起した時間順序に従って出来事が配置されるのではないということです。むしろ，物語として表現される場合には，「出来事は物語として構想された筋の展開に従って配列される」ことになります。この「物語として構想された筋」，つまり筋書きに相当するのが，プロット（plot）です。

ストーリーとプロットの違いについては，石原（1991）によれば，フォースター（Forster, 1927）の概念規定がよく知られています。フォースターは，ストーリーを「時間的順序に配列された諸事件の叙述」とし，プロットを「因果関係に重点が置かれた諸事件の叙述」として区別しています。たとえば，「王様が死んだ」という事件（出来事）の後に「王妃が死んだ」という事件（出来事）があった場合，ストーリーならば，「それからどうした」が問われることになり，「王妃が死んだ」という叙述が続くことになります。それに対してプロットならば，「なぜか」が問われることになり，単に「王妃が死んだ」という出来事の叙述だけでは十分ではなく，「悲しみのあまり王妃が死んだ」という因果関係を含む叙述がくることになります。

このように，物語を構成する次元ではストーリーがテーマとなるのに対して，物語としての表現の次元においては，因果関係が重要な役割を果たすプロットがテーマとなります。では，物語成立の重要な契機である時間性は，プロットとどのように関連してくるのでしょうか。ストーリーにおける時間は，出来事が実際に生起した時間です。それに対してプロットにおける時間は，物語として構想された出来事の因果関係に基づいて再構成された時間と見ることができます。つまり，物語の中では，プロット（物語の筋）として再構成された時間に従って出来事が表現されることになります。小説（特に推理小説）等では，このプロットの時間とストーリーの時間の間のズレが物語の展開の重要な仕掛

けとなるわけです。

　物　語　物語は，単に出来事を時間的順序に従うストーリーとして示すのではありません。単に時間の流れに沿って出来事を並べただけならば，それは歴史的記述ということになります。構想されたプロットに従う表現があって，初めて物語が成立することになります。したがって，物語は，プロットに基づき，ストーリーを再構成して表現することと定義できます。

語りとしての物語

　物語をこのように定義するならば，"話す"と"語る"の違いを明らかにすることができます。話す（speak）ことは，時間経過に基づいて出来事をそのまま示す（show, indicate）ことです。それに対して（物）語る（narrate, tell a story）ことは，時間の再構成を行い，虚構（fiction）としてのプロットを構想し，それに従って出来事を表現することと言えます。臨床面接でクライエントは，過去について想起し，それを語ることになります。しかし，そこで語られる事柄は，単に過去の歴史的事実ではなく，虚構を含めて再構成された，クライエントのプロットとなるわけです。

　したがって，物語は，ストーリーとプロットが，語りとして示されたものと見ることもできます。つまり，物語は，ストーリー，プロット，語りが構成要素となって成立するものと言えます。

　この3要素については，さまざまな物語論においても主要な要素として確認されているものです。物語論の起源の一つとなっている，バルト（Barthes, 1966）が物語（récits）の構造を成すとしたhistoire（物語内容），discours（物語言説），narration（物語行為）は，ほぼ上記の3要素に対応していると言えます。また，物語論を精緻に発展させたジュネット（Genette, 1972）は，物語の中心的カテゴリとしてhistoire（物語内容），récit（物語言説），narration（語り）の三つを挙げていますが，これもほぼ上記3要素に相当すると考えることができます。さらに民族誌研究において物語的アプローチを採るブルーナー（Bruner, 1986）は，物語の重要な成分として，story（体系的に関連づけられた出来事の抽象的な連鎖），discourse（ストーリーが明らかにされるテクスト。小説，神話，映画，会話，講義などのような特定の媒体），telling（語る行為。ディスコースにおけるストー

リーを生み出すコミュニケーション過程）の三つを挙げており，これもほぼ上記3要素と重なる内容です。

3　方法としての物語

記述様式としての物語モード

本シリーズ第1巻で解説したように，現代の臨床心理学においてはエビデンスベイスト・アプローチの重要性が強調されています。そこでは，ランダム化臨床試験（RCT）といった実験デザインにおいて介入効果を数量化し，統制群との比較を統計処理することで，介入の有効性を数値として示すという科学的方法が採用されています。そのため，第1章で指摘したように，臨床心理実践そのものも科学的なものとして誤解する人もいるのではないかと思います。

しかし，ここで改めて注意しなければならないのは，エビデンスベイスト・アプローチは，あくまでも実践の結果についての研究，つまり効果研究（outcome study）であるということです。つまり，科学研究や数量化の対象となっているのは，実践そのものではなく，介入の結果なのです。むしろ，実践そのものの特質は，科学性とは対極にあると言えます。物語性は，そのような，科学性と対極をなす臨床心理実践そのものの特質を示すものです。

臨床心理実践において介入の対象となるのは，複雑な日常の現実そのものです。そのような現実は，人々それぞれの思惑や人間関係が幾重にも重なり合いながら時間の推移とともに変化しています。したがって，現実は，物のように固定化した実体として存在するのではなく，時間の流れの中で虚構を含むさまざまな関係の在り方によって織りなされている多元的な構成態です。

このような虚実ない交ぜの多元的な構成態である現実にアプローチするためには，自然科学が志向する普遍的真実といった概念だけでは十分に対応できません。なぜならば自然科学では，客観的論理性を備え，時間の限定を超えた普遍的真実としての法則を定立するために，まず現実の時間性や虚構性を排除するからです。つまり，自然科学では，時間によって変化する虚実ない交ぜの現実そのものを扱うのではなく，客観的，論理的に処理できるように現実を抽象化して記述し，分析することが行われます。その代表が数量化ということになります。それに対して，現実そのものに介入する臨床心理実践では，虚構を含

めてさまざまな関係性の重なり合いによって全体が構成され，時間とともに変化する現実をそのまま記述し，分析することが必要となります。そして，そのように現実そのものを記述，分析するために必要となるのが，前節で提示した物語性ということになります。

時間性や虚構性を含めてさまざまな関係性の在り方が織りなす多元的な構成態としての現実を記述するための様式として必要となるのが，物語モードです。前項で解説したように，ストーリーとプロットが物語の主要な構成要素となっています。ストーリーとは「時間の経過に従って生起した出来事の配列」であるので時間性が特徴となります。それに対してプロットは「物語として構想された筋」であるので虚構性が特徴となります。したがって，データの記述モードとして物語モードを採用することによって，時間性と虚構性を含む日常世界の現実を記述し，分析することが可能となります。

たとえば，物語モードによって記述されたデータの中に，偏った認識や誤った事実認識などが含まれることになります。自然科学の論理では，そのような記述は，客観的でないという理由で実証的データとしては認められないことになります。しかし，そもそも人間が生活している現実そのものが，虚構性を含んで展開している事態です。したがって，見方を変えるならば，そのようなデータは，虚偽的ではなく，むしろきわめて現実的であり，実質的ということにもなります。

そこで，臨床心理実践では，物語モードを用いて事例の現実を記述していくことになります。以下に，事例の記述において時間性と虚構性がどのように機能しているのかを確認します。

時間性　現実においては，さまざまな心理的出来事や社会的出来事が時間経過の中で生起しています。臨床心理実践は，そのように時間経過の中でさまざまな出来事が生起する現実を対象としています。したがって，臨床心理実践の対象となる事態は，「時間の経過に従って生起した出来事の配列」であるストーリーとして記述され，理解されます。臨床心理士はそのストーリーを読み取るために，まず関連する出来事の時間的配列であるヒストリー（問題歴，生活史，家族歴，症歴）についてのデータを収集します。

また，対象となる事態が形成された背景を理解するための枠組みとして，

「発達」および「ライフサイクル」の概念が重要となります。発達とは，生体が時間の経過にしたがって変化する過程であり，時間的推移の中で生起する一連の出来事から構成されています。したがって，発達は，ストーリーとして記述される事柄です。人生（life）とは，個々人が自己の時間を生きる発達の物語として理解できます。そして，さまざまな人生（life）が重なり合いながら，世代を超えた，より長い時間経過の中で循環的に生成していくのがライフサイクル（life cycle）であり，これも，時間性との関連でストーリーとして記述される事柄です。臨床心理実践が対象とする事態は，このような「発達」や「ライフサイクル」といった時間的推移の中で生起する一連の出来事として位置づけられます。

　そこで，臨床心理実践とは，何らかの理由で自己の時間を生きるのが困難になった人に対して，少しでもその人が主体的に自己の物語を生きられるように援助する発達援助の活動として見ることができます。また，臨床心理実践過程とは，事例の当事者が自己の物語を生きられるように援助することを目的として，臨床心理士が事例の当事者や関係者とともにある一定の時間をともにし，そこでのかかわりを通して新たな出来事を生成し，事例のストーリーの展開を促す過程として理解できます。

　虚構性　臨床心理実践の過程でクライエントが語ることは，全て客観的事実というわけではありません。語り手であるクライエントにとっての固有の真実が語られるのであって，万人にとっての真実が語られるわけではありません。つまり，そこでは，プロットとして物語を構想する語り手の虚構性が前提となっています。想像（イメージ）能力が重視され，夢や箱庭などのファンタジーが現実を象徴的に示す表現として用いられます。したがって，イメージ等の虚構性は，決して現実と対立する概念ではありません。むしろイメージと事実が重なり合うことで多元的な現実が成立していると考えることができます。実際，人間が生きている現実では，単に客観的事実として存在することのみから人間関係や社会が構成されているのではなく，イメージとして想像され，仮定される虚構が人間関係や社会の展開の重要なファクターとなっている場合も多いと言えます。

　そこで，虚構性は，非現実的と切り捨てるものではなく，むしろ生きられる

物語として現実を構成する重要な次元となります。その点で臨床心理実践においては，妄想を初めとする病理的な虚構性についても，症状という側面だけでなく，その人の生きている現実を構成する要素として理解されます。また，虚構性はプロットとして物語を構想する機能を有していますが，その構成された物語が社会的物語として展開した場合には，実際にその虚構性によって社会的現実が構成されることにもなります。これは，ナラティヴ・セラピーの背景にある社会構成主義の考え方ですが，このように考えるならば虚構性はまさに現実を構成する要素ということになります。

思考モードとしての物語性

前述のように，臨床心理実践に関するデータは物語モードで記述されます。それが，事例の記録となります。そこで，そのデータを分析する際の思考モードについても物語性が重要な意味をもつことになります。この点に関しては，ホワイトら（White & Epston, 1990）が，論理科学的思考モードと比較して物語的思考モードの特徴を論じています。その要旨をまとめたものが表5-1です。論理科学的思考モードは，自然科学の思考モードと言えます。

たとえば，表5-1の「時間」の項に記されているように，論理科学的思考モードでは時空を越えた普遍的真実や法則が重視されるのに対して，物語的思考モードでは時間に従う具体的現実のストーリーが重視されます。このように時間性を導入できる点が，物語的思考モード，つまり物語性の重要な意義となります。また，「言語」の項に記されているように，論理科学的思考モードでは論理性を維持するために一義的で量的な言語が使用されるのに対して，物語的思考モードでは仮定法を含めた多義的言語が使用され，虚偽性を含めた多元的な現実の記述が可能となります。その結果，仮定法などの虚構性を思考モードに導入できる点も物語性の意義です。

さらに，「個人の力」や「経験」の項に記されているように，物語的思考モードでは個人はその人の生きている世界の主人公，または参加者と見なされるので，その人の表現を物語として理解することは，その人の生きている世界での経験を豊かにし，そこに生きる意味の生成を促すことになります。つまり，物語的思考モードによって出来事を理解することは，単に対象を客観的に分析

表 5-1 論理科学的思考モードと物語的思考モードの比較 (White & Epston, 1990)

	論理科学的思考モード	物語的思考モード
経験	構成概念，出来事の水準，診断体系によって抽象化され，個人的経験の特殊性は排除される	個人的経験の特殊性に特権が与えられ，その生きられた経験の側面をつなぐことにより，意味が生まれるとする
時間	自然界の一般法則や場所，時間を超えて真実とされる普遍的な事実の構成が目指されるため，時間の次元は排除される	ストーリーの成立には時間的経過に従って出来事が明らかになる過程が前提とされるので，時間は決定的な次元となる
言語	不確定性と複雑さを減らすべく直接法に準拠する言語実践を行い，現実の物質化が試みられる 矛盾のない整合性が基となり，多義的な意味は除外され，量的記述と専門用語が好まれる	含蓄的世界を構成し，現実の可能性を広げ，多様な見方を準備し，読者がユニークな意味を生きられる仮定法に準拠する言語実践となる 多義性が採用され，日常語と詩的，絵画的描写が奨励される
個人の力	個人性を，非個人的な力，動因，衝撃エネルギーなどに反応するだけの受け身的物とする	人をその人の世界の主人公または参加者と見なす ストーリーの再語りは新しい語りとなり，人は他者とともに再著述に関与し，新しい関係を創る
観察者の位置	客観性の転化によって観察対象から観察者を排除する 観察者は被験者とは無縁で，観察による影響は免除されたものとなる	観察者と被験者はストーリーの共同制作者であり，その中で観察者は特権的な著作家の役割を引き受けている

研究するだけではなく，クライエントが自らの在り方を物語の主人公や参加者として再体験できることになり，それが経験を豊かにすることや生きる意味の生成につながることになるわけです。物語的思考モードによる分析では，研究と実践が切り離されておらず，対象となっている人の物語世界を研究することが，同時にその人の具体的な経験を豊かにする実践につながることになります。この点が研究のモードとして物語性を取り入れることの最大の意義です。

このような点から，問題の成り立ちの具体的な把握，分析，介入方針の決定のためには，物語データによる記述と分析が必要となるわけです。そして，実践のプロセスは，物語データによる問題の質的記述，記述された事例の物語の分析を通して，問題の成り立ちに関する仮説として"読み"を形成し，それに基づいて介入方針を決定するという，一連のデータ処理過程となります。

仮説としての"読み"

　臨床心理実践のプロセスにおいては，物語データによる記述と分析を行うことを通して，単に問題の解決や改善に向けて適切な"読み"である仮説を立て，介入をしていけばよいというわけではありません。その"読み"が，事例の現実や問題の成り立ちを正しく説明できているのかを確かめていく検証作業が必要となるのです。したがって，臨床心理実践のプロセスは，事例の物語についての"読み"を仮説として生成し，それに基づいて事例に介入し，その"読み"を深めていく仮説生成―検証過程となっています。

　物語性の観点からするならば，臨床心理実践は，事例の現実を物語として理解することから始まります。事例の物語には，前述したように"語り"としての側面と，"劇"としての側面があります。"語り"としての物語を"聞く（聴く＋訊く）"ことから得られるのは面接データです。"劇"としての物語については，基本的には，"劇を観る"という点では観察データ，"パフォーマンスを診る"という点では検査データになります。

　このようなデータに基づいて事例の問題の成り立ちを読み込んでいきます。この問題の成り立ちに関する"読み"が，いわゆる"見立て"です。実践過程では，常にデータと突き合わせながら，問題の成り立ちをより正確に説明できるように"読み"を深めていくことになります。その点で"読み"は仮説としての位置づけであり，臨床過程は，その仮説を検証し，修正していく仮説検証過程として見ることができるわけです。

　なお，仮説である"読み"の検証過程においては，事例の当事者や関係者との間で検討することに加えて，介入した結果，効果があったかどうかも仮説としての"読み"の正しさを判断する基準となります。介入効果がなければ，"読み"が誤っていた可能性があるので，物語の読み直しをする必要が出てきます。それを集中的に検討するのが事例検討会やスーパービジョンということになります。これについては，第11章で改めて解説します。

4　来談に至る事例の物語

　最後に，本章で定義した物語の観点から，臨床心理実践の始まりをどのように理解できるのかを整理しておくことにします。物語性の観点からすると，実

践は，日常という舞台で上演されている劇の一幕といった位置づけとなります。物語の前提として，まず日常という舞台があります。そこでは，日常生活における出来事として何らかの問題が生じ，それと関連して人間関係のドラマが進行しています。そのような状況において，問題の解決を目指して相談機関を訪れたクライエントが，問題に関する物語を語ることから新たなドラマが展開し始めます。そこで，以下においてクライエントが，最初に問題について語る初回面接を検討することを通して，物語の観点から実践をどのように記述できるのかを見ていくことにします。

　日常場面で心理的問題に関連する出来事があり，それに何らかの形でかかわる者による申し込みが契機となって，実践過程が開始されます。申し込み者は，問題の当事者である場合もあれば，関係者（例：家族，教師，医師，保健師，上司，友人，あるいは警察，裁判官など）の場合もあります。いずれにしろ，申し込みに至る過程には，何らかの出来事が繰り返され，それが心理的問題という事態となっています。そして，それが申し込み者に心理的相談の必要性を感じさせ，申し込みにつながるというストーリーが伏線としてあるわけです。

　そこで，日常を舞台にたとえるならば，心理的問題という事態に至るまでの一連の出来事は，舞台で展開している一つの劇のストーリーに相当することになります。当事者の自発的な申し込みの場合には，外的な出来事よりも不安や抑うつといった内面的な出来事が繰り返された結果，心理的混乱という事態に陥り，相談の申し込みとなることが多いと言えます。しかし，第4章で示した結花さんの事例のように，その出来事が自殺未遂といった，事件とも呼べるような社会的出来事の場合には，事態はまさに劇的な様相を呈することになります。また，家庭裁判所の調査官などの司法関係の臨床心理士が担当する事例は，実際に事件そのものであり，申し込みに至る過程にはたいへんなドラマが生じています。

　このように，実践機関への申し込みは，日常という舞台における劇の渦中にいて，そこで生じているストーリーにかかわっている人物の1人がクライエントとなり，その劇の進行に対処するために心理的問題処理の専門機関である相談機関に援助を求めてくることであると理解できます。そこでクライエントは，問題についての自らの見方，つまりプロットを語ることになります。それが初

回面接に相当します。

　したがって，表面的には単なる実践過程が開始される契機でしかない相談の申し込みであっても，そこに至る過程にはドラマとも言える複雑なストーリーがすでに伏在していることになります。

〈引用文献〉
Barthes, R. (1966). Introduction à l'analyse structurale des récits. *Communications*, 8, 1-27. (花輪光（訳）(1979). 物語の構造分析　みすず書房)
Bruner, J. (1986). *Actual minds, possible words*. Harvard University Press. (田中一彦（訳）(1998). 可能世界の心理　みすず書房)
Forster, E. M. (1927). *Aspects of the novel*. Edward Arnold. (米田一彦（訳）(1969). 小説とは何か　ダヴィッド社)
Genette, G. (1972). *Discours du récit, essai de méthode, III*. Seuil. (花輪光・和泉涼一（訳）(1985). 物語のディスクール　書肆風の薔薇)
石原千秋 (1991). ストーリーとプロット．石原千秋・木股知史・小森陽一・島村輝・高橋修・高橋世織　読むための理論　世織書房
下山晴彦 (2010). 臨床心理学をまなぶ1　これからの臨床心理学　東京大学出版会
White, M., & Epston, D. (1990). *Narrative means to therapeutic ends*. W. W. Norton. (小森康永（訳）(1992). 物語としての家族　金剛出版)

第6章 事例の物語を見立てる

1 「劇としての物語」へ

実践の物語

　第5章では，物語とは何かを定義した上で，物語の観点から事例の現実を理解する方法を見てきました。そこでは，事例の現実を物語として読み込んでいくことが問題理解につながるということが前提となっていました。つまり，"事例の現実"を理解することは"事例の物語"を読むということだったのです。

　したがって，事例の現実を理解するためには，まず物語モードによって"事例の現実"を記述し，"事例の物語"を構成することが必要となります。ただし，事例の物語は，単にクライエントが語った事柄（プロット）を聴き取って記述すればよいというのではありません。事例が起きた日常場面という舞台でどのような事実（ストーリー）が展開していたのかについても読み取って記述していかなければなりません。"語り"だけでなく，実際にどのような出来事が起きていたのかというドラマ（"劇"）も記述する必要があるのです。そして，記述された事例の物語を分析することによって問題の成り立ちに関する仮説である"読み"を深めていくことになります。これが，臨床心理アセスメントの作業です。

　次に，この"読み"に基づき，問題の改善に向けて現実にかかわっていくことになります。これが介入の作業です。介入によって新たな出来事を起こし，それによって事例の物語に新たな展開を起こし，問題の解決を図るわけです。介入においても，単にクライエントの"語り"を変えるだけでなく，日常場面という舞台における行動や人間関係を変えることで，"劇"としての物語を変えていくことが目指されます。臨床心理士は，事例の物語に入り込み，自らも物語の登場人物の1人となって物語の変化を促します。したがって，介入段階では，臨床心理士が事例の物語に深く介在することで，物語の展開を図ること

になります。

　このように臨床心理実践においては，臨床心理士が介在することによって事例の物語の新たな展開が始まります。そこで，本章では臨床心理実践によって新たに始まる事例の物語の展開を「**実践の物語**」と定義することにします。事例の物語は，実践の対象でした。それに対して実践の物語は，実践の過程そのものということになります。本章では，まず事例の物語の構造を確認した上で，そこからどのように実践の物語が展開していくのかを見ていくことにします。

「語り」から「劇」へ

　本節では，事例の当事者（関係者）が来談して問題となっていることを臨床心理士に語る初回面接の過程を検討することを通して，事例の物語がどのような構造となっているのかを見ていくことにします。初回面接においては，日常という舞台で生じていた出来事がクライエントの語りとして臨床心理士に提示されることになります。クライエントの語りは，単に出来事を時系列で配列したストーリーではなく，クライエントの考える出来事の因果関係に基づくプロットの混じった虚構性を含む物語となっています。そこで，このようなクライエントの語りを「**語りとしての物語**」（narrative）と命名することにします。

　臨床心理士は，クライエントが語る「語りとしての物語」を"聴く"ことを通して，そこで生じている出来事のストーリーを推定していくことになります。そのためには，単にクライエントの物語を聴いているだけでなく，適切な質問をすること（つまり"訊く"こと）で物語のプロットの裏に隠されている出来事の時間的配列としてのストーリーを読み取っていかなければなりません。このようなストーリーの読み取りが，臨床心理学の事例研究で重視される生活史，問題歴，家族歴，症歴，問題の発展経過といった出来事の時系列配置（＝歴史：ヒストリー）を構成することになります。

　さらに，このストーリーの読み取りに関しては，「語りとしての物語」を読むのとは異なる次元があることに注意しなければなりません。というのは，クライエントが語る「語りとしての物語」から読み取るストーリーの背景には，日常を舞台として申し込みに至る過程で生じていたさまざまな出来事からなるドラマ（劇）があるからです。つまり，申し込みに至る過程で起きていた一連

の出来事を日常という舞台における劇にたとえるならば，クライエントが語る物語から読み取るストーリーの背景には，クライエント自身もその劇の登場人物の1人として組み入れられている，日常の対人関係の物語があることになります。この対人関係の物語は，クライエントによって語られる「語りとしての物語」のように1人の人物が考える因果関係のプロットで構成された物語ではなく，さまざまな登場人物の行為が対人関係の出来事として重なり合いながら展開する「劇としての物語」（drama）と言えるものです。

このように考えるならば，面接場面において示される「語りとしての物語」は，実は日常という舞台において展開している「劇としての物語」から派生した物語であり，構造としては「劇としての物語」の入れ子になっていると言えます。したがって，「語りとしての物語」から読み取られるストーリーは，「劇としての物語」における対人関係が織りなす多面的なストーリーを背景としていることを忘れてはならないことになります。

そこで，臨床心理士は，クライエントによって物語られた事柄の背景にあるドラマ，すなわちクライエントの語りを生み出す人間関係の「劇としての物語」のストーリーを確定していくことが必要となるわけです。

「劇としての物語」を見立てる

「劇としての物語」は，劇の登場人物たちの語りだけでなく，その人物たちのふるまい（行為）や登場人物間のやりとり（コミュニケーション）から構成されています。そのため，「劇としての物語」のストーリーを読み取るためには，そこで生じている行為や対人関係を観る（観察する）視点が重要となります。

「語りとしての物語」の背景にあるストーリーを読み取るためには，語りを"聴く"，あるいは"訊く"技能が重要でした。それに対して，「劇としての物語」のストーリーを読み取るためには，そこで複雑に絡み合いながら生起している行為や関係といった出来事を的確に観察し，それらを時間軸に沿って配列することが必要となります。そして，そのためには「語りとしての物語」を読むのとは異なる能力である"観る"技能が重要となります。その点で「語りとしての物語」の背景にあるストーリーを読み取ることは，「劇としての物語」の筋を"見立てる"ことにつながります。

「劇としての物語」にも，「語りとしての物語」と同様にプロットが絡んできます。ただし，「劇としての物語」のプロットは，「語りとしての物語」におけるプロットのように，語り手個人が考える因果関係に基づくものではなく，劇を構成する登場人物の集団によって共有されている因果関係の見方といったものです。それは，具体的には，その集団のメンバーが共有する「ものの考え方」「信念や理念」，あるいは「集団のルール」「社会的価値観」といった，一見ではそれとしては見えにくい暗々裏の約束事として機能しています。

「劇としての物語」のプロットは，表には見えにくい暗黙のルールとして人々の行動を規定していくことになります。たとえば，「家族神話」がそれに当たります。家族神話がある場合，家族メンバーは家庭で生じた出来事に関して，ある一定の方向で意味づけをして行動します。外部から見てそのような意味づけをする必然性はないと思われる場合でも，家族メンバーはその意味づけを当然のことと見なします。意味づけをする理由がわからなくても，人々が古来伝承されている神話を恭しく信じるがごとく，家族メンバーはその意味づけを受け容れ，行動の原理とするのです。つまり，家族神話とは，家族メンバーを登場人物として，家庭という舞台で起きている「劇としての物語」を規定するプロットということになります。

そのような「劇としての物語」のプロットによって日常場面の社会的役割が形成され，人々はプロットの構想する役割を演じざるを得なくなります。したがって，「劇としての物語」のプロットは，劇の登場人物たちの社会的行動を規定することで「劇としての物語」の進行に介在するといった特徴をもっているわけです。

初回面接では，クライエントが語る「語りとしての物語」のプロットとストーリーを読み取り，そしてその背景にあってクライエント自身も登場人物の1人としてその中に含まれる「劇としての物語」のストーリーとプロットを"見立てる"ことが主要な仕事となります。

そこで臨床心理士は，初回面接においてクライエントからデータを収集することになるわけですが，前述したように物語を多元的に読み取るためには，言語データを収集する面接法だけでなく，「劇としての物語」と関連する行動データを収集する観察法，あるいは課題遂行データを収集する検査法を用いて，

多元的なデータを収集する必要が出てきます。また，面接法についても，クライエントとの面接だけでなく，その他の関係者との面接によってデータを収集し，さまざまな登場人物の語りや動きを重ね合わせることで，「劇としての物語」のストーリーやプロットを読み取っていくことが必要となる場合もあります。

臨床心理士は，このようにして収集されたデータに基づき，問題となっている事態の物語の意味を読み取り，さらに事態の解決に向けて物語にかかわっていく際の"見立て"を形成し，それをクライエントに伝えることになります。その場合，さまざまな次元のデータを総合して物語の全体のコンテクストを読み込み，そこで生じている出来事の意味を読み解き，さらに今後新たに展開していく物語の方向性を見通す想像力や構想力が，臨床心理士の能力として求められることになります。

2 事例の物語の奥行きを知る

「劇としての物語」と「語りとしての物語」の関連性

これまでの議論で，事例の物語には「語りとしての物語」と「劇としての物語」の両者があることを確認しました。臨床心理士は，その両者の物語を読んだ上で介入し，物語の展開を図ることで実践の物語を開始することになります。ここでは，実践の物語の展開に入る前に「語りとしての物語」と「劇としての物語」の関連性について確認しておくことにします。

両者の関連性は，「劇としての物語」が全体で，「語りとしての物語」がその部分という，入れ子構造となっています。日常という舞台において生起している出来事によって構成されるのが「劇としての物語」です。それに対して「語りとしての物語」は，日常において問題となっている出来事に対処するために，当事者（あるいは関係者）が相談機関に来談し，問題について語るという行為によってもたらされる物語です。

つまり，「語りとしての物語」は，「劇としての物語」の登場人物の1人（または複数）の来談申し込みや相談依頼という行動によってもたらされる，劇中の出来事の一つとして位置づけられます。したがって，臨床面接は，「劇としての物語」の一場面（ヒトコマ）ということになります。面接室におけるクライエントの語

りは,「劇としての物語」の登場人物が「語りとしての物語」を生成する行為として位置づけられます。その点で「語りとしての物語」が「劇としての物語」の入れ子構造となっているわけです。

　しかし,実際には,誰も「劇としての物語」における出来事の展開を全体として知ることはできません。なぜならば,「劇としての物語」の外で,現実の出来事の全てを高みから観察する神のような立場にいない限り,誰にも出来事の全てを見通すことはできないからです。つまり,「劇としての物語」のストーリーの全ては,誰も知り得ないのです。したがって,「劇としての物語」を知るためには,臨床心理士が事例の問題が起きている現場（舞台）に出向き,そこで出来事を観察するか,出来事に関する資料や記録を読み直すか,関連する登場人物（複数）に出来事について語ってもらうしかありません。特に「劇としての物語」におけるストーリー,つまり出来事の時間的配列については,当事者や関係者の「語りとしての物語」からそのストーリーを再構成することが主な作業となります。その点では,「劇としての物語」は,「語りとしての物語」を通して読み取っていくものになります。

　このように「語りとしての物語」と「劇としての物語」は,一方では「語りとしての物語」が「劇としての物語」の入れ子構造になっており,他方では「劇としての物語」は「語りとしての物語」を通して把握されるといったように両者は複雑に重なり合いながら事例の物語を構成しています。

　この両者の関連性は,臨床心理学において分離したものとして議論されてきた精神内界（intrapsychic world）と対人関係的世界（interpersonal world）との関連性として理解することもできます。そのように考えた場合,精神内界と対人関係的世界は分離したものではなく,「語りとしての物語」と「劇としての物語」が重なり合っているように,重なり合って一つの全体を構成していると理解することができます。臨床心理学には,精神内界（クライエント中心療法,精神分析,分析心理学,認知療法など）と対人関係的世界（行動療法,家族療法,コミュニティ心理学など）の分離に由来するオリエンテーションの違いがありました。しかし,物語が重なり合って一つの全体を構成しているという視点を得ることで,その違いによって分裂していた,心理療法のさまざまなモデルの対立を超える統合の枠組みを提供できることになります。

「劇としての物語」を規定するプロット

　日常で生じている出来事をすべて観察することはできない上に，コミュニケーションなどの関係的出来事には非常に複雑で微妙な相互作用が介在しており，それらの出来事の連鎖をすべて押さえることは，実際には不可能です。したがって，「劇としての物語」を読むためには，観察できた出来事のストーリーに基づいて事態のコンテクストを読み取り，それを参考として観察できなかった出来事を推測し，劇の全体のストーリーを読む作業が必要となります。その際に重要となるのが，出来事が生じている場の集団や社会システムで共有されている「劇としての物語」のプロットです。

　物語は，近代小説のようにその作者にのみ著作権という占有特権が与えられるものではなく，作者不明のまま容易に人々の間に浸透し，集団で共有されるという特徴をもちます。特に民俗学で取り上げられる伝承物語は，語り手に特権や主体性はなく，その地域の物語として集団に深く浸透し，生活の中でメンバーに共有される事柄となっています。その結果，同じ物語を共有する人間は，出来事間の連鎖についても同様の因果関係を想定することになります。

　この種の物語は，現代社会でも，成文化された社会のルールとは異なり，暗黙の社会的物語としてメンバーの認知や行動を無意識に規定します。たとえば，それは，「○○の掟」といった組織の非公式の決まりであったり，「家族神話」「学校神話」といったように守らざるを得ない伝統であったり，「××の常識」というようにマスメディアによって流布される流行の物語であったりするわけです。

　このように，日常場面で集団組織におけるメンバーの行動や出来事を，その背景で暗々裏に規定している社会的物語が「劇としての物語」のプロットです。したがって，プロットはその集団の対人行動のパターンを規定するという点で社会的出来事が生じる際の，影の媒介変数として「劇としての物語」の進行に深く関与しています。そこで，集団で共有される「劇としての物語」のプロットを知ることによって，その集団の場で生起する出来事と出来事の連鎖のコンテクストを読み取り，それを参考としてストーリーを推測し，全体の物語を読むことが可能となります。

事例の物語を深く読み解くために

「劇としての物語」については，そこで生じている出来事をすべて観察し，そのストーリーを読み取ることは不可能です。特に，「劇としての物語」の登場人物は，劇中にいて，その劇において割り当てられている役割行動を通して物語に参加しています。そのため，役割という立場から周囲の出来事を観察しており，それは限定された（時には偏った）見方とならざるを得ません。

それに対して臨床心理士は，多くの場合，面接室という「劇としての物語」の外にいて，クライエントの「語りとしての物語」を聴く立場にあります。その点で臨床心理士は，「劇としての物語」の全体を見取りやすい客観的な立場にいると考えることもできます。しかし，それは，同時に「劇としての物語」が生起する場面に参加してないので，問題となっている事態を構成する出来事を直接観察できないということでもあります。

臨床心理士は，自らがこのような特殊な観点にいることを忘れてなりません。時として，クライエントの語る「語りとしての物語」のプロットのみを真に受けて，日常場面で実際に起きている「劇としての物語」のストーリーを無視してしまう臨床心理士がいます。あるいは，自らが信奉する実践の理論モデルに従って，勝手に「劇としての物語」のシナリオを創作してしまう臨床心理士も見られます。これは，実践の場が，「劇としての物語」の出来事を直接観察できない，特殊な場であることが要因になって生じる過ちです。

したがって，臨床心理士は，実践という特殊な面接の場において，当事者や関係者の「語り」を聴き，その「語りとしての物語」のプロットとストーリーに関するデータに，さらに観察法や検査法で得られたデータを加えて多元的にデータを収集し，それらを統合的に分析し，「劇としての物語」のストーリーとプロットを読み取っていくという実証的態度を忘れてはなりません。特に「劇としての物語」のプロットに関しては，家族の個々のメンバーの「語りとしての物語」を聴くと同時に，家族療法のようにメンバー間のコミュニケーション行動を注意深く観察することによって，メンバー一人ひとりの「語りとしての物語」のプロットを越えて，その集団のメンバーの対人行動パターンやシステムを規定している，「劇としての物語」のプロットを明らかにすることができます。

そのような実証的な作業を通して、「劇としての物語」のストーリーとプロットを明らかにすることで「劇としての物語」の筋（コンテクスト）を見立てることが可能となります。そのような劇としての筋が見えてくることは、それとの関連で個々の登場人物の動きの意味が見えてくることにつながります。「語りとしての物語」は、日常を舞台として展開する「劇としての物語」の一場面として、劇の登場人物の1人が語る物語です。したがって、「劇としての物語」の筋を参考にすることで、「語りとしての物語」の意味をより深く読み解いていくことも可能となるのです。

3 事例の物語の構造

本節では、これまで論じてきた物語の特性を整理し、事例の物語がどのような構造になっているのかを確認することにします。まず、前節で解説したようにクライエントによって語られる「語りとしての物語」があり、さらに日常を舞台として展開する「劇としての物語」が、その語りの背景としてあります。したがって、「語りとしての物語」と「劇としての物語」の両者が事例の物語を分類する第1の次元を構成することになります。表6-1は、両者の特徴を整理したものです。

さらに、物語には本来、第5章で見たように「時間配列による出来事のつながりとしてのストーリー」と「因果関係による出来事のつながりとしてのプロット」があります。そこで、この両者が実践の物語を分類する第2の次元を構成することになります。そこで、実践の物語においては、「語りとしての物語」と「劇としての物語」の次元に「ストーリー」と「プロット」の次元が交差することで二次元の物語の構造が構成されることになります。

語りとしての物語

「語りとしての物語」は、語り手のプロットとして表現された物語です。つまり、物語が語られる際には、物語を構成する出来事には、すでに語り手にとっての意味が付与され、語り手の考える因果関係の中に位置づけられて、プロットとして再構成されているわけです。したがって、この「語りとしての物語」は、表6-1に示したように、語り手個人の認知的世界（あるいは現象学的世

表 6-1　事例の物語の構造

語りとしての物語 (narration-narrative)	個人によって語られる，その人にとっての出来事に関する物語 語られる物語 〈語る―聴く〉〈物語る―読む〉関係に基づく主観的物語 その人の経験を言葉にした物語，個人の物語 認知としての物語→自己の経験の再構成（内的現実）「その人にとっての真実」 内面的（intrapsychic）物語：対象関係，イメージやファンタジーと関連する
劇としての物語 (performance-drama)	日常を舞台として行われる，人と人のかかわり合いの出来事の物語 行われる物語 〈行う―観る〉〈演じる―読む〉関係に基づく客観的物語 集団や組織の中での役割を背景として展開する物語，社会の物語 行為としての物語→社会関係を構成（外的現実）「社会的な事実」 対人的（interpersonal）物語：対人関係や社会組織といった社会事象と関連する

界）を物語っていると見ることができます。その点で，「語りとしての物語」は，語り手の個人的物語であるとともに，認知的物語として位置づけることができます。

坂部（1989）によれば，日本語の「ものがたる」の「もの」は「もののけ」にも通じて霊的な事柄とも関連し，また「かたる」は「騙る」にも通じてだますことが含意されているとのことです。その点で，「物語ること（narration）」によって表現される「語りとしての物語」は，プロットとしての虚構性，そして霊的な性質に含む精神性と関連していると考えられます。

そこで，プロットのもつ虚構性を表象性や象徴性として理解するならば，「語りとしての物語」は，語り手の内面のイメージの物語となり，夢などの象徴表現もその内に含むことになります。また，語り手の個人の歴史に根ざした内的世界の対人表象である「対象関係（object-relation）」も「語りとしての物語」のプロットを構成するイメージとなります。このような点を考慮するならば，「語りとしての物語」は，クライエント中心療法や精神分析などの，いわゆる洞察療法が重視する精神内界（intrapsychic world）と密接な関連があることが明らかになります。

なお，「語りとしての物語」においてストーリーは，物語として語られるプ

ロットの構成要素にはなっていますが，物語の前面に出ているわけではありません。そこで，物語の意味を深く読み解くためには，プロットとストーリーのズレを読み取ることが重要となります。したがって，臨床心理士は，物語として語られたプロットの背後にある出来事の時間的配列であるストーリーを読み取り，両者のズレを確認していくことを忘れてはなりません。

劇としての物語

「劇としての物語」は，日常を舞台として時間の経過に従って生起する出来事として観察されるものであり，その点でストーリーとして示されることになります。このストーリーを構成する出来事の中でも，劇の物語の進行において中心的役割を果たすのが，登場人物の行為です。「劇としての物語」においては，登場人物の内面で生じている心理的出来事も，その人物の行為として観察されることになります。たとえば，不安や抑うつといった心理的出来事であっても，それは日常という舞台においては，心理的出来事を内面に抱えて悩み苦しむという行為，あるいは不適応行動や症状という行為として観察されます。

したがって，「劇としての物語」は，表6-1に示したように，(「語りとしての物語」が認知的物語であったのに対して) 行為的物語として位置づけることができます。なお，「語りとしての物語」を構成する次元の一つとして「物語ること (narration)」の次元がありましたが，「劇としての物語」でそれに対応する次元は「演じること (performance)」の次元となります。

「劇としての物語」のストーリーを構成する出来事は，一つひとつが全く独立に生じるのではなく，さまざまな出来事が相互に関連し合いながら連鎖を成しています。特に登場人物の行為に関しては，コミュニケーション行動という関係的出来事として生起することがほとんどです。しかも，コミュニケーションが家族，仲間，学校，職場といった社会集団場面で行われる場合には，集団のメンバー間のコミュニケーションは，その集団が形成する社会システム内の役割行動という意味合いが強くなります。したがって，「劇としての物語」は，表6-1に示したように，(「語りとしての物語」が個人的物語であったのに対して) 社会的物語として位置づけることができます。

「劇としての物語」は，行為という側面では行動療法との関連があり，対人

的コミュニケーションという側面ではサリバン (Sullivan, H. S.) の「対人関係 (interpersonal)」論と関連します。また，社会的物語としての側面に関していうならば，「劇としての物語」が生起する日常という舞台は，人々が生きている社会環境そのものです。その点では，コミュニティ心理学との関連が強いことになります。さらに，登場人物のコミュニケーション行動のパターンが社会システムとの関連で決定される点で，「劇としての物語」は家族療法と密接な関連をもつことにもなります。

坂部 (1989) は，「ものがたり」や「かたり」と対比される日本語として「ふるまい」や「ふり」を取り上げています。坂部は，「ふるまい」の「ふる」は，「ふりをする」という意味で「おこない (行為)」として役を演じることが含意されており，また「かたり」が言語表現であるのに対して「ふり」は身体表現であることを指摘しています。したがって，日本語において「語り」に対比される「ふり」は「劇としての物語」を構成する次元とした「演じること」に相当する語と言えます。この点で，言語表現の物語である「語りとしての物語」に対比して，身体 (行為) 表現の物語である「劇としての物語」を措定したことは，日本語の意味合いにおいても妥当であると言えます。

4　事例の物語の構造の実際

前述したように，実践においては「語りとしての物語」のプロットから「劇としての物語」のストーリーを読み取り，物語の構造を見立てていくことが最初の作業となります。ただし，実際のところは，「語りとしての物語」と「劇としての物語」が，さらにはプロットとストーリーが，重なり合い錯綜して物語が展開しているので，その構造を見立てることは容易ではありません。そこで，以下に創作事例を示し，物語の読み方の実際を解説することにします。

事例：娘のことを心配する父親の「語りとしての物語」

60歳になるA氏から「一人娘が10年以上にわたる闘病生活に疲れ，将来への見通しも全く立たないため，不安に駆られ，絶望感を深めている。立ち直らせるのにはどうしたらよいのか相談したい」との電話申し込みがあり，私が初回面接を担当することになりました。

来談したA氏は，大学の教師をしている，痩身の物静かな紳士でした。現在のよう

な事態になった経緯について尋ねたところ，A氏は，「娘は，大学受験に失敗した後，一流校合格を目指す受験勉強ということで4年間家に閉じこもっていた。高校に入るまでは勉強ができて，特に病的なことはなかった。よい大学に入れるということが夫婦の共通した目標だった。私は研究中心の生活をしており，子育ては妻にまかせていた。結局，娘は母親離れできていないのだと思う。私は，娘が悩み始めてから，父親として何とかしなければと責任を感じている」と淡々と語りました。そして，「その後，大学受験は諦めて就職するというので，私がいろいろと手を回して，私の知人の会社に事務員として就職させた。しかし，対人関係がうまくいかず，仕事のミスが重なり，落ち込み，仕事を辞めた。その時，自殺未遂をして精神科に入院し，現在の主治医である男性医師の治療を受け始め，退院後も10年間同じ医師の治療を受けている。

しかし，本人の状態は一向によくならず，家に閉じこもり，『もう私は治らない』と絶望し，自殺を仄めかし，時には物を壊すなど感情を爆発させることもある。私としては，娘が不憫で何とかしてあげたいと思い，いろいろと心理学の本を読み，心理相談のことを知った。それで，本人には秘密で主治医に，『娘に心理相談を勧めてほしい』と，依頼したところ，『必要ない』と断られてしまった。自分としては，打開策を探るつもりでここに相談を申し込んだ」と，助けを求めるように私に語りかけてきました。

A氏の語りから，父親として状況を変えたいという責任感，そして10年間も状況が変わらないことに対する焦りが伝わってきて，私としても何か手助けができたらという気持ちも出てきました。しかし，その一方で，A氏が娘から無視されているという事実，しかも秘密裏に医師に依頼するといったA氏の行動からは，娘との間で信頼関係をつくれないでいるA氏の対人関係のあり方の問題も感じられました。

「語りとしての物語」についての"読み"（仮説）

A氏の語りの基本的な筋は，「母娘の密着した関係が問題の原因としてあり，自分はその状況を変えようとしてきたが，残念ながら，それができないでいる」というプロットでした。A氏は，そのようなプロットをさまざまなエピソードを交えて繰り返し私に物語りました。そして，その状況を変えるために心理相談が必要であり，それに協力してほしいというのが，A氏の"語り"のモチーフでした。

しかし，A氏の語りを離れ，客観的にA氏の家庭の対人関係を探っていくと，家族の中で孤立しているA氏の在り方が見えてきます。それと関連して気になったのが，面接場面におけるA氏の冷淡な語り口でした。A氏の語り

の内容は娘および家族の苦悩についてでしたが，その語り口は理路整然としており，表情も淡々としたものでした。また，「心理相談を勧めてほしい」というA氏の意向に対して，私がすぐに反応しなかった際には，舌打ちするなど，暗に不愉快な気持ちを示すような"ふるまい"を示しました。このようなふるまいからは，A氏の冷淡さや対人的な操作性といったものが感じられ，A氏との間で情緒的な関係をもつのは難しいだろうと推測できました。

そのような観察事実から，私は「母娘の密着によって父親であるA氏がはじき出されている」というよりも，むしろ「A氏の冷淡な人間関係のもち方がまず問題としてあり，それを受けて母娘の密着が生じた」という家族関係についての"読み"を仮説としてもちました。そこで，面接の終わりにA氏に「この問題は，娘さんだけの問題ではなく，家族全体の問題となっている。確かに奥さんと娘さんが近すぎということはあると思う。その点で問題解決には奥さんの協力が必要なので，一度奥さんのご意見もお聞きしたい」と伝え，次回は夫婦面接としました。

事例：A氏とその妻の"語り"から見えてくる「劇としての物語」

第2回面接では，A氏は妻を伴って来談しました。妻は，疲れた様子で夫の後から面接室に入ってきました。私は前回のA氏の語りをまとめた内容を伝えた上で，妻に日常の家族関係について訊いてみました。妻は，「娘は，父親を無視する。それから，『この障害が治らないとすれば，どうして私を生んだんだ』『父親と結婚したことが間違いだった』と私を責めるんです」と言います。それに対して夫のA氏は，「それは君が娘に私の悪口を言っているからだろう。母娘の関係が近すぎて子離れできないからこうなったんだ」と持論を展開し始めます。

私は，A氏の意見を聞いた上で，妻にこれまでの経緯を確認してみました。すると，妻は「娘は，小さい頃から友達が少なく，ひとりで遊ぶ子どもでしたが，成績はよかった。それで，夫はとても期待したんです。しかし，高校1年で不登校になり，近隣の小児科に相談に行ったところ，発達障害のアスペルガー症候群との診断が出されました。しかし，夫は，その診断を認めませんでした。私に勉強をさせるように言い，家庭教師を雇いました。何とか大検（大学入学資格検定）を合格するまでは行ったのですが，それ以上の勉強は続きませんでした。しかし，夫は大学に行けばなんとでもなると強く主張して大学受験をあきらめさせませんでした。私は，娘が不憫でなりません」と語りました。

それに対してA氏は,「娘は障害者ではない。人より少々敏感なだけだ。小さい頃は笑ったし,物覚えもよかった」と主張し,さらに「私は娘のことを大切にしていたからこそ,4年間受験を失敗し続けた後に知人の会社を紹介したんだ」と主張しました。妻は,「娘は何とか夫の期待に応えようとした。でも,会社勤めは,娘には無理だったんです。コミュニケーションが上手にできず,上司に叱られ,ますます自信を失って自殺未遂をしました。主治医からは,夫に振り回されないようにと強く言われているのです」と疲れ切った表情で語りました。結局,夫婦の意見は平行線でした。
　そこで,私が「ご夫婦の意見が一致していないですね」と伝え,「ご夫婦の関係はどうでしたか」と尋ねました。A氏は「娘が生まれる前,妻の私への不満が強かったが,娘が生まれてからは夫婦で娘の教育に熱中し,夫婦関係の問題が生じることはなかった」と語りました。それに対して妻は,首を振って「それは事実と違う。夫はいつも一方的に意見を言うだけ。アスペルガーと呼ばれる娘のほうが,まだ気持ちは通じるんです」とはっきりと反論しました。
　しかし,A氏は,それを意に介さずに「自分としては薬の副作用も強く,医療も役に立っていると思えない。父親の責任として何とかしなければと思っている。こちらから娘に働きかけて心理相談をしてもらえないか」と,改めて私に語りかけてきました。この時点で,すでに面接の時間も終わりかけていました。そこで,私は,この事例の物語に関する,私の臨床心理士としての"読み"をまとめ,問題についての見立てをA氏に伝えることにしました。

「劇としての物語」についての見立て

　A氏との初回面接でもった「A氏の冷淡な人間関係のもち方がまず問題としてあり,それを受けて母娘の密着が生じた」という家族関係についての"読み"を確かめるため,夫婦関係について質問をした結果,ほぼその妥当性が確かめられました。したがって,まず夫婦の問題があり,その後に母娘の密着が生じてきたという家族関係のストーリーが明らかとなってきました。家族関係のストーリーからは,妻や娘との間に情緒的関係をつくれず,しかもそのことを自覚せずに,自分の都合のよいように家族を操作しようと"ふるまう"A氏の在り方が問題として浮かび上がってきました。
　このようにA氏の"語り"と,実際の対人関係におけるA氏の"ふるまい"にはズレがありました。そして,そのズレは,A氏の「語りとしての物語」と,家庭という舞台でA氏,妻,娘の間で行われていた「劇としての物

語」の間のズレとして理解できました。家庭を舞台とした「劇としての物語」から読み取れることは，冷淡で一方的に指示するだけのA氏を避けて，母子で連合することで心理的なバランスを保っている娘というストーリーでした。しかし，A氏によって「語られた物語」には，その点への認識が欠如していました。

そこで私は，A氏によって「語られた物語」のプロットに従って私が娘の心理相談を引き受け，娘に連絡をすれば，家庭を舞台とした「劇としての物語」のストーリーに対して，異なるコンテクストから無理矢理介入することになり，ギリギリで保たれている娘の心理的バランスを崩すことになると，考えました。それが，この事例の物語についての私の"読み"でした。

そこで，私は，A氏にこの"読み"を伝えた上で，「今，家族の微妙なバランスを崩さずにできることは，Aさん自身が家族の中での自己の在り方を見直す，あるいは奥さんと一緒に夫婦の在り方を見直すことであり，そのためならば心理相談も意味があると思う」と提案しました。しかし，A氏は，「それにはおよばない」と席を立って面接室を出ていきました。

A氏の物語の構造

A氏の"語り"は，「自分は一生懸命娘のことを考えてきたが，周囲の者が自分を無視する」という，彼の構想するプロットに従って構成された「語りとしての物語」でした。そこでは，家族や医師との間で生じた出来事のうち，A氏のプロットに適合する出来事のみが取り上げられ，それらに彼にとって都合のよい意味が付与され，再構成されて語られていました。したがって，この「語りとしての物語」は，語り手であるA氏個人の主観的世界の物語です。

私は，このようなA氏の"語り"を聴くのと並行して，彼の面接場面のコミュニケーション行動を観察しました。さらに，A氏の"語り"の筋（プロット）を離れて，A氏と家族や医師との間で生じた出来事についての事実関係を知る必要がありました。そこで，妻にも来てもらうことにしたのです。第2回面接は，夫婦で来談したので，日常場面での夫婦のコミュニケーション行動を観察し，客観的事実を確認していきました。そこで得られたデータに基づき，出来事を事実経過として時間軸に沿って配列したのが，「劇としての物語」の

ストーリーです。そこからは，A氏の在り方や行動が家族の混乱を生じさせる要因になっているといったストーリーが読み取れました。それは，A氏の「語りとしての物語」のプロットとは異なる内容でした。

5 実践過程へ

本章では，物語として「語りとしての物語」と「劇としての物語」の2種類を措定しました。2種類の物語に共通するのは，ともにストーリーとプロットを備えている点です。逆に2種類の物語で異なるのは，表現方法が「語りとしての物語」では「語ること（narrative）」であるのに対して「劇としての物語」では「行うこと（performance）」である点です。

臨床心理実践がかかわる事例は，この2種類の物語が重なることで構成されています。臨床心理士は，まずアセスメントによってその事例の物語のストーリーとプロットを読み取ります。そして，次にその"読み"を見立てとして，事例への介入の方針を決定することになります。このように実践過程は，物語の枠組みに基づいて事例の成り立ちを実証的に記述・分析し，そこに示された物語の構造に基づいて問題に介入していく過程と見ることができます。

構造上は「劇としての物語」の中に「語りとしての物語」が組み込まれる構成となっている両者の関連性は，物語の意味を読み解いていく実践過程では，「語りとしての物語」から「劇としての物語」を読み取り，さらに読み取った「劇としての物語」のコンテクストに「語りとしての物語」を位置づけ，その意味をより深く読み解いていくという循環的関係となります。

〈引用文献〉
坂部恵（1989）．ペルソナの詩学――かたり　ふるまい　こころ　岩波書店

第III部

つながりをつくる技能をまなぶ
──コミュニケーション

第7章 ● 実践技能の体系的理解

1 物語データの処理技能としての実践技能

　本書では，物語の観点から実践とは何かについて検討してきました。第4章で指摘したように，問題の解決や改善に向けて新たな出来事を起こしていくことが臨床心理実践の目的となっています。物語性の観点を採用したのは，第5章と第6章で解説したように，物語として実践をとらえた場合，問題に関連する出来事の生起を分析するとともに，介入の方針を見定めるのに有効な枠組みを提供してくれるからです。そこで本章ではこれまでの議論を受け，物語と関連する実践技能を体系的に解説し，技法習得の道筋を示すことを目的とします。

　ここで，一つ留意していただきたいことがあります。それは，単純に物語技法と実践技能を同一視してはならないということです。なぜなら，厳密に言うならば物語技法と実践技能では，その目的も方法も異なっているからです。物語技法は，あくまでも読者や観客を魅了することが目的となっています。それに対して実践技能は，問題の解決や改善を目的としています。したがって，実践においては，問題の成り立ちを具体的に把握し，その成り立ちの分析を通して問題の解決や改善に向けての介入方針を定めていくことが前提になります。

　そのような問題の成り立ちの具体的な把握，分析，介入方針の決定のために必要となる作業は，問題の厳密な記述，記述データの分析，分析結果に基づく介入方針の決定という，一連のデータ処理過程となります。その際に必要となるのが，質的な記述です。臨床心理実践の対象となる問題については，出来事の複雑な重なりを記述していくことが求められます。そのような複雑な事態を具体的に記述するためには，量的な記述ではなく，質的な記述が適しているからです。出来事を質的に記述した場合，データは物語性を帯びたものとなることは，これまで述べてきた通りです。

　たとえば，第5章表5-1の「時間」の項に記されているように，自然科学で

は時空を超えた普遍的真実や法則が重視されます。それに対して，物語的思考モードでは時間に従う具体的現実のストーリーが重視されます。このように時間性を思考モードに導入する点が，物語性の重要な意義となっています。また，表5-1の「言語」の項に記されているように，自然科学では論理性を維持するために一義的で量的な言語が使用されます。それに対して，物語的思考モードでは仮定法を含めた多義的言語が使用されており，それによって虚偽性を含めた多元的な現実の記述が可能となります。したがって，仮定法などの虚構性を思考モードに導入できる点も物語性の意義と言えます。

　さらに，表5-1の「個人の力」の項や「経験」の項に記されているように，物語的思考モードでは，個人はその人の生きている世界の主人公または参加者と見なされています。そのため，その人の表現を物語として理解することは，その人の生きている世界での経験を豊かにし，そこに生きる意味の生成を促すことになります。したがって，物語的思考モードによって対象を理解することは，単に対象を分析研究するだけではなく，対象の経験を豊かにしていくという援助実践につながることになるわけです。

　物語的思考モードによる分析では，研究と実践が切り離されておらず，対象となっている人の物語世界を研究することが，同時にその人の具体的な経験を豊かにする実践につながることになります。このような点から，問題の成り立ちの具体的な把握，分析，介入方針の決定のためには，物語データによる記述と分析が必要となるわけです。

　そして，第6章で見たように，事例の現実は「語りとしての物語」と「劇としての物語」を基本枠組みとする物語の観点から理解できます。臨床心理実践のプロセスは，この2種類の物語の重なりとズレに注意しながら，事例を物語データで記述，分析し，問題の成り立ちを物語の観点から読み解き，仮説である見立てをもってそこに新たな物語の生成を促していく，一連の物語データ処理の過程として理解することができます。

　このように，臨床心理実践とは，物語データによる記述と分析を行うことを通して，問題の解決や改善に向けて適切な仮説を立て，介入していく作業となります。したがって，実践技能として習得しなければならないのは，物語技法ではなく，「物語データを適切に処理する技能」ということになります。そこ

で，以下において，物語データの処理過程を，データ収集と記述，分析と解釈，介入，仮説検証のプロセスとし，実践技能をデータ処理技能として再整理して解説することにします。

2 データ処理技能としての物語技法の整理

データ収集と記述のための技能

事例の物語は，まずクライエントによる"語り"として示されます。クライエントの"語り"は，聴き手の"聴く"技法によって引き出されます。その点で"語り"を"聴く"臨床面接法が，実践過程を成立させるための基本技能となります。したがって実践過程では，臨床心理士の"聴く"技法を前提として，「語りとしての物語」が最初に示されることになります。

しかし，「語りとしての物語」は，あくまでも語り手が構想したプロットでしかありません。事例の物語の全体を読み解くためには，さらにその語りの背景である「劇としての物語」における事実経過としてのストーリーを確かめていくことが必要となります。「劇としての物語」は，登場人物の"行い（ふるまい）"から構成されています。したがって，「劇としての物語」のストーリーを確かめるためには，"行い"を"観る"観察法が必要となります。

ところが，「劇としての物語」については，臨床心理士が，そこで生じている出来事をすべて観察し，そのストーリーを読み取ることは，実際には不可能です。なぜならば，臨床心理士は，「劇としての物語」が生起する日常場面に参加していないので，問題となっている事態を構成する出来事を直接観察できないからです。臨床心理士が直接観察できるのは，通常は臨床場面におけるコミュニケーション行動です。

そこで，行動観察から日常場面の行動を推測することが必要となります。この点に関しては，特に行動療法，遊戯療法，家族療法などでは，臨床場面での行動観察と行動分析が重要な意味をもつことになります。また，コミュニティ心理学で重視されているように，必要に応じて学校や家庭などの日常場面を訪問し，そこでの行動を観察することもできます。

実践過程では面接法が中心となっているため，「語りとしての物語」に比較して，「劇としての物語」における行動を観察することの重要性が見落とされ

がちです。そのため，クライエントの語る「語りとしての物語」のプロットのみを真に受けて，日常場面で実際に起きている「劇としての物語」のストーリーを無視してしまう臨床心理士や，自らが信奉する心理療法の理論モデルに従って勝手に「劇としての物語」のシナリオを創作してしまう臨床心理士が出てくることになります。

しかし，それでは，事例の物語の全体を実証的に読むことにはなりません。事例の物語の全体を読むためには，クライエントの「語りとしての物語」から「劇としての物語」のストーリーを読み取ることをしなければなりません。そのためには，"語り"を聴くのではなく，相手に適切な質問をすることで「劇としての物語」のストーリーを調べる"訊く"技法が必要となります。この"訊く"技法は，いわゆる調査面接法です。

また，「劇としての物語」のストーリーを読み取るためには，「劇としての物語」の登場人物の能力や機能を"診る"技法が必要となります。主要な登場人物が日常場面で実際に行為として物語を遂行していくための能力や機能の程度を見極めることによって，「劇としての物語」のストーリーの展開を読み取ることが可能となるわけです。したがって，ここでは，検査法によって事例の当事者や関係者の能力や機能の障害を"診る"（見極める）技法が重要な意味をもつことになります。

知能検査，質問紙法，投影法，神経心理学的検査法などの心理学的検査法は，対象者の認知能力や機能を評価することで，その人の行為の機能（の障害）を判断する形式となっています。"語り"は認知能力と関連し，"劇"は実行機能と関連しているので，認知と行動を統合的に評価できる検査法が，「語りとしての物語」と「劇としての物語」からなる物語全体を読む上で重要となります。認知行動療法は，認知と行動を統合的に評価する技能を重視しており，その点で検査法と関連してきます。また，第9章で後述するように，精神医学の最近の症候論的な精神病理学で示される症状は，認知過程および行動機能の障害として位置づけられており，その点で"診る"技法と密接に関連しています。

このように，臨床心理実践過程を物語過程として見ることで，"聴く""訊く""観る""診る"といった物語技法を駆使して，「語りとしての物語」と「劇としての物語」から成る事例の物語に関する多様なデータを収集すること

の重要性が明らかとなりました。このような物語技法は，従来は面接法，観察法，検査法として位置づけられていた心理学の諸技法です。

　面接法によって得られるのは言語データであり，その中には意識レベルの認知内容から無意識レベルの主観的想念や妄想的確信などまでが含まれている場合があります。観察法によって得られるのは行動データであり，そこには，無意識の身体的コミュニケーションを含めて対人関係の影響が複雑に関与しています。検査法で得られるのは課題遂行（検査）データであり，それは，標準化されて数量化しやすい資料から直感的に解釈するしかないイメージ表現まで多様です。

　したがって，それぞれの方法で得られる情報をバラバラにとらえていたのでは，それらを適切に組み合わせて統合的にデータを収集することは困難です。そこで前述のように，事例の問題を把握する過程を，「語りとしての物語」と「劇としての物語」から成る物語に関するデータ収集過程とし，データ収集技法を物語技法として理解するならば，物語の全体との関連でそれぞれの技法の位置づけと関連性が自ずと明らかになり，全体の組み合わせも容易となります。

データ分析と解釈のための技能

　事例の物語についてのデータが収集されたならば，それを記述し，分析するデータ処理段階となります。データは物語モードで記述されるので，その分析は物語解釈となります。したがって，データを分析する技能としては物語を解釈する技法，つまり物語のストーリーやプロット，さらにはその意味を"読む"技法が必要となります。

　収集されるデータは，時間性や虚構性を含む物語として示されます。しかも，臨床心理実践の対象となる事態は，心理的および社会的に混沌とした状況となっています。そのため，事例の物語は混乱した複雑な物語として記述されます。そこで，このような複雑な物語を解釈するためには，特殊な"読む"技法が求められることになります。そして，そのような特殊な"読み"を行う上で参考となるのが，臨床心理学のさまざまな理論モデルです。

　それぞれの理論モデルには中心仮説があり，それに基づいて心理障害や心理的問題の発生に関する因果仮説を備えています。したがって，それらの理論モ

デルは，複雑な事例の物語を"読む"際の参照枠として利用できます。

　臨床心理実践の理論モデルについては，それぞれ「語りとしての物語」や「劇としての物語」を"読む"際の参照枠となります。たとえば，クライエント中心療法や精神分析のモデルは，「語りとしての物語」を読む際の参考となります。また，行動療法，家族療法，コミュニティ心理学のモデルは，「劇としての物語」を読む際の参考となります。さらに，認知と行動の両者にかかわっている点で認知行動療法のモデルは，「語りとしての物語」と「劇としての物語」の両方を読む際の参考となります。また，精神症状を認知と行動の機能障害として理解するならば，異常心理学のモデルは，「語りとしての物語」と「劇としての物語」の両方を読む際の重要な参照枠として利用できます。

　ただし，ここで注意しなければならないのは，これらの理論モデルは，あくまでも物語を読むための参照枠としての相対的な位置づけでしかないということです。もし，いずれかの理論モデルを絶対的な理論と見なし，それを事例の物語に当てはめて解釈を行うのであるならば，それは，理論モデルのシナリオに適合させるように現実を歪めて理解することであり，実証的な方法とはかけ離れたものとなります。

　このような理論モデルを当てはめただけの事例の解釈は，本来ならば避けるべきものです。しかし，実際には，よく行われています。このようなことが生じる背景には，複雑性や混乱を含む現実に直面した際の臨床心理士の不安があります。介入を必要とする事態では，社会的，心理的出来事が時間の流れとともに次々に生じ，混乱した状態となっています。事例の当事者は，そのような混乱した状態に巻き込まれ，自己の物語を主体的に生きられない事態となっています。そのような混乱した現実を前にした場合，当事者だけでなく臨床心理士も，すべてが不確かで無秩序な事態に巻き込まれつつある自分を感じ，寄る辺ない心理状態に陥ります。そこで，頼ることのできる確かな秩序として理論モデルに依拠し，その理論の論理的秩序で混乱を割り切ることで安心しようとする態度が，臨床心理士の側に生じてくることになります。

　しかし，臨床心理実践の目的は，あくまでも事例の当事者が自己の物語を生きられるように援助することであって，事例の当事者を臨床心理士が信奉する理論に基づくシナリオに従わせることではありません。したがって，事例の物

語を実証的に理解し，事例の当事者が生きている現実に沿った心理援助を行うことが臨床心理実践の原点となります。臨床心理士の専門性は，当事者や関係者と協力して，混乱の中から事例の物語を読み取り，それを当事者が生きられる物語につなげていくことにあるわけです。

　そこで，臨床心理士に求められるのは，現実の混乱を理論で割り切るのではなく，その混乱した事態を混乱した事態として的確に把握する態度と技能です。物語モードは，このような混乱を混乱として記述しつつ，そこにストーリーという時間軸に基づく秩序を見出していくのに最も適したモードです。

　このように考えるならば，事例の物語は，あくまでも複雑性や混乱を含む現実の中から見出される実証的な物語でなければなりません。臨床心理士の専門性とは，適切な理論モデルを照合枠として参照しつつも，混乱した現実の中から事例の物語を実証的に読み取り，その上で新たな秩序に向けて現実の物語に介入していくことにあります。

介入のための技能

　収集され，記述された物語モードのデータから事例の物語を読み解き，その読みを仮説として事例に介入していく物語過程が，臨床心理実践の過程です。その場合，事例の物語に関する「仮説としての読み」が「見立て」に相当することになります。

　しかし，実際の臨床心理実践の過程では，最初から適切な見立てが成立し，適切な介入が可能になることは，ほとんどありません。むしろ，取りあえずの仮説といった意味合いで見立てを形成し，それに基づいて事例に介入し，その結果を参考に仮説である見立ての妥当性の検討と修正を行い，再び介入していくといった循環的な過程となります。

　したがって，実践過程は，循環的な仮説生成―検証過程として見ることができます。この過程は，まず事例の物語について取りあえずの"読み"をもち，それに基づいて事例の物語に介入し，その結果を参考にして"読み"を深めていく物語過程として理解できます。

　ここで，介入を行う際に参照するのが，それぞれの理論モデルの提示する技法です。たとえば，精神分析は，無意識過程を中心とした力動的人格論に基づ

く問題発生の機序に関する理論と,夢分析を初めとする介入技法を備えています。また,行動療法は学習理論に基づく問題発生の機序に関する理論と,曝露反応妨害法を初めとする介入技法を備えています。さらに,精神医学についても,生物学的モデルに基づく病因論と,薬物療法を初めとする介入技法を備えていると見ることができます。

このように,さまざまな理論モデルがさまざまな技法を提供しており,臨床心理士は,「語りとしての物語」と「劇としての物語」から成る複雑な事例の物語のそれぞれの局面に合わせてそれらの技法を使い分ける技能を身につけなければなりません。クライエント中心療法の「無条件の肯定的配慮(unconditional positive regard)」は,臨床心理士がクライエントの「語りとしての物語」を促すための技法であり,家族療法の「ジョイニング(joining)」は,家族の間で行われている「劇としての物語」に臨床心理士が参加するための技法です。精神分析の重要な概念である転移―逆転移は,臨床心理士がクライエントの「語りとしての物語」に組み込まれることを通して事例の物語に介在していくための技法です。

仮説の妥当性の検証

以上のように実践過程は,事例の物語についての"読み"を仮説として生成し,それに基づいて事例に介入し,その読みを深めていく仮説生成―検証過程となっています。生成された仮説の妥当性を検証する作業は,事例検討会やスーパービジョンなどで専門家の間で行われることもありますが,最も重要な仮説検証はクライエントとの間で行われます。臨床心理士が生成した仮説を"読み"としてクライエントに伝え,そこで問題となっている事態に関する"読み"を互いに語らい,その妥当性を確かめていく説明と同意(インフォームド・コンセント)の方法を採ることが臨床心理実践において必須の作業となります。

第5章表5-1の「個人の力」の項にも示されているように,クライエントは「語りとしての物語」では主人公として,また「劇としての物語」では登場人物の1人としてその物語展開の中心的役割を担っています。したがって,そのクライエントが自らが生きている物語についての"読み"である仮説の妥当性の判断に関与するのは当然の事柄です。また,表5-1の「観察者の位置」の項

に示されているように，実践過程では，物語の聴き手であり，観察者である臨床心理士は，クライエントと無縁ではなく，むしろ物語の共同制作者として協力関係にあります。したがって，臨床心理士の"読み"が実践的に有効であるか否かといった仮説の妥当性についての判断は，事態の当事者であるクライエントも加わって，臨床心理士との協働関係の中でなされるべきです。料理は，お客さんが美味しいと感じて初めて認められることになります。それと同様に，臨床心理実践においても，利用者であるクライエントが納得できる"読み"であって初めて臨床的に妥当性の認められる仮説ということになるわけです。

臨床心理士とクライエントが仮説を共有するためには，その仮説が専門用語や数式ではなく，わかりやすい日本語の日常語で語られる"読み"として伝えられ，そしてその"読み"について互いに語り合えることが重要となります。事例の物語の"読み"について臨床心理士とクライエントが語り合うことで，クライエントが実践過程に積極的に参加し，物語の展開に責任をもつことができるようになります。臨床心理士の役割は，あくまでも事例の当事者が自己が生きている物語を展開していくのを援助する立場なのです。

このように物語性は，臨床心理実践が日常に開かれ，事例の当事者自身が自己の物語に責任をもてるように促すという点でも，重要な意味をもちます。特殊な専門用語を使うことによって専門家の間で独占され，学問が利用者に開かれにくい自然科学のパラダイムとは異なり，クライエントに開かれ，クライエントにとって有効な学問であることを目指す臨床心理学においては，研究の成果を利用者と共有できるモードとして，物語性が重要な意義をもつことになるわけです。これは，現在さまざまな学問領域で課題となっているインフォームド・コンセントともかかわる事柄です。

3 実践技能の体系的理解

実践技能を分類し，構造として理解する

臨床心理実践は，さまざまな技能を適宜組み合わせて，事例の物語の展開を促す活動です。困難な事例になればなるほど，事例の物語は「語りとしての物語」と「劇としての物語」が複雑に絡み合って，動きが取れなくなっています。そこで，事例の状況に合わせて個々の技能を体系的に組み合わせ，事例に介入

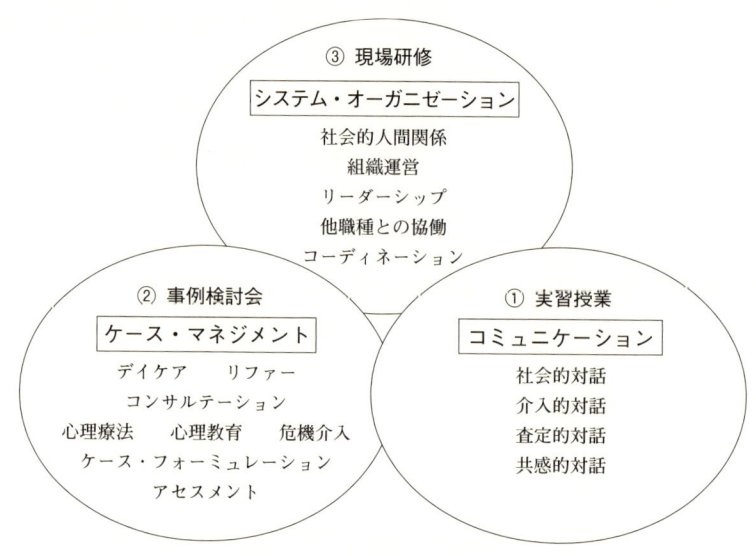

III つながりをつくる技能をまなぶ

```
        ③ 現場研修
    システム・オーガニゼーション
         社会的人間関係
           組織運営
          リーダーシップ
         他職種との協働
         コーディネーション

  ② 事例検討会              ① 実習授業
 ケース・マネジメント       コミュニケーション
  デイケア   リファー         社会的対話
  コンサルテーション          介入的対話
 心理療法  心理教育  危機介入   査定的対話
  ケース・フォーミュレーション   共感的対話
     アセスメント
```

図 7-1　心理職の実践技能体系

していくことが必要となります。

　個々の技能を体系的に組み合わせるためには，臨床心理実践を社会活動として理解していくことが重要となります。臨床心理実践を社会活動として位置づけた場合，そのあり方を決定するのは，臨床心理学の内部の理論モデルではなく，事例が生起している社会状況になります。つまり，臨床心理実践は，社会活動として，対象となる社会状況に適切に対応できる機能を構成していくことが求められるのです。さまざまな実践技能は，それぞれの理論モデルに特有な技法というのではなく，社会状況に対応する機能に即して適宜選択され，組み合わされて用いられることになります。社会状況に関与する実践の機能は，本シリーズ第１巻で解説したように，図 7-1 に示した「コミュニケーション」「ケース・マネジメント」「システム・オーガニゼーション」の三つの次元から構成されています。

　そこで，本節では，図 7-2 に示したように，物語データを処理する実践技能をその三つの次元に分類し，整理しました。これによって，読者の皆さんは，さまざまな実践技能を体系的に理解する枠組みを得ることができます。また，訓練課程においては，それぞれの技能を段階的に学習する枠組みを得ることも

できます。

コミュニケーション

コミュニケーションは，臨床心理士とクライエントとの間のやりとりの次元です。このやりとりを通して臨床心理士とクライエントとの間で専門的な協働関係が形成され，それを媒介として社会活動としての臨床心理実践が展開されます。したがって，コミュニケーションは，臨床心理実践の活動の基本となる関係を構成する機能です。この次元では，言語コミュニケーションが主となるので，"きく"（聴く・訊く）技能が基本技能となります。ただし，コミュニケーションのあり方を調整する際には，コミュニケーションのあり方を対人行動として観察し，その機能をコミュニケーション能力の障害として査定しなければなりません。その場合には，"みる"（観る・診る）技能が必要となります。

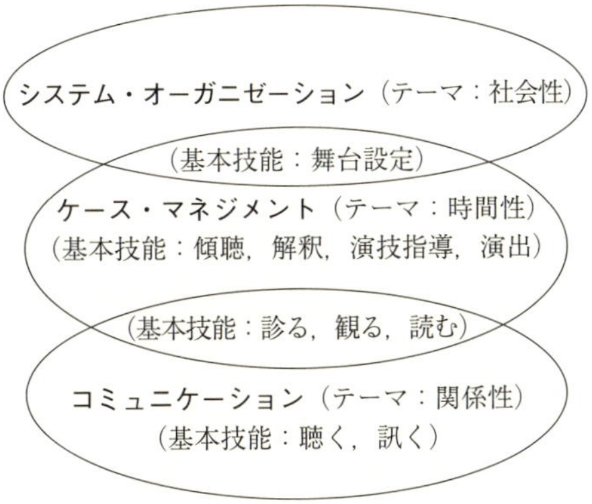

```
┌─────────────────────────────────────┐
│ システム・オーガニゼーション（テーマ：社会性） │
│        （基本技能：舞台設定）              │
│ ケース・マネジメント（テーマ：時間性）       │
│ （基本技能：傾聴，解釈，演技指導，演出）     │
│        （基本技能：診る，観る，読む）       │
│ コミュニケーション（テーマ：関係性）         │
│        （基本技能：聴く，訊く）            │
└─────────────────────────────────────┘
```

図7-2 実践の3次元に基づく実践技能の分類

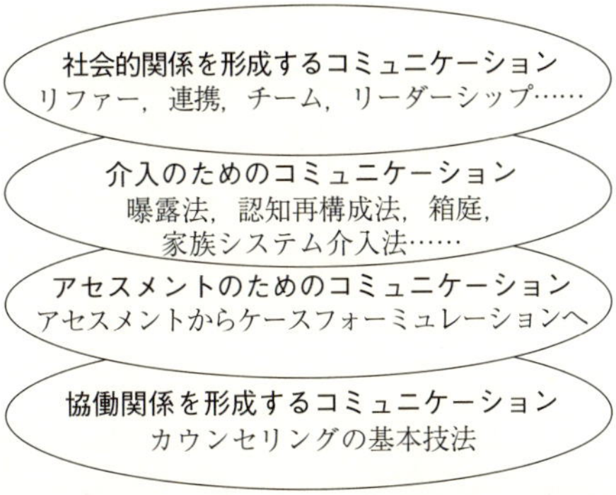

```
┌─────────────────────────────────────┐
│ 社会的関係を形成するコミュニケーション       │
│ リファー，連携，チーム，リーダーシップ……    │
│ 介入のためのコミュニケーション              │
│ 曝露法，認知再構成法，箱庭，              │
│ 家族システム介入法……                    │
│ アセスメントのためのコミュニケーション       │
│ アセスメントからケースフォーミュレーションへ  │
│ 協働関係を形成するコミュニケーション         │
│ カウンセリングの基本技法                  │
└─────────────────────────────────────┘
```

図7-3 コミュニケーション技能を構成する技法

さらに，コミュニケーションは，図7-3に示したように四つの種類に分けることができます。基盤となるのが，クライエントとの間で協働関係を構成するためのコミュニケーションになります。これは，クライエントの語りに共感するコミュニケーションであり，そのための主な技能は"聴く"技能です。次に問題の成り立ちをアセスメントするコミュニケーションがあります。このコミュニケーションを促進する主な技能は"訊く"技能です。

ケース・マネジメント

　ケース・マネジメントは，事例の状況を見立て，介入の方針や方法を定めて実際に事例に介入していく次元です。臨床心理実践は，時間経過の中でコミュニケーションを繰り返すことで活動を展開します。そこで，ただ漠然とコミュニケーションを行うのではなく，時間の経過とともに事例の状況を見立て，適切なコミュニケーションを行えるように，介入の方針や方法を随時定めていかなければなりません。ケース・マネジメントは，このように時間的展望の中で事例の物語の展開についての見立てを形成し，それに基づいて事例の物語に介入する活動を適切に運営する機能です。

　事例の物語についての見立てとは，事例の物語についての"読み"に基づいて構成されます。その点で"読む"技能がケース・マネジメントの基本技能となります。ただし，事例の物語全体の展開を読むためには，「語りとしての物語」を読むだけでは十分ではありません。"見立てる"という表現で示されるように，「劇としての物語」を"みる"ことで客観的に物語の展開を読み，「語りとしての物語」と「劇としての物語」の重なりとズレを含めて事例の物語の全体を"読む"技能が必要となります。その点でケース・マネジメントの次元では，基本技能として"読む"技能とともに"みる"（観る・診る）技能が重要となります。

　ケース・マネジメントの次元では，事例の物語についての"読み"に基づき，「傾聴」「解釈」の技能を用いて「語りとしての物語」に，また「演技指導」「演出」「舞台設定」の技能を用いて「劇としての物語」に介入し，事例の物語の展開を促す活動を構成していきます。

システム・オーガニゼーション

　システム・オーガニゼーションは，臨床心理実践を適切に運営する社会システムを構成し，それを維持していく次元です。実践は，事例の状況という社会的場面に介入する社会活動です。その点で，学問の内に閉じた活動ではなく，社会に開かれた専門活動です。したがって，実践活動を社会活動として社会システムの中に位置づけていくシステム・オーガニゼーションの機能が必要となります。

臨床心理実践が社会活動として認められるためには，その活動が社会制度の中に位置づけられる社会システムとしての相談機関によって運営されている必要があります。相談機関が社会システムとして機能するためには，まずシステム内部の規約，責任体制，役割分担，経済的基盤，運営体制などを明確化し，臨床心理実践のさまざまな活動を統合して運営することができなければなりません。

それとともにシステム外部の医療，教育，産業，司法などの諸領域の機関を含む他機関との間で社会的かつ専門的な協力ができる体制が整えられていなければなりません。そのためには，コンサルテーションやネットワーキングなどのコミュニティ心理学の技法を用いて，社会場面に開かれたさまざまなセッティングで事例にかかわっていくシステムとなっていることが必要です。これは，「劇としての物語」の舞台である社会的場面に介入し，その設定を変えることで物語の展開を援助する「舞台設定」の技能に関連します。また，社会活動としての社会的責任を明確にするために社会的資格，倫理，訓練プログラムなどを明確に提示していくことも重要になります。

システム・オーガニゼーションは，このような社会活動としての臨床心理実践を運営していく活動であり，その基本技能は「舞台設定」ということになります。したがって，システム・オーガニゼーションは，単に実践機関の社会システムとしての体制を整えるだけでなく，その機関が行うケース・マネジメントの枠組みを構築する機能をもっています。たとえば，学校臨床心理の実践活動では，どのようなスクール・カウンセリングのシステムを構成し，それをどのように運営するかによって，そこで行うことのできる介入の枠組みが大幅に異なってきます。教師や養護教諭とのネットワークを重視したスクール・カウンセリング・システムを構成した場合，学校を舞台として展開する「劇としての物語」に対して，教師や養護教諭の協力を得ることでさまざまな「舞台設定」を行い，そこで多様な「演出」が可能となります。

4　3次元から成る実践技能の全体構造

以上，臨床心理実践の機能を3次元に分けて考察しました。これらの三つのレベルは，互いに関連し合うことで，社会活動としての実践活動を構成してい

ます。前述のように，システム・オーガニゼーションはケース・マネジメントの枠組みを提供し，ケース・マネジメントはコミュニケーションの方法や方針を決定しています。このように実践の機能の3次元が協調することで，各技能を体系的に組み合わせて実践活動を構成する仕組みとなっています。

　従来，実践は，個々の理論モデルを遂行する活動として理解されることが多かったと言えます。そのため，臨床心理実践そのものを社会活動として理解し，社会的視点からその機能を検討することはありませんでした。しかし，理論モデルを離れて臨床心理実践を社会活動として見るならば，実践も社会システムとして機能的に運営されなければならないことが明らかとなります。したがって，臨床心理実践の実習では，単に理論モデルの知識と技法を学習するのではなく，さまざまな技能を体系的に学習し，臨床心理実践を社会活動として適切に運営できるようにしていくことが目的となります。

　そこで，次章以降では，実践活動を社会活動として見る立場から，コミュニケーション，ケース・マネジメント，システム・オーガニゼーションのそれぞれの機能ごとに臨床心理実践の技能を体系的にまなぶ実習の方法を提示します。

第8章 語りを聴き取る技能

1　臨床実践におけるコミュニケーション

共感的コミュニケーション

　臨床心理実践における専門的なコミュニケーションとはどのようなものでしょうか。既述してきたように，臨床心理実践の対象となる事例の物語は「語りとしての物語」と「劇としての物語」から構成されています。したがって，臨床心理実践のコミュニケーションとしては，「語りとしての物語」を生成，展開させるだけでなく，「劇としての物語」を生成，展開させるコミュニケーションも必要となります。「語りとしての物語」を生成し，展開するコミュニケーションは，語りを"きく"ことを基礎とする共感的コミュニケーションです。それに対して「劇としての物語」を生成し，展開するコミュニケーションは，登場人物のふるまいや人物間の関係を"みる"ことを基礎として行動を指導し，社会関係を演出する実行的コミュニケーションです。

　このように2種のコミュニケーションがありますが，私は，まず「語りとしての物語」のコミュニケーションが基本としてあり，その基本の上に「劇としての物語」のコミュニケーションがあると考えます。なぜならば，事例の当事者自身の「語りとしての物語」を生成せずに，「劇としての物語」に介入して当事者の行動や関係を変化させるのでは，単に操作的な介入をしただけであって，当事者自身が自己の物語を主体的に生きることの援助にはならないからです。したがって，臨床心理実践の基本には，事例の当事者の語りをじっくり聴く共感的コミュニケーションがあるべきだというのが私の見解です。

　もちろん，「語りとしての物語」を生成する共感的コミュニケーションは，臨床心理実践の基本としてあるのであって，それだけでは臨床心理実践の活動を全体として適切に運営するためには不十分であることは言うまでもありません。むしろ，共感的コミュニケーションのみにこだわることによって，事例の

物語の全体を把握できずに，不適切なコミュニケーションを構成してしまう場合も少なくありません。したがって，実際のコミュニケーションの進行に際しては，「語りとしての物語」を生成するコミュニケーションを基本としつつ，「劇としての物語」の観点からコミュニケーションの調整を適宜組み合わせていくことが必要となります。

語りを"きく"ことの専門性

"きく"ことは，2種の技能から構成されています。一つは，情報を収集する"訊く"技能です。もう一つは，語りを生み出す"聴く"技能です。

"訊く"技能は，相手に質問をし，相手が知っていることについての情報を収集する技能です。したがって，"訊く"技能のポイントは，訊く側が得たい情報をいかに適切に聞き出すかにあります。質問することによって考えさせ，意識させることで情報を引き出していきます。この場合，コミュニケーションは，訊く側の主導で進むことになります。訊く側は，相手を指導し，管理する立場となります。

それに対して"聴く"技能は，相手が意識できていない暗々裏の経験に気づき，それを言葉にして語るのを援助する技能です。したがって，"聴く"技能のポイントは，語り手が薄々感じている事柄を語りとして表現するのをいかに援助するのかにあります。相手の語りを受けとめ，新たな語りが生じるように反応を返していきます。この場合，語り手は，聴き手が自己の物語を語るに足る人物でないと感じれば，語らないでいることも可能です。その点でコミュニケーションは"語る"側の主導で進み，"聴く"側は，語り手の語りを援助する立場となります。

専門的な面接では，この2種の"きく"技能を組み合わせてコミュニケーションを進行させます。調査面接法では，"訊く"技能を中心とし，"聴く"技能を補助としてコミュニケーションを進めます。医療領域における診断面接，産業領域における人事面接などは，この調査面接法に相当します。また，臨床心理実践でも，心理学的アセスメントが中心になる初回面接や関係者との面接では，調査面接法の形態をとることが多くなります。それに対して臨床面接法では，"聴く"技能を中心とし，"訊く"技能を補助としてコミュニケーションを

進めます。臨床心理実践の面接では，この臨床面接法を基本として「語りとしての物語」を生成するコミュニケーションを促進します。

　では，臨床面接法は，具体的にどのような応答によって成立するのでしょうか。"聴く"とは，単に相手の語りに耳を傾けていればよいというものではありません。聴くことは，語りを聴いて理解したことを語り手に伝え，語り手がそれを受けて自己の表現したことを理解してもらえたと感じて，初めて成立するものです。語り手は，自分の表現したことを理解してもらえたと感じることで，さらに語りを深めていきます。聴くことは，このようにして相手の語りを生み出していくことです。

　したがって，"聴く"技能としては，語られた内容を的確に理解し，それを伝えることが基本となります。その際，ただ単に語られた内容を知的に理解するのではなく，語り手の気持ちの動きを共感的に理解することが重要となります。語りは，語り手が未だ明確に意識できていない感情的な体験（気持ち）を言葉にしていく過程を含むものです。そのため，語りを生み出すためには，言葉として明確に語られた内容だけでなく，語りを通して暗々裏に伝わってくる語り手の感情的な体験を汲み取り，それを伝え返していく共感的応答が重要となります。この点を重視して物語に介入するのが「傾聴」の技能です。

　ところで，第Ⅱ部で示したように，「語りとしての物語」は語り手のプロットとして独特の筋をもつものです。したがって，"聴く"技能によって語りが生み出され，「語りとしての物語」が展開し始めると同時に，語り手独特のプロットが展開し始めます。たとえば，同じ不安感でも，それを幼児期に玩具を十分買ってもらえなかったために生じた現象であると信じて，両親の倹約生活に原因を求めるプロットで自己の不安感を物語る人もいれば，身長が平均より3cm低いために生じた現象と信じて，母親が背の低い父親と結婚したことに原因を求めるプロットで自己の不安感を物語る人もいます。このようなプロットは，語り手独特の思い込みによって構成されています。これは，認知行動療法の用語でいえば，「認知の偏り」や「不合理な信念」に相当します。

　このように「語りとしての物語」は，語り手の独特の思い込みによって語られるので，語りが生成され，展開すればするほど，その独特の内容を共感的に理解して"聴く"ことが困難となります。物語を共感的に理解しようとしても，

その筋を追えないことが出てきます。そこで必要となるのが，物語を"読む"技能です。語られた物語の意味を読むことができなければ，物語を共感的に聴くことはできないわけです。

物語を読むというのは，単に語り手のプロットに従うだけでなく，そこで実際に起きているストーリーを把握し，そのストーリーとプロットを比較することで物語全体の構造を明らかにしていく作業です。したがって，物語を読むためには，物語のストーリー，つまり物語を構成する出来事の時間配列を明確化していく作業が必要となります。そこで必要となるのが"訊く"技能です。「語りとしての物語」を聴いていて「わからない」「筋を追えない」といったことが生じたら，そこで実際にどのような出来事が生じていたのかを訊くことによって，語られた物語のストーリーを確定していくことが必要となります。

前述のように「語りとしての物語」は，「劇としての物語」のストーリーをコンテクストとして生じてきています。したがって，「語りとしての物語」のストーリーを訊くことは，同時に「劇としての物語」のストーリーを訊くことと重なってきます。生活史，家族史，問題史，症歴などといった「劇としての物語」のストーリーを訊き，そのコンテクストとの関連で「語りとしての物語」の「わからない」ことを読み解いていく作業が行われます。

このように「語りとしての物語」を読み，聴くためには，その背景となっている「劇としての物語」で生じている出来事のストーリーを訊き，それとの関連で「語りとしての物語」の筋（プロット）を"読み解く"技能が必要となります。したがって，臨床心理実践において「語りとしての物語」を生成していくコミュニケーションを成立させるためには，単に"聴く"技能だけでなく，「劇としての物語」のストーリーを訊き，その情報を含めて物語の意味を"読む"技能も合わせて必要となります。なお，このような"読み解く"技能については，土居（1992）が参考になります。

「語りとしての物語」についての，読みを語り手に伝え，物語の"読み直し"と"語り直し"を行うことで物語に介入するのが「解釈」の技能です。聴き手である臨床心理士は，「語りとしての物語」の意味を読み解き，それを解釈として語り手であるクライエントに伝えます。その解釈を受けることでクライエントは，自己の物語のプロットを新たな視点で読み直すことが可能になります。

そして、それまで意識できず、また言葉にできなかった経験を自己自身の物語として読み直し、語り直すことで、自己自身の豊かな経験に開かれていきます。語り手は、このような再語りを通して自己自身の経験を自己自身の物語として受けとめ、自己の人生の物語を主体的に生きられるようになります。

なお、「傾聴」によるコミュニケーション促進の技能についてはクライエント中心療法が、「解釈」によるコミュニケーション促進の技能については精神分析療法が参照モデルとして利用できます。

語りを"みる"ことの専門性

以上、「語りとしての物語」を生成するコミュニケーション技能について検討してきました。しかし、「語りとしての物語」と「劇としての物語」から成る事例の物語の全体から見た場合、コミュニケーション技能として「語りとしての物語」を生成する"きく"技能だけに注目することには限界があります。なぜならば、「劇としての物語」の中では、「語りとしての物語」の「語り」は、単にある1人の登場人物の行動でしかないからです。

したがって、「劇としての物語」の観点からは、その語りが、劇が行われている社会的な場において適切な行動となっているのか、対人行動としてはどのような特徴があるのかを客観的に"みる"ことが必要となります。「語りとしての物語」は、あくまでも語り手のプロットでしかありません。そのため、語られた内容が実際に「劇としての物語」で起きている出来事と異なっていることが常に考えられます。そこで、コミュニケーション行為を客観的に分析する視点に基づき、語りの機能や内容の偏りを客観的に"みる"技能が必要となるわけです。

語りの機能を判断するためには、語りの背後にある認知の偏りを診ておく必要があります。もし、聴き手である臨床心理士が、語りの機能障害とその背景にある認知の偏りに気づかないまま語りを聴き、「語りとしての物語」を生成させてしまったならば、それは、その語り手の認知の偏りを助長してしまうことになります。

語り機能の障害とその背景にある認知の偏りに関しては、統合失調症の妄想のように明確な思考障害が見られる場合には、比較的それとしてわかりやすい

と言えます。しかし，境界性パーソナリティ障害のように認知の偏りがそれとしてわかりにくい形で生じている場合には，臨床心理士がその語りを聴き過ぎてしまい，余計な行動の混乱を引き起こしてしまうことがしばしば見られます。この他，さまざまな精神症状はいずれも"語り"の偏りとして表れてくるので，臨床心理士は，常に語り機能の障害を"診る目"を養うことが必要となります。

もし，語りから認知の偏りが見て取れたならば，語りを聴き過ぎないようにし，むしろ語りを抑えるようにコミュニケーションを調整することが必要となります。そのような場合には，「劇としての物語」において適切なコミュニケーション行動を取れるように導く「演技指導」の技能が必要となります。

また，「劇としての物語」の観点から見た場合，語りは，劇で行われている対人関係のコンテクストの一環として生じた行為として理解できます。語り手は，劇のストーリーのコンテクストの中で登場人物としての役割を担わされ，その役割として語らされているといった側面があります。そこで，行動としての語りの調整をするためには，単に語りの機能を診るだけではなく，その語りが生じてきた「劇としての物語」全体の社会的関係のコンテクストを観て，そのパターンを"読む"技能が必要となります。そして，それに基づいて登場人物間のコミュニケーションのシステムに介入し，劇全体の物語を「演出する」技能が必要となります。「劇としての物語」のストーリーが変わってくれば，その中での役割も変わり，語りの変化がもたらされるものです。

なお，「演技指導」によるコミュニケーション調整については認知行動療法が，「演出」によるコミュニケーション調整については家族療法，ブリーフセラピー，コミュニティ心理学が参照モデルとして利用できます。

2 語りを"聴く"技能の実習：ロールプレイ１

ロールプレイ１の目的

ここでは，臨床心理実践のコミュニケーションの基本となる「語りとしての物語」を生成する"聴く"技能の実習として，ロールプレイを解説します。ロールプレイとは，面接場面を設定し，実習生がそれぞれ臨床心理士役とクライエント役として，臨床心理実践の役割演技を行うことです。ロールプレイにおいて実習生は，役割演技とはいえ，日常の会話とは異なる緊張関係の中で専門

的なコミュニケーションを進行させる難しさを体験することになります。ロールプレイの目的は，そのようなコミュニケーション体験を通して臨床心理実践の基本技能としての"聴く"技能の重要性と，技能の上達の必要性を認識することです。

　相手の話を聴くということは，日常で誰でも行っている単純な行為であるようでいて，実際の日常会話では，聞き手が話し手である相手の話を聴かずに，聞き手自身の都合に合わせた聞き方をしていることがほとんどです。それは，日常場面であまりに深く相手の話を聴き過ぎると，聴き手も話し手も扱いきれない情緒的なテーマが出てきてしまって，互いが困ってしまう危険性が高いからです。したがって，日常場面では，当たり障りのない会話をすることが自然であり，またエチケットともなっています。

　しかし，実践活動においては，日常とは異なる専門的なコミュニケーションが求められます。聴き手である臨床心理士役の実習生は，ロールプレイを通して，日常会話とは異なる臨床心理実践の専門的なコミュニケーションとはどのようなものか，そしてそれを進めるための専門的な"聴く"技能とは何かについて，身をもってまなぶことになります。

　また，クライエント役は，自己を語ることが聴き手の聴き方にいかに左右されるものであるかを，語り手として体験することになります。自分の気持ちを正確に聴いてもらえないことで生じる不安感と自己を語ることへの躊躇，あるいは他者に聴いてもらえることによる安心感で気持ちが動かされ，語りが促されることなどの体験を通して，聴くことの重要性を身をもってまなぶことになります。それと同時に語ることの怖さ，安易に語りを引き出されることに対する恐れの感覚も体験し，臨床心理実践の利用者の立場から，適切に"聴く"技能の必要性を自覚することがテーマとなります。

　第1節で示したように"きく"技能には，"聴く"技能と"訊く"技能があり，両者を適切に組み合わせて初めて"きく"ことが可能となります。そこで，本章では，"きく"技能の基本として，まず"聴く"技能の実習を目標とするロールプレイの方法を示します。そして，次章で"聴く"技能と"訊く"技能を組み合わせて，統合的に"きく"技能の実習を目標とするロールプレイの方法を示すことにします。

ロールプレイ1の方法

手続き 実習生がそれぞれ臨床心理士役とクライエント役となり，1対1の臨床心理実践面接を行う。いずれの実習生も最低1回は，両方の役を経験する。役割交代に際しては，別の人を相手として選ぶようにする。面接はICレコーダなどに記録する。設備が整っていれば，ビデオ撮影をしてもよい。レコーダの操作は，臨床心理士役が行う。

場　所 個室となる面接室を使用し，2人だけで行う。

時　間 約20分とする。面接の始めと終わりの時間の管理は，臨床心理士役が行う。

設　定 クライエント役は，役割を取る人自身が実際に気になっている日常的な事柄をテーマとする。ただし，テーマとして選ぶ事柄は，ずっと抱えて苦しんでいた悩みなどの深刻な話題ではなく，日常生活において多少気になっている程度の軽い事柄とする。語ることに特に不安や抵抗のある話題は避けるように注意する。設定としては，その事柄についての自分の気持ちを専門家に聴いてもらうことを目的に来談したとして面接に臨む。

臨床心理士役は，クライエント役の語りを共感的に聴き，クライエント役が自己の気持ちを語るのを援助するような応答を心がける。まず，「どのようなことでしょうか。20分間ありますので，何でも結構ですからお話しください」といった漠然とした表現で面接を開始する。語りやすい雰囲気を整え，クライエント役の語りを聴き，クライエント役の気持ちの動きについて理解した内容を伝え返し，互いの理解を確認しながらコミュニケーションを進める。クライエント役が暗々裏に感じつつも，明確に意識できず，言葉になりにくい気持ちの流れを汲み取り，その気持ちの動きに沿うように受けとめたことを伝え返していく。

技　法 臨床心理士役は，以下の技法を利用して語りを"聴く"作業を行う。

・**雰囲気づくり**：クライエントの語りを尊重することを態度で示す（例：適度な相づち，適切な間を取り，語りを待つこと）。

・**反射**：クライエントの語った発言をクライエントの気持ちの流れに沿うように語り返す（例：「……ですね」）。

・**明確化**：クライエントの語った内容を要約し，語りの要点を明確化する。明

確に語られてはいないが，語ろうと意図されていると理解できる内容を明確化する（例：「お話しされようとしたことは……ということですね」）。
・**純粋性**：クライエントの語りを聴いていて臨床心理士役の側に生じてきた気持ちを聴き手の純粋な感想として伝える（例：「お聴きしていて……私としては……という感じがしました」）。
・**解釈**：クライエントの語った物語の意味についての解釈を伝える（例：「……には……という意味があるように思われます」「……したのは……だからですね」）。

純粋性と解釈は，20分間の面接の中で実習生が適切に使用することは難しいので，安易に使用しないほうがよい。

グループ討議 臨床心理士役がレコーダから逐語録を作成し，それを参照しつつ，レコーダーの音声を聞き直して面接の経過についての見直しをする。ビデオ撮影をした場合には，さらに映像を見ながら検討を行う。ここでの目的は，臨床心理士役の聴き方について検討することである。ただし，単に「臨床心理士」の応答だけを検討するのではなく，臨床心理士役とクライエント役のコミュニケーションが臨床心理士役の聴き方によってどのように変化したのかという両者の関係性に注目することが重要である。両者の具体的な応答に関して臨床心理士役が何を意図し，クライエント役が何を感じていたのかを明らかにすることで，コミュニケーションのダイナミックスが見えてくる。また，役割担当者以外の参加者がコミュニケーションについての意見や感想を自由に話し合う中で，コミュニケーションのさまざまな側面が明らかとなる。

討議のポイント "聴く"技能の基本は，聴いた内容をまとめて返すという，比較的単純な作業である。語られる言語が外国語であれば，それを聞き取ることは困難であることは誰もが予想するが，日本語で語られる場合には，聞いたことをまとめて伝え返すことなどたやすいことであると思いがちである。しかし，ロールプレイをしてみて誰もが感じることは，母国語であっても相手の語ることを共感的に理解し，それを的確に伝え返すことがいかに難しい作業であるかということである。

したがって，ロールプレイのグループ討議でポイントとなるのは，語りを聴くことが困難となる理由を具体的に明らかにすることである。臨床心理士役の実習生は，ロールプレイの体験を通して語りを聴くこと，そしてそれを通して

新たな語りを生成することの難しさを、身をもってまなぶとともに、その難しさの要因を知ることで、"聴く"技能を高めていくヒントを得る。

再試行 グループ討議の検討を経て、自己の対応の偏りや問題点がはっきりしたならば、その点の修正を課題として再度ロールプレイをしてみる。2回目のロールプレイでは、相手となるクライエント役を換え、自己の課題を意識しながら面接を行う。そして、できればその結果を再度グループ討議で検討する。

3　共感的に"聴く"ことの難しさを体験する

"聴く"ことの両面性

既述したように、聴くことは単に相手の語りを受けとめることではありません。受けとめたことを言葉として伝え返していく作業ができて初めて、聴けたことになります。つまり、相手に聴いていることが伝わって初めて、聴くことが成立するわけです。その点で、聴くことは、第一に相手との関係性を前提とする出来事です。

このような相互的な関係の中で成立する"聴く"行為は、語り手の語りを受けとめる側面とそれを伝え返す側面の両面から構成されています。"聴く"行為は、語りを受けとめるという側面では受動的です。しかも、単に知的に理解するのではなく、語り手の意識を超えて無意識の感情をも含めた体験レベルで共感的に受けとめるという点では、情動性が強いという特徴もあります。

しかし、受けとめたことを相手に伝え返すという側面では、語りを知的に理解し、それを言葉として相手に通じるように表現する知性と能動性が求められます。語り手は、自己の未だ言葉にならない体験を含む事柄が聴き手である臨床心理士役から伝え返されることで、刺激を受け、自己の体験過程に気づき始めます。そして、自己の体験過程を探り始め、体験過程に触れ、そこから生成する語りを展開するようになります。それによって語りが深まり、語りの内容が展開していくことになるわけです。

以上のように、一見すると矛盾する"受動性・情動性"と"能動性・知性"の両側面が重なり合って展開するのが、クライエントの語りを聴く過程です。その点で実践活動における聴く作業は、決して自然な日常的行為ではありません。ある意味で不自然な専門的行為ということになります。初学者は、ロール

プレイを通して，このような専門的な行為としての"聴く"作業の難しさを体験し，その技能をまなぶ必要性を自覚することが目標となります。

共感ロールプレイの実際

以下の逐語録において，Tは「臨床心理士（therapist）」役，Cは「クライエント（client）」役を意味します（以下，……は部分省略，［ ］は現況説明，（ ）は相手のあいづち，〈 〉は沈黙）。いずれも大学院で臨床心理学をまなび始めた修士課程1年生であり，本格的なロールプレイは初めての経験です。Tは女性，Cは男性です。

T1：では，今から20分ほどありますので，気になっていることについてお話しください。
C1：大学院に進学して，演習が多くなって，大教室の授業と違って休めず，忙しくなったんですね。いろいろな課題があってリフレッシュする時間が取れなくなって，これでよいのかと思っているんです。好きなお笑い番組を楽しめなくなったんです。自分でバランスが崩れているんじゃないかと心配なんです。でも，同期のメンバーも忙しいと言っていたので，これは，大学院に入った人は誰でも感じることだと思います。まあ，大した悩みではないんですけども［笑］。〈沈黙5秒〉 何とかなると思っているのですけど。
T2：大した悩みではないと思っているんですね。
C2：［申し訳なさそうに］こんな話でよいでしょうか。〈沈黙20秒〉
T3：何でも自由に話してくださって結構です。お笑い番組が好きなんですね。
C3：以前はテレビを見ていたらずっと見ていることができたのに，今はできなくなったという感じです。次の演習で提出の課題があったりすると，好きなお笑い番組を見ていても集中できないんです。僕の好きなお笑い番組は……［と好きな番組の解説を話し続ける］……。その後に寝てしまって結局課題はできなかった。それですごく後悔して自分が嫌になるんです。それで，気晴らしがほしくなってテレビを見てしまうんですね。昨晩などは，僕の好きな漫才コンビの番組があってつい見てしまって。実は僕は，漫才が好きでよく見るんです。漫才の面白いところは……［漫才についての意見を話し続ける］。
T4：すいません。私のほうで，Sさんのお話のポイントが見えなくなってしまいました。すいませんが，確認をさせてください。大学院に入って演習が多くなり，好きなテレビを楽しむ余裕がないほど忙しくなられて，自分のバランスが崩れるのでは

ないかと心配しておられる。でも、その一方で、それは誰でも感じることで大した悩みではないだろうとも思っている。そんな感じでしょうかね。
C4：そうそう。そうなんです。やはり心配ですね。焦りを感じます。最初は、大学院というのは、学部と違ってやることが一杯あるなと思ったんですね。でも、だんだんと、自分は演習のペースについていけないのではないかと思い始めたんです。他大学から進学してきた同期を見ていると、自分よりも演習形式の授業に慣れているように思えるし、自分はやっていけるのかと自信をなくすこともあるんです。読んでくる本が多いし、授業では自分の意見を言わなければいけないのがつらいんです。
T5：演習形式の発表に慣れていないのですね。それで発表するのが苦手なわけですね。
C5：学部では大教室の授業ばかりでしたからね。慣れれば大丈夫なのでしょうか。
T6：学部とは異なる大学院に進学したということと、大学院の演習中心の授業に慣れないので、生活のリズムができていないということですね。焦る必要はないと思いますが。
C6：単に慣れていないだけなのでしょうか。〈沈黙15秒〉同期で同じように他大学から来たメンバーでも余裕をもってやっている人もいるんですが、自分だけ遅れているように感じます。〈沈黙10秒〉すごく焦りがあるんですね。
T7：焦りですか。新学期は誰でもそのように感じると思います。
C7：正直自信を失っているところがあります。こんな自分で、これから大学院でやっていけるのかと思います。もしかしたら、自分はこの学問に適していないのかとも思います。
T8：大学院に入ったのは、勉強に興味があったからですよね。そこまで考えておられたのですか。考え過ぎではないでしょうか。
C8：このようなことを真剣に考えている自分が恥ずかしくなりますね。〈19秒沈黙〉うーん、最近専門の本を読んでいても（はい）寝ちゃうんですね（笑）……だから正直言って、大学院に入ってやっていけるのかなって心配な気持ちがあるんですよ。
T9：でも、やっぱりリフレッシュして時間を有効に使いたいっていう気持ちはあるんですよね。
C9：有効に使いたいんですけどもね。でも、半分冗談ですが、自分って本当に大学院に来てよかったのかなと思ったりして［笑］、こんなでやっていけるのかなって。
T10：でも、全く専門の本が読めないんではなくて、本は読めているんですよね。
C10：読めないことはないんですけどもね。そうそう、まあ、うん、まあ暇なときに漫画とか読んだことありますけど（はい）、その時は結構集中できたから（笑）……。まあ、あんまり深刻に考えないほうがいいんでしょうかね……。
　　　［この後漫画の話になっていく］

解説と改善のポイント

① クライエントが安心して語る場の雰囲気を整える

クライエント役だけでなく臨床心理士役も，このような面接場面では緊張するものです。クライエント役にとって，自己の内面と関連する"気になっていること"を語るという設定自体がそもそも日常生活で行うことはほとんどない作業であるために，語ることへの抵抗や自己防衛が起きてきます。また，臨床心理士役も，親しい人ではない他者の内面的，個人的な事柄を聴くことは日常的に行わないので，慣れずに緊張するのが普通です。

そのような抵抗や緊張から，不自然な"笑い"や"沈黙"が生じます（C1）。それに対して臨床心理士役は，クライエント役が安心して語ることができるように場の雰囲気を整えるリーダーシップを取る必要があります。クライエント役に気を合わせ，適度なうなずきをするなどして，クライエント役が受け入れられているという安心感をもてる態度を示すことが必要となります。そのような対応をしないと，クライエント役はますます緊張し，さらに沈黙が長くなります（C2）。

② 受動的聞き方から理解したことを伝え返す積極的聴き方へ

臨床心理士役は，C3でクライエント役の話を長い間，うなずき以外の反応を返さずに聞いているだけでした。この間クライエント役は，自分の話が理解されているのかがわからないために不安になり，次第に同じ内容を繰り返して話す，さらに自分を否定する内容になってきました。

このような臨床心理士役の受動的な聞き方は，単にクライエント役が新たな語りを生み出す助けにならないだけではありません。クライエント役は，黙っているのは臨床心理士役が自分の考えていることを正しいと認めているからだと誤解し，自己の偏った思考パターン（つまりプロット）を確信してしまう危険性もあります。

先のロールプレイでクライエント役は，TV番組を見て寝てしまい課題ができなかった自分を「情けない，大学院生として適していない」と内心考えています。そこで，臨床心理士役が黙って聞いていることでクライエント役は，「やはり，自分は大学院生として失格なんだ」という自己の内心の筋書きを確信してしまう危険性も出てくるわけです。

臨床心理士役としては，相手の語りを尊重するために黙って受動的に聞いていたとしても，相手であるクライエント役には，その沈黙がそのような意味として伝わっていないかもしれないのです。その点で臨床心理士役は，常に相手との関係の中で自己の行動の意味を考えなければなりません。そこで，臨床心理士役は，T4でしたように，クライエント役の話をさえぎってでもよいから，クライエント役の語りを聴いて理解できたことをその都度積極的に伝え返し，その意味を相手との関係の中で確認しつつ先に進むことが必要となります。

③ 語りを生成する"語る―聴く"関係を形成する

臨床心理士役がクライエント役に気を合わせ，語りを共感的に聴くことができずにいると，緊張しているクライエント役は，沈黙しがちになったり (C2)，逆に不安に駆られて多くのことを語り続けたりします (C3)。しかもT2では，C1で語られた心配事は取り上げずに（無視して），最後に付け足しのように述べた「大した悩みではない」という自己否定的な文言だけを伝え返しています。それを受けてクライエント役は，自己の語りを否定されたと感じ，申し訳なさそうに「こんな話でよいでしょうか」と自信を失っています (C2)。

初学者の場合，クライエント役の語った全体を見ずに最後の部分のみに反応し，結果としてクライエント役の語りを否定してしまうことがしばしば起こります。クライエントは，一方で不安を表出し，他方でそれを否定するといった矛盾した内容を，一つの語りの中で語ることがあります。そのため，臨床心理士は，クライエントの語りの全体をとらえ，ポイントを外さないようにする努力が必要となります。しかし，それは実際には難しいので，T4で行ったように，クライエントの語りを止めて，互いの理解を確かめ合いながら語りを発展させる"語る―聴く"関係を形成する必要があります。

このような関係は，日常生活にはない専門的な役割関係です。日常生活では見られないという点では不自然な関係でもあります。両者は，"語る―聴く"という関係を通してクライエント役割と臨床心理士役割を担い，協働して問題解決に取り組み協働関係を形成していくことになります。このような関係を形成するために，臨床心理士役は，専門的技術を身につける必要があるのです。

④ 生々しさをさける態度から体験過程を共有する聴き方へ

臨床心理士役は，T4になってようやくクライエント役に語りを聴けていな

いことを正直に伝え，クライエント役の語りを要約し，明確化して返すことができました。すると，クライエント役は，C4で「焦り」や「自信喪失」といった気持ちを新たに語るようになりました。このような変化は，臨床心理士役の"聴く"技能によって新たな語りが生成された結果であると言えます。

　新たな語りが生成されるようになるにしたがって，語り手の体験過程に深くかかわる情緒的な事柄が語られるようになります。焦りや自信喪失以外にも，不安，怒り，淋しさ，空しさ，愛着などといった生々しい心情を含む事柄が語られ，その心情が聴き手に伝わってくるようになります。たとえば，C7で「自分はこの学問に適していないのかとも思います」といった不安な心情が語られるようになりました。

　そのような生々しい語りを受けた場合，臨床心理士役自身の体験過程が刺激され，語られたクライエント役の心情を臨床心理士役が自分のこととして感じるという事態が生じてきます。クライエント役の語りを他人事として突き放して対象化できなくなるわけです。このような事態が生じることが，日常会話における雑談とは異なる臨床的面接法の特徴ということになります。

　ここで，臨床心理士役は，語られたクライエント役の心情を自身の体験として受けとめることが必要となります。しかし，初学者である臨床心理士役は，そのような体験に戸惑い，生々しさをさけようとしがちです。むしろ，不安などのような否定的な心情に対しては，かえって臨床心理士役のほうが，それに直面するのをさけようとする反応をすることがあります。

　たとえば，先のロールプレイでは，T8「大学院に入ったのは，勉強に興味があったからですよね」「考え過ぎではないでしょうか」やT9「時間を有効に使いたいっていう気持ちはあるんですよね」のように，臨床心理士役が話題をむりやり肯定的な方向に変えようとしたり，T10「本は読めているんですよね」のように，根拠のない励ましをしたりして，クライエント役の生々しい体験過程に共感することをさける反応をしています。

　その結果，クライエント役は，自分の生々しい感情を語るのをあきらめ，C8「このようなことを真剣に考えている自分が恥ずかしくなりますね」と，さらに自己否定を強めてしまっています。そして，C10「まあ，あんまり深刻に考えないほうがいいんでしょうかね」と言って，当初話そうとしていたテー

マを話題にするのを早々に切り上げて,臨床心理士役が安心できそうな漫画の話を始めました。

このように,語りを共感的に聴くということは,単に相手の話した内容を知的に理解し,それを伝え返すというだけでは成立しないのです。相手の語りを聴くためには,そこに聴き手自身の気持ち(主観)が介在してくることになります。先のロールプレイでは,同じ境遇にある大学院生同士であったので,クライエント役だけでなく,臨床心理士役も同様に大学院生活を始める不安をもっており,クライエント役の語る不安に臨床心理士役が敏感に反応したということがありました。しかし,語り手と聴き手が同じような境遇になくても,共感的に聴く作業において聴き手の気持ちが介在してくる現象は,さまざまな感情をもちつつ日々暮らしている同じ人間として,必ず生じてくることです。

したがって,共感的に聴くためには,聞き手に,語り手の語りを自己の体験過程として受けとめた上で,そこで生じる自己の感情に巻き込まれずに,相手の体験過程を類推し,それを伝え返していく技能が必要となります。なお,クライエント役の語りによって生じる臨床心理士役の側の生々しい感情体験は,純粋性(genuineness)や逆転移(countertransferance)の原型となるものです。

4 語りを深めることの難しさを体験する

"聴く"技能に"読む"技能を加える

ある程度"聴く"技能の学習が進むと,臨床心理士役は早い時期に適切な共感的理解を伝え返すことができるようになってきます。その結果,クライエント役の側の体験過程への気づきが進み,語りが深まり,さまざまな内容が語られるようになります。そのような場合,臨床心理士役が単にクライエント役の語りについていくだけでは,両者のコミュニケーションは,多様な「語りとしての物語」のプロットの中で進む方向を見失い,混乱してしまう危険性が出てきます。そこで重要となるのが,臨床心理士役の物語を"読む"技能です。

小説を面白く読むためには,単にプロットを追うだけでは十分ではありません。探偵小説では特にそうですが,小説として記述されたプロットからその背後にあるストーリーを積極的に読み取るという能動的な認知過程が介在することが必要となります。それと同様に,クライエント役の「語りとしての物語」

を真に理解するために，臨床心理士役はクライエント役が語るプロットを追うだけでなく，そこで語られた問題のストーリーを積極的に読み取り，コミュニケーションの方向性を見立てていくことが必要となります。

このように，クライエント役が語る物語（つまり「語りとしての物語」）についての適切な見立てをもつために，臨床心理士役には，まず物語についての"読み"を仮説として立て，その読みを検討，確認，修正することで洗練させていく"読む"技能が重要となります。「語りとしての物語」を適切に読むことができて初めて，真の意味で語りを"聴く"ことが可能となります。

共感ロールプレイの実際

以下の逐語録において，T（臨床心理士役），C（クライエント役）は，いずれも大学院で臨床心理学をまなび始めた修士課程1年生の女性である。ただし，Tは，すでにロールプレイの経験があり，今回で2回目となる。

T1：今から20分ほど，何か気になっていることがあればお話しください。
C1：悩みというほどではないんですけど，最近趣味ってなんだろうと思ったことがあったんですね。友人のブログやツイッターを見たりしていると，土日とか連休とかにいろいろなことで遊んでいるんですね。食べ歩きが趣味の知り合いは，ブログに旅先での食事の写真を並べて批評したりしているんですね。私は，そんなの趣味じゃないよとバカにしながらも，私なんか，趣味といえるのは靴磨きくらいで，あとは休みのとき友だちとしゃべるくらいしかしてないよなと思ったりしたんですね。そうしたら，食べ歩きしている人がすごくうらやましくなって……なんか，すごくいいなーっていうか［笑］。
T2：なるほど。Yさんとしては，お知り合いの食べ歩きの趣味をバカにしながらも，一方で自分には趣味がないと思って，その方のことをうらやましく思ったりするんですね。
C2：［うなずきながら］そうなんですよ。正直，楽しそうだな，うらやましいな〜と感じたんですね。そうしたら，次に自分は何もしてないな〜と思ったんですよ。自分って趣味があるんだろうか。何か楽しんでいるんだろうか。人のことバカにしているだけじゃないかと思ったりするんですね。
T3：靴磨きは趣味じゃないんですか。
C3：小さい頃から親に「他人は足元を見る」と言われて育ったんで，靴を磨くのが好

きなんですよ。でも、義務的な感じもしているんです。自分って、人生を楽しんでいるのかなと思ってしまうんですね。

T4：靴磨きに比較して食べ歩きのほうが趣味らしいと感じるんですね。

C4：比較の問題ではないんです。自分の生活や人生を楽しめているかなということなんです。

T5：すいません。私の理解が表面的になっていたのに気づきました。自分には趣味があるのかなという疑問は、自分が生活を楽しむような人生を送っているのかという気持ちとかかわっているんですね。

C5：今、ここで話をしていてそんなことを思ったんですね。靴を買ったり、磨いたりするのは嫌いじゃないし、ピカピカの靴を履いて外出するのは楽しいと言えば楽しいんですけども〈沈黙10秒〉食べ歩きよりも品のよい趣味だと思っていたんですけども……でも、自分が無邪気ではないなと思ったり……何か嬉しそうに食べたものの写真をブログに載せているのがうらやましいんですよね。

T6：一方で、買った靴を磨いて外出するのは嫌いじゃないし、食べ歩きの趣味よりも品がよいとも思う。でも、他方では、何かうらやましいという気がするんですね。自分が無邪気じゃないという感じもする。

C6：そうそう。そんな感じです〈沈黙13秒〉自分でも認めるのは気持ちがよいものではないんですが、自分ひとりで見栄を張っているような感じもあるんですね。ピカピカに磨いた靴をほめてくれる人なんて誰もいませんし［自嘲的な笑い］。

T7：見栄を張っている感じですか。しかも、そういう見栄を張る自分のことはあまり好きではない。

C7：そうですね。見栄張っているだけで、心から楽しいという感じがしないなと、話していて思ったりしました。それは、ピカピカの靴に気づいてほめてくれる人がいないからかもしれませんね［笑］。ちょっと虚しい感じもするんですね。あと、自分は、友達と考え方や価値観が違うという気もしています。私の家族は、とても礼儀とか身だしなみを重視するんですね。自分の食べ物を多くの人に見せるなんてみっともない、恥ずかしいことだと思ってしまうんです。

T8：注目されなくて虚しい感じもするんですね。それは、家族の文化や価値観と関連する、育ち方のテーマにつながっていますね。礼儀とか身だしなみを大切にする価値観からすると、食べ物をブログに出すことは品がないとも感じるわけですね。

C8：虚しいという感じがするんです。なんだか話が広がってきて、自分でもまとまらなくなってきました。自分の育ち方と関係あるのかな。でも、身だしなみを大切にするというのは、大切なことだと思うんですよ。

T9：お話を伺っていて、Yさんはご自身のご家族の価値観を大切に思っておられると

感じました。とても，古風な印象です。ただ，それは，周囲の人たちの価値観と異なっている。Yさんの中には，家族の価値観からもう少し自由になりたいお気持ちがあるのかなと思ったりもしました。だから，価値観に縛られている状態を虚しく感じたりするのかもしれないと考えたのですが，どうでしょうか。

C9：古風ですか。そう言われると嬉しいですね。伝統というのは大切であると思っていますからね。でも，一方で，家族の価値観を古臭いと，反発していた時期があったことも思い出しました。家族の価値観とどう向き合っていくのかは，自分のテーマですね。そんな気がしてきました。

解説と改善のポイント

① 一面的な聞き方の問題⇒矛盾を含む全体を理解する

初学者の場合，クライエントの話が長くなると最後の言葉だけに反応しがちです（第3節のロールプレイT2参照）。ここで注意しなければならないのは，クライエントの訴えは，一般的に矛盾する内容を含んでいるものであるということです。「一方では……なんだけど，でも他方では……である」という矛盾や葛藤があるからこそ，苦しくなるのです。特に臨床心理士の聴く能力がついてくると，クライエントからはいろいろなテーマや感情を含んだ語りが表明されるようになります。しかも，それらのテーマや感情の多くは，互いに矛盾する内容となっています。

このケースでも，一方で知人の食べ歩き趣味をバカにしていながら，他方では自分には趣味がないと考え，うらやましく思ったりしています。人が，悩むのは，そのような矛盾した考えや感情を抱えて葛藤状態になっている場合です。したがって，クライエントの語りを深めていくためには，互いに矛盾する考えや感情の両方を受け止め，共感し，それを伝え返していくことが重要となります（T6）。単に語られた内容を追っていくだけでなく，語られた内容を全体として見直して，矛盾した内容が語られていることを読み取る技能が必要となります。つまり，語りの全体を少し離れた視点から見直して，どのようなテーマがどのように組み合わさって語りが構成されているのかを推察する能力が必要となります。T8ではそのような返しをしたので，C8でクライエント役の気づき（認識）が広がりました。

② 語りの深まりに伴う物語の展開を読み，テーマを読み取る

　臨床心理士としての訓練を積むと，クライエントの語りの全体を把握して，そこに含まれるさまざまな要素を含んだ明確化ができるようになります。葛藤を受けとめ，その全体を伝え返すと，クライエントは自分の苦しい感情を理解してもらえたと感じ，次のテーマに語りが進展します（C2）。これは，語りが深まったということです。ただし，臨床心理士にとっては話題が急に変化してしまい，話の展開についていけないことも生じます。このロールプレイでは，その変化についていけず，臨床心理士役はT3で確認の質問をしています。このように，語りが深まる場合には，フォーカシングでいうシフトが起きることがあります。語る─聴くという経験によって，臨床心理士の目の前でクライエントの体験過程が深まるという急展開が起きるわけです（C5，C6）。そのような場合は，クライエントは自分の体験過程に沈潜するために，比較的長い沈黙をすることがあります。臨床心理士は，その沈黙を受けとめ，新たな動きが起こるのを待つ必要があります。そのような語りの展開（シフト）に臨床心理士役がついていけずに，T3とT4では，比較的表面的な対応になっていました。

　また，語りの展開が起きると，語りが感情面で深まるだけでなく，語りのモチーフの広がりも生じます。新たなモチーフに関連する多様な話題が，当初は一見つながりがないまま語られるようになります。このロールプレイでは，「見栄を張っている」「ほめてほしい」「虚しい」といった事柄が話題として語られます。そこで，臨床心理士には，それらのさまざまなテーマに共通するテーマを探っていく技能が必要となります。それは，語りのプロットを読み取っていく技能です。さまざまな話題を見直し，全体の文脈（コンテクスト）を読み，それらの話題が出てくる背景を見通していく技能ということになります。

　このケースでは，新たな話題の背景には，家族の文化や価値観と関連する，自己の育ち方をどのようにとらえるのかというモチーフが読み取れました。さらに，それは，家族からの自立といった，青年期のテーマが関連していることも推測されました。

③ 〈読み〉を仮説として生成し，その妥当性を確かめる

　臨床心理士役は，ロールプレイは今回が2回目なので，"聴く"技能の学習が進んでいました。そのため，T2に見られるように早い時期に適切な共感的

理解を伝え返すことができています。また，T3〜T5で，共感的理解を伝え返しつつ質問をして，事例の物語についての読みを得るための情報を集めています。さらに，取りあえず立てた"読み"を仮説としてT6やT7で提示し，それに対するクライエント役の反応を見ることで読みの適切さをチェックしています。C6やC7でクライエント役の語りが新たな内容に具体的に展開していることから，"読み"がズレていないことが確認できたと言えます。

このように語りを聴く作業は，語られた物語のテーマを読み取っていく積極的な"読み"ができて初めて可能になります。まず，語られた物語を読むために必要な情報を訊き，それらを統合して物語についての"読み"を構成します。特にさまざまな話題が展開してきた場合には，それらの話題に共通する語りのテーマを読み取り，語りとしての物語のプロットのモチーフに関する"読み"を仮説として生成していくことが必要となります。そして，その"読み"を相手に伝え，その"読み"の適切さを確認することで物語のテーマを焦点づけていきます。

"読み"を仮説として構成し，それを語り手に提示し，その適切さを検討，修正していく過程は，循環的な仮説生成─検証過程になっています。ここでは，T8で「それは，家族の文化や価値観と関連する，育ち方のテーマにつながっていますね」という形で，臨床心理士役は"読み"を伝えています。それに対してC9でクライエント役は，「家族の価値観とどう向き合っていくのかは，自分のテーマですね」と，"読み"（仮説）の妥当性を肯定しています。

臨床心理士は，まず素朴な"読み"を仮説として立て，それをクライエントとの相互的なかかわりの中で検証，修正し，より確かな"読み"，そして見立てに練り上げていくことになります。このような過程は，データに基づく推論という意味でれっきとした心理学の実証的過程と言えます。ロールプレイにおいて，そのような循環的な仮説生成─検証過程を遂行する技能が特に必要となっているわけです。

④ **純粋性や解釈を伝えて，テーマを深めていく**

前節のロールプレイでは，臨床心理士役はクライエント役の語りから伝わってきた生々しい心情を含む体験を取り上げるのを回避していました。しかし，このロールプレイで臨床心理士役は，自らが感じた生々しい体験を積極的に取

り上げています。臨床心理士役は，クライエント役の語りを聴いていて自らが感じた印象を，語られた物語を読むためにのデータとして利用しています。

T5で臨床心理士役は，自らの感想を率直にクライエント役に伝えています（純粋性）。クライエント役は，そのような臨床心理士役の感想を自分の語りに対する的確な反応として理解し，C6で語りをさらに展開させています。さらに，臨床心理士役は，T9で自分の推測的な感想を"読み"としてクライエント役に伝え，C9において物語のテーマが明確化されるきっかけをつくっています（解釈）。

このように実践過程にあっては，クライエントの語りを聴いて臨床心理士が感じたり（純粋性），考えたり（解釈）したことも，事例の物語についての"読み"である仮説を生成し，修正するためのデータとなります。もちろん純粋性や解釈といった対応は影響力が強いだけに，適切に行わない場合は，臨床心理士の主観性を勝手に相手に押しつけてしまうことになります。そうならないために，臨床心理士は，クライエントとの間で繰り返し"読み"（仮説）の適切さを確かめなければなりません。その"読み"の適切さがある程度確信できた時に，臨床心理士としての率直な感想や解釈を伝えることが可能となります。

5 発展に向けて

クライエントの語りを共感的に聴くということは，語り手であるクライエントの情緒的世界に入っていくということです。相手の世界に入っていくと，相手の全体が見えなくなります。しかも，情緒的世界は，単純に筋の通らない混沌とした世界です。したがって，語りを共感的に聴くということは，同時に相手の情緒的世界に巻き込まれていくことでもあります（Havens, 1986）。当然のことながら，臨床心理士は，相手の情緒的世界を経験することで，さまざまな情緒的な反応を自らの感情として体験することになります。

そこで，その自らの体験過程をコントロールし，それを利用してクライエントを理解できることが，心理専門職として臨床心理士に求められる"聴く"技能となります。単にクライエントの語りを受動的に聴いていたのでは，クライエントの語りに巻き込まれていく可能性が高くなります。クライエントの語る物語を適切に聴くためには，自らの体験過程をも一つのデータとして事例の物

語を読み込み，その読みをさまざまな形でクライエントに伝えていく，能動的な"読む"技能が必要となります。本章のロールプレイでは，このような能動的な読みに裏づけられる"聴く"技能をまなぶことが目的となっていました。

相手の語りを聴くということは，相手の世界にかかわることで生じてくる自己自身の体験を理解しつつ相手の物語を読み込んでいく作業ということになります。その点で，相手の世界を理解するためには，自己理解ができていることが前提となるわけです。

"聴く"技能があって初めて臨床心理士とクライエントの間に"語る—聴く"という信頼関係を構成することが可能となります。臨床心理士は，クライエントの語りを聴くことを通してクライエントの世界を発見し，クライエントとの間で人間的つながりを形成する糸口を得ることができます。その点で，"聴く"技能は，臨床心理士とクライエントの協働作業である実践活動の基礎を築く技能ということになります。多くの臨床心理学関連の書籍において，実践活動の基本技能として"聴く"ことの重要性が強調されているのは，このような理由からです。

〈引用文献〉

土居健郎（1992）．新訂 方法としての面接　医学書院

Havens, L. (1986). *Making contact: Uses of language in Psychotherapy.* Harvard University Press.（下山晴彦（訳）（2001）．心理療法におけることばの使い方　誠信書房）

第9章 ●● 問題を見定める技能

1 査定的コミュニケーション

　第8章のロールプレイ1では，クライエント役が日常生活で実際に気になっている体験を語り，臨床心理士役は，その体験過程を共感的に聴くことが目指されていました。そこでは，聴くことがいかに語りを生成する上で重要かを経験することが目的だったわけです。

　しかし，実際の臨床場面では，日常の体験を聴くことを目的とすることはありません。混乱した出来事や事態が語られることがほとんどです。そこでは社会的な出来事と心理的な出来事が錯綜し，混乱した事態となっています。また，時間経過の中で複雑に出来事が絡み合って問題の事態が形成されています。そのような場合，聴くことを試みても，当事者が事態をストーリーとして語れないことが生じます。語り手の主観に影響を受けて歪んだ，あるいは偏ったプロットが語られることも生じます。そのような場合，臨床心理士は，「劇としての物語」において時間的経過に沿って生じた事実を確認していかないと，一貫したストーリーとして語りを理解できないことになります。

　したがって，実際の事例の語りを聴くためには，同時に事実を訊くこと，つまり適切な質問をすることで，「語りとしての物語」だけでなく，その背景で生じている「劇としての物語」のストーリーを明らかにし，事例の物語の全体を読み込んでいく作業が必要となります。本章では，「語りとしての物語」を聴くことに加えて，この「劇としての物語」のストーリーを訊き，そこで起きている出来事を事実として確認していく技能の実習をテーマとします。

　「劇としての物語」については，単にそこで生じている出来事のストーリーを訊くだけでは十分ではありません。「劇としての物語」の登場人物の1人である事例の当事者や関係者のコミュニケーションの機能やその構造を明確にしていくことも必要となります。つまり，事例の当事者（関係者）が「劇として

の物語」の中でどのようなコミュニケーションをしているかを把握し，そのコミュニケーションの在り方に介入し，事例の物語の変化を援助していくことも臨床心理実践のコミュニケーションの技能として重要となります。

そこでまず第1に必要となるのが，コミュニケーションの機能，特にその障害を"診る"技能です。また，「劇としての物語」ではさまざまな登場人物たちのコミュニケーションが重なり合って，問題となる対人関係のパターンが構成されています。したがって，そのようなパターンを把握するためには，そこで生じている対人関係のパターンを"観る"技能も必要となります。本章では，このような"診る"技能と"観る"技能の実習についても合わせて検討します。

2 "聴く"技能と"訊く"技能を統合する実習：ロールプレイ2

ロールプレイ2の目的

第8章のロールプレイ1でまなんだ"聴く"技能は，共感的理解という点では相手の世界に接近することが目指されていました。それに対して"訊く"技能では相手の語りを対象化し，相手との距離を取って客観的な事実を確認していくことが目指されています。このように"聴くこと"と"訊くこと"では，共感と対象化，近接と距離といった異なる性質があります。そこで，ロールプレイ2では，適切に"訊く"技能をまなぶとともに，それを"聴く"技能に統合していくことを実習の目的とします。

ロールプレイ2では，このような実習の目的を考慮して，訊くことが中心的技能となる初回面接場面を想定した役割演技とします。架空の心理的問題をもつクライエント役が臨床心理士役のいる相談機関を訪れた，という初回面接の場面設定においてロールプレイを行います。

ロールプレイ2の方法

手続き・場所・時間 ロールプレイ1と同じ。

設　定 クライエント役は，たとえば，不登校，無気力，抑うつ，強迫症状，イライラ，対人関係トラブルといった具体的問題を想定し，ストーリーをつくった上で面接に臨む。想定する問題については，クライエント役が日頃から関心をもち，その心理的特徴や行動パターン，あるいは症状を把握できているも

9 問題を見定める技能

のにする。また，悪夢や幻聴といった特別の対応を必要とするような問題設定は避ける。クライエント役は，自分が想定している問題を事前に臨床心理士役に知らせることはせず，臨床心理士役の対応を見て，話題を展開する。

臨床心理士役は，第8章のロールプレイ1で実習した，クライエントの語りを共感的に聴くことを基本にしながらも，適切な質問をすることでクライエント役が問題を語るのを援助することがテーマとなる。まず，「どのようなことで来談されたのでしょうか。20分間ありますので，お困りの問題をお話しください」といった表現で面接を開始する。クライエント役の語りを聴きつつ，不明な点について訊くことで問題についての情報を集め，事例のストーリーを明らかにするように心がける。"聴く"技能と"訊く"技能を組み合わせることでクライエント役の語りを促し，問題のストーリーについての読みを深めていく。そして，機会があれば，その問題のストーリーについての読みを解釈としてクライエント役に伝え，その妥当性を確認しつつ，面接を進める。

技　法　臨床心理士役は，以下の技法を利用して語りを統合的に"きく"作業を行う。

・**雰囲気づくり**，**反射**，**明確化**，**純粋性**は，クライエントの語りを聴くための基礎として必要である。しかし，ロールプレイ1よりも頻度を少なくし，要点のみで用いるようにする。その代わりに語られた内容から，クライエント役が問題と考えていることは具体的にどのような事柄なのかを明らかにしていく。問題を具体的に理解していくためには，問題が生じている状況（対人関係，社会的環境など），問題を構成している要素や出来事，そしてそれがどのようにして起きているのか，つまりクライエントがその問題のプロセスをどのように認知し，経験しているのかについて**質問する**技能が重要になる。ここでは，クライエントの語りを聴くことが目的ではなく，問題として，実際にどのような出来事が起きているのかを明らかにしていくことが目的となる。つまり，「語りとしての物語」ではなく，「劇としての物語」のストーリーを明らかにしていくことが重要となる。

適切な質問をすることを通して事例の状況を具体的に明確化し，事例の物語のストーリーを確認していく。それが，"訊く"技能である。その結果，得られた事例の物語のストーリーに基づいて，事例の読みを深めていくことが可能

となる。さらに，訊くことを通して事例のストーリーを確定していくとクライエントの語りのプロットとズレている点も見えてくる。そのようなズレが事例の物語を全体として理解する際の重要なポイントとなる。

・**質問（"訊く"こと）**は，問題についてのストーリーを全体として一貫性のあるものとして理解し，事例の物語についての読みを形成するために必要な情報を得る技能である。「……ということはわかったのですが，……の点についてもう少し詳しくお話しください」というように，質問するコンテクストをクライエントも共有できるような質問の仕方をする。つまり，情報を一方的に聴取する（訊き出す）のではなく，クライエントと臨床心理士が協働して問題のストーリーを読み解いていく態度が重要となる。さらに，何らかの読みが形成されたなら「……には，……という意味があるように思われますが，いかがでしょうか」「……したのは……だからなんですね」といった**解釈**を伝え，その妥当性を互いに確認しながら面接を進めるようにする。

3　適切に"訊く"ことの難しさを体験する

"読む"技能と"訊く"技能を組み合わせる

　語りを共感的に聴くためには，語られる物語の筋が読めていることが前提となります。単に字面を追っているだけでストーリーを読むことをしなければ，小説を楽しむことはできません。それと同じように，ただ単にクライエントが話すことを何も考えずに聞いているだけでは，クライエントの語りを理解することができません。ましてや，何らかの心理障害や対人関係のトラブルがそこに関与している事例などでは，そのストーリーは複雑怪奇で非常にわかりにくくなっています。事実は小説より奇なりです。語りを共感的に聴こうとしても，その物語を理解できないのでは何も始まりません。

　事例の物語は，複雑なストーリーによって構成されています。それは臨床心理士には，「なぜこうなるの？」「なぜこういうことが起きてくるの？」「なぜそのように考え，感じるのだろう？」という疑問としてまず感じられます。そのような"わからない"感じ，"ストーリーが読めない"感じを手がかりとして，そのストーリーを読み解いていく作業が，事例の物語を読むことになります（土居，1992）。

そのためには，そのわからないことを"訊く"技能が必要となります。ただし，それは，単に臨床心理士が事例の問題を突きとめるために必要な情報を一方的に聴取するということではありません。クライエントの語りや事例の物語を共感的に理解するために訊くのであって，そこでは"訊くこと"と"聴くこと"の統合が重要となります。したがって，ここでの"訊く"技能は，単なる診断面接や人事面接のような調査面接における質問技法とは異なり，あくまでも臨床面接の技法として位置づけられることが重要となります。

そこで，ロールプレイ2では，最も"訊く"技能が試される初回面接を想定し，"聴く"技能と"訊く"技能を統合してクライエントの語りを"きく"技能の習得を目標とします。

摂食障害事例のアセスメント面接ロールプレイの実際

臨床心理士役は男性，クライエント役は女性で，いずれも大学院で臨床心理学をまなび始めた修士課程1年生である。ロールプレイ1を経験した後の初めての「アセスメント面接ロールプレイ」である。

T1：これから20分ありますので，困っていることをお話しください。
C1：なんか，食べ物を食べ始めると止まらないことがあるんです。自分でもわからないんですけど，無性に食べたくなって冷蔵庫の中にあるものを食べ始めると止まらないんです。自分でもおかしいと思うんですね。
T2：どのくらいひどく食べてしまうんですか。
C2：自分でやめようとしているのですが，やめられなくてほぼ毎日しています。自分でも食べ過ぎるなんてとても恥ずかしいことだと思っています。幸い，体重は，それほど増えていません。
T3：食べ物を吐いているということはないですか。
C3：そのことを話さなければいけませんか。
T4：診断は摂食障害です。それで，どのくらい深刻なのか詳しく調べたいので，お話しください。
C4：吐くことはないとは言えませんが，でもたいしたことはありません。それに吐いている自分を考えると自己嫌悪に陥ります。それよりも，どうしたら食べ過ぎるのをやめることができるのか教えてほしいんです。私は，今高校3年で受験生なんで

す。食べることが気になって勉強が進まないんです。
T5：受験勉強がストレスになって食べてしまうのではないですか。
C5：それはあるかもしれません。〈沈黙10秒〉でも，食べ過ぎることのほうがストレスになっているのかもしれません。食べ過ぎることが気になって勉強ができないんです。食べると少しすっきりするような気がしますが，その後，自分がとても嫌になるんです。動物みたいに食欲だけあって，理性で自分をコントロールできないわけですからね。
T6：家族関係はどうなっているのですか。
C6：父親は仕事が忙しいですね。母親は，受験勉強のことをとても心配しています。でも，それがストレスというわけでもないですね。〈沈黙13秒〉
T7：お母さんに過食のことを相談していますか。
C7：食べ過ぎていることは誰にも話をしていません。体重もすごく増えたわけではないので，誰も何も言わないですね［自嘲的な笑い］。
T8：相談をしないというのは，お母さんのことを信頼していないということでしょうか。
C8：母親は心配性なので，このことを話して心配させたくないだけです。ところで，母親とのことが今の食べ過ぎとどのようにかかわっているのでしょうか。小さい頃から母親との関係は特に変化していません。仲良くやっています。むしろ，私のことをとても心配してくれています。私のことを信頼してくれているので，勉強しろとは言いません。だから，母親との関係は，たくさん食べ過ぎることと関係ないように思うのですが。
T9：母子関係は，人格形成にとても大事です。過食をしてしまうと考えると，幼児期のお母さんとの関係をきちっと見ていかなければいけませんね。

解説と改善のポイント

① 問題に取り組む協働関係をつくる

　ロールプレイ2では，"聴く"技能を実習したロールプレイ1の発展として，"聴く"ことと"訊く"ことを統合した"きく"技能をまなぶことが実習の具体的目標となります。ここで重要となるのは，クライエントの語りのプロットに沿いつつ事例の物語のストーリーを確認していくことです。つまり，臨床心理士は，自分が必要な情報を一方的に聴取するのではなく，語りを共感的に聴くことでクライエントの語りを尊重しながら，その流れに沿って物語のストー

リーを訊く必要があります。

したがって，しっかりと共感的に語りを聴いた上で，必要な情報を取るために訊いていきます。ところが，このロールプレイでは，共感的聴き方をせずに，T2，T3 で摂食障害の症状について直接的に訊いています。その結果，C3，C4 でクライエント役は症状，特に吐くことを語るのを拒否し，避けています。クライエントは通常，「このようなことを話したらおかしいと思われるのではないか」といった不安をもっているものです。精神症状がある場合にはなおさらです。さらに，症状を調べるという理由で，T2〜T4 のように立て続けに，しかも一方的に質問しています。これでは，臨床心理士役がクライエント役を引っ張りまわしていることになり，その結果，クライエント役の語ることへの抵抗を引き起こしてしまいました（C3, C4）。

また，深刻な心理的問題を抱えての相談では，クライエント自身が混乱した状態にあります。心の中では不安，憤り，怒り，虚しさといったさまざまな感情や葛藤が渦巻いています。そのため，自己の心理的問題を語ること自体がクライエントの心の奥にあった感情や葛藤を刺激し，さらなる心理的混乱を引き出してしまう可能性があります。クライエントが，自己の苦しみを語ることによって心理的混乱を増幅させ，自らがその混乱に巻き込まれてしまう危険性があるわけです。

このロールプレイでは，C4 と C5 で表明された自己嫌悪が深い葛藤に結びつく危険性がありました。したがって，臨床心理士は，語りに共感するとともに，症状をノーマライズして，問題を語ることへの恐れを取り除きながら，関連する情報を組織的に訊いていくことが必要となります。クライエントが混乱せずに語りを続けられるような安心感と信頼感をもたらす，臨床心理士のリーダーシップが求められるのです。そのような安心感と信頼感を土台として，臨床心理士とクライエントが問題に取り組む協働関係を築くことができるのです。

② **主訴を手がかりとして具体的に訊く**

臨床心理士役は，当初 T2〜T4 で症状を訊きだそうとして失敗し，次に T5「受験勉強がストレス（原因）⇒落ち込み（結果）」，さらに T9「母子関係がストレス（原因）⇒落ち込み（結果）」といった原因を決めつけた解釈を与え，それと関連する質問を始めます。結局，臨床心理士役の解釈が先行し，どのよう

なことが実際に起きているのか，つまりクライエント役が困っている問題は具体的にどのようなことなのかがわからないまま話が進んでいくことになっています。これでは，アセスメント面接とは言えません。アセスメント面接とは，クライエントとの信頼感を基礎として，どのような問題が生じているのかについて，協働して具体的に事実を明らかにしていく作業となります。

その際，まず，主訴から丁寧に訊いていくことになります。主訴は，クライエントがそのことで困って来談したのですから，最も語りやすい事柄であるわけです。その主訴について，抽象的に聞くのではなく，どのような出来事が起きているのかを具体的に訊いていきます。

では，"具体的に訊く"にはどうしたらよいでしょうか。それは，「どのような場面で，どのような反応や出来事が起きているのか」という枠組みで訊いていくことです。人は，真空地帯においてひとりで生きているのではありません。生活している環境からさまざまな刺激を受け，それに反応して活動しています。そして，その活動はさまざまな結果を生み出します。何らかの問題を抱えているというのは，その結果がその人にとって好ましいものではなく，しかもそれが繰り返し起きてしまっているということです。

③ 「刺激―反応―結果」の枠組みでストーリーを訊く

したがって，「刺激（場面）⇒反応（活動）⇒結果」という図式で質問をしていけばよいのです（山上・下山，2010）。つまり，まずは主訴としてクライエント役が語った事柄がどのような場面で起きるのかを訊いていくことが大切となります。次に，その場面でどのような反応や出来事が起きているのかを，時間の経過に従って訊いていきます。ただし，図 9-1 に示したように，反応には，単にどのような行動をしたというだけでなく，どのように考えたのか（認知反応）や，どのように感じたのか（生理反応／情動反応）など，さまざまなレベルがあります。そこで，「どのような場面で，どのように考え，感じ，行動し，その結果どのような出来事が起きて，困ったことになったのか」という順序で，起きた出来事を丹念に訊いていけば，具体的に問題となっている事柄のあり方が見えてきます。しかも，刺激⇒反応⇒結果の順での質問は，時間経過を追って出来事を訊いていくので，ストーリーを確認することになります。

臨床心理士役は，単発的な質問を繰り出すだけで，問題が生じてきたストー

リーを明らかにするような系統的な質問ができていませんでした。それにもかかわらず摂食障害の原因に関して断定的な判断を示したため、クライエント役が不満を感じ、逆に臨床心理士役に質問を返しています。

質問をする場合には、問題を具体的に訊き、クライエントと協力して事例の状況を明確化していくことが目標となります。この場合の明確化とは、単純化するということではありません。時間的経過を追って、さまざまな視点から出来事を丹念に確認していく協働作業が必要となります。

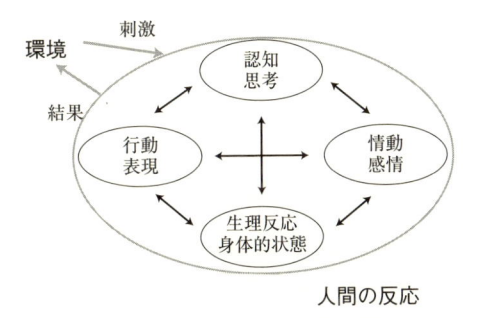

図 9-1　刺激―反応―結果の図式

4　"聴く"技能と"訊く"技能の統合をまなぶ

アセスメント面接の改善ロールプレイの実際

前節で検討したロールプレイについて、改善の指摘を受けて技能練習をした後に再度行ったロールプレイの実際を紹介します。"聴く"技能と"訊く"技能を統合して問題の所在を探っていくことを適切に実践している例として、参考にしてください。

T1：これから20分ありますので、困っていることをお話しください。
C1：なんか、食べ物を食べ始めると止まらないことがあるんです。自分でもわからないんですけど、無性に食べたくなって冷蔵庫の中にあるものを食べ始めると止まらないんです。自分でもおかしいと思うんですね。
T2：食べ始めると止まらないのですね。しかも、自分でもおかしいと思っているのにやめられないのですね。
C2：そうなんです。やめたいのですが、やめられないのです。
T3：それは、お困りでしょう。ところで、食事の時はいつでも止まらなくなるのでしょうか。
C3：家族で食事をしている時は問題ないのです。家族がいないか、あるいはいてもみな寝てしまっていて自分ひとりで起きている時にそうなります。夜中ひとりで起き

ている時が多いですね。ほぼ毎日しています。自分でも食べ過ぎるなんてとても恥ずかしいことだと思っています。

T4：なるほど，夜などひとりになると，自分で恥ずかしいことと思っていても，食べてしまうんですね。ひとりになった時にどのようなことが起きるのか，詳しく教えてください。

C4：最初はぼんやりとさびしいと感じるんですね。それから何か虚しいと感じて，段々イライラしてきます。それで無性に何かを食べたくなります。

T5：さみしい，虚しい，それからイライラしてくるんですね。最初は，そういった感情が出てきて，次に食べたくなるんですね。食欲があるんですか。食べておいしいという感じはあるんですか。

C5：食欲はないですね。別においしいとも感じません。食べていると虚しさやいら立ちを忘れることができます。満腹感もないですね。でも，食べた後にすごく後悔します。それで，食べたものを吐くことがあります。吐いた後は，自己嫌悪です。

T6：食欲があって食べているのではないんですね。嫌な感情を感じないために食べているということのようですね。しかも，食べた後に後悔して吐いて，さらに自己嫌悪。つらいですね。

C6：ホントにつらいです。私は今高校3年で受験生なんです。食べてしまって後悔して勉強に集中できないので，食べ過ぎるのは何としてもやめたいと思っています。でも，ひとりになるとついやってしまうのです。

T7：ご自身でもおかしい，何とかしたいと思ってもやめられないのですね。そのことをご家族には相談されていないのですか。

C7：家族には相談をしたくありません。父親が仕事中心で，母親はいつも愚痴ばかりです。長女の私の成績がよいことが，母親の唯一の自慢です。だから，とてもこのようなことは言えません。

T8：なるほど，ご家族はそのような状況なのですね。ところで，ご家族のみなさんは，Yさんが食べ過ぎて吐いていることを全く気づいていないのでしょうか。

C8：夜遅くまで起きている妹は気づいていると思います。母親も薄々気づいていると思いますが，何も言わないですね。私に遠慮しているのだと思います。

T9：もし，このことをお母さんにお話ししたらどうなるでしょうか。

C9：私は，家でずっとよい子だったので，このようなことを言ったら母親は倒れてしまうのではないかと心配です。母親は，私がよい大学に入ることが楽しみなんです。結局，私の家族は，本音で話すことがなかったですね。仲は悪くないですが，気を遣い合っています。だから，ひとりになるとさみしいんだと思います。

T10：なるほど。さみしいということと関連して，気分が沈むことや意欲の低下はあ

りませんか。
C10：あります。理由がなく落ち込みます。朝は，特に意欲がないです。とても疲れやすいのに夜は眠れないのです。それで，ひとりで起きていると虚しくなってイライラしてきて食べてしまうんです。考えがまとまらないという感じもあります。
T11：食べ過ぎて吐いて後悔して，さらに落ち込んでうつ状態が深刻になっていく，という悪循環が起きていますね。食べ過ぎることとうつ状態が重なっていることが問題の核心となっているように思います。

解説と改善のポイント

① 問題の成り立ちをストーリーとして理解する

アセスメント面接の目的は，何が問題なのかを明らかにし，介入の方針を立てる準備をすることです。クライエントは，何らかの問題があるからこそ相談にやってきます。しかし，当事者であってもその問題が何かが明確にわかっていない場合が多いのです。また，明確な問題を語ったとしても，それが真の問題ではないということも往々にしてあります。そこで，問題に関連するデータを的確に収集し，問題を正確に，そして具体的に明らかにしていく技能が必要となります。

では，どのようにしたら問題を明らかにしていくことができるのでしょうか。ただ単に「問題について話をしてください」と漫然と質問をすればよいのでしょうか。残念ながら，そうではありません。というのは，クライエント自身が問題は何かを明確に意識していなかったり，問題を語ることができなかったりすることがほとんどだからです。しかも，クライエントの多くは，心理的に混乱しています。時には他者との間で葛藤を抱え，人間に対する疑いや不信感をもって来談します。まさに疑心暗鬼なのです。自分の混乱を語ったら，変人や狂人と思われるのではないかという恐れも抱えています。

そこで，第一に必要なのは，クライエントが安心して自己の問題を語ることができる環境をつくるとともに，語りを共感的に聴き，語りを深めるのを支援することです。そして，クライエントの「語りとしての物語」を共有することを通して，クライエントとの間で信頼感を形成し，それを土台として問題とは何かを探っていくことになります。改善ロールプレイでは，T2～T3でしっか

りと共感的な聴き方をしてクライエント役の「語りとしての物語」に入り込み，訴えを共有しています。

「語りとしての物語」を共有し，信頼感が醸成され始めた段階で，次に「語りとしての物語」を超えて「劇としての物語」を見ていくことが必要となります。具合的課題としては，どのような場面で，どのような反応や出来事が起きているのかを見ていきます。ここで，的確な情報を"訊く"技能が必要となります。改善ロールプレイでは，T3で問題（過食）を活性化する刺激状況を訊き，次にT4～T6でどのような反応や出来事が時間系列の中で起きているのかを訊いています。それによってクライエント役が問題として訴えていた"食べ過ぎてしまう"ことが，どのような出来事なのかを，具体的なストーリーとして理解できました。つまり，「一人の場面（刺激場面）→さみしい（感情反応）→虚しい（感情反応）→イライラ（生理反応）→感情回避願望（認知反応）→過食（行動反応）→後悔（認知反応）→嘔吐（行動反応）→自己嫌悪（認知反応）」という時間系列で起きてくる一連の出来事として理解できたわけです。

② 語りを"聴く"視点と，問題について"訊く"視点を並列させる

問題の成り立ちを探る"訊く"技能を適切に発展させるのに必要となるのが，事例の物語に対する臨床心理士役の視点，つまり立ち位置を変化させることです。当初，臨床心理士役は，"聴く"技能を用いて，クライエント役の「語りとしての物語」に近づき，その中に入り込み，語りを共有しました。次に，語りを共有しつつ，「語りとしての物語」から距離を取り，「劇としての物語」の中にその「語りとしての物語」を位置づける作業をしていくことになります。つまり，語りに入り込み共感する立ち位置と，語りから距離を取り，「劇としての物語」を眺め，その中に語りを位置づけるための立ち位置を合わせて確保することが求められるのです。これは，とても難しい課題です。しかし，カウンセラーとは異なり，アセスメントや研究といった技能を洗練させていくことが求められる臨床心理士がクリアしなければならない必須の課題です。

クライエントの「語りとしての物語」が，その人が生活し，行動している「劇としての物語」の文脈の中で適切に機能しなくなった結果として，何らかの問題が起きてきます。したがって，クライエントの「語りとしての物語」を聴き，それを「劇としての物語」に位置づけ，そのミスマッチを具体的に見つ

9 問題を見定める技能

けていくことが，問題のありかを正確に把握することにつながります。

改善ロールプレイでは，問題のストーリーが見えてきた時点で，それが家庭という舞台においてどのように位置づけられているのかを検討しました。T7～T9において，過食嘔吐という事態について家族がどのように反応しているのかについて，具体的に訊いています。その結果，家族の本音での交流が少なく，本人を含めた家族全員がその問題を扱えないでいるという，家族のコンテクストが見えてきました。また，クライエント役の語りから，「自分が過食嘔吐を母親に伝えたならば，母親は倒れてしまうだろう」という認知も明らかになりました。このような認知も相まって，自らの孤独感を家族と共有できず，さらに過食嘔吐についても家族に相談ができずにひとりで抱え込み，問題が深刻化するという悪循環が見えてきました。

③ 問題の成り立ちについての"読み"をもつ

臨床心理士が，面接によって「劇としての物語」を知るためには，そこで実際にどのようなことが起きているのかについて，具体的に調べていくことが必要となります。つまり，「劇としての物語」において，"訊く"技能が必要となるわけです。クライエントの「語りとしての物語」は，あくまでもクライエントの問題に関する主観的なプロットです。それに対して，問題を正確に把握するためには，「劇としての物語」において実際にどのような出来事が起きていたのか，すなわち問題に関連するストーリーを具体的に確定していかなければなりせん。問題に関する語りのプロットと，実際の出来事のストーリーをつき合わせることで，クライエントの「語りとしての物語」の歪みや偏りも見えてきます。

こうして，家族の在り方や認知の特徴が問題の発生や維持にかかわっているというような"読み"（仮説）が可能になります。臨床心理士役は，「語りとしての物語」で示された孤独感，さらには「劇としての物語」において示された家族との交流の少なさから，うつ状態，あるいはうつ病の存在を疑い，それを含めた問題の成り立ちについての"読み"を持ち，それを確認するための質問（T10）をしています。その結果，うつ病も問題の形成に介在していることが示唆されました。そこで，臨床心理士役は，T11で新たな"読み"をクライエント役に伝えています。

このように同じ訴えでも，ロールプレイの改善の前後では，そこで得られる情報が相当に異なってきます。また，クライエント役と臨床心理士役の関係やコミュニケーションの在り方も異なってきます。改善前は沈黙が多くなりがちでしたが，改善後は次々にコミュニケーションが展開し，関連する多様な情報が語られています。さらに，改善前は，親子関係に結論をもっていき，一方的に伝えているのに対して，改善後では，問題が維持されている悪循環を問題の成り立ちに関する仮説として伝えています。最終的な結論についても，全く異なっています。改善前は受験ストレスと親子関係が原因としているのに対し，改善後は家族における孤独感とうつ病の併発による悪循環を，問題を維持する要因としています。

5 "みる"技能と"きく"技能の統合の難しさを体験する

心理障害を"診る"視点を組み入れる

実際の事例では，事例の当事者が何らかの心理障害を抱えている場合が多くあります。心理障害（精神症状）は，「語りとしての物語」においては，語られる内容や語り方の偏りとして現れます。また，「劇としての物語」においては，行動や対人関係のトラブルとして現れます。その結果，事例の物語は混乱したものとなっています。

そのような混乱した状況を理解するためには，混乱の要因になっている心理障害を見極め，行動や対人関係のトラブルを観察し，その問題パターンを見て取る，"みる"技能が必要となります。心理障害を見極めるのが"診る"技能であり，行動や対人関係の問題パターンを観察し，見て取るのが"観る"技能です。このような"みる"技能を用いて状況を明確化していくことが，混乱した事例の物語を読むためには必要となります。

ただし，実際には，事例の当事者の日常場面での行動や周囲との対人関係を直接見て判断することはできません。そこで，面接場面で当事者の行動や事例に関係する対人関係について質問し，その状況を明らかにしていく技能が必要となります。したがって，ここでも"訊く"技能が必要となるわけです。

"訊く"技能には，大きく分けて三つの質問の仕方があります。第1は不明なことを調べる質問（investgating），第2は不確実なことを確かめる質問（proving),第3は事実に直面させる質問(confronting)です。クライエントの語りを聴いていると,「どうしてこういうことが起きるのだろう」「どうしてこれだけ困っているのに繰り返し同様の問題が生じてくるのだろう」という疑問が生じてきます。その疑問に関連する機能の障害や対人関係のパターンがないかを想定して不明な点を訊いていきます。その際には,異常心理学の知識や家族療法で示されるコミュニケーションの偏りについての知識が参考になります。そして,少しずつ状況が明らかになっていった段階で"読み"(仮説)を立て,その妥当性を確かめる質問をします。これが,不確実なことを確かめる質問になります。さらに,問題が明らかになってきた時点で,問題への直面化のための質問をすることになります。家族療法やブリーフセラピーなどでは,質問を通して現実に直面していく介入技法を用いることがよくあります。

離人症事例のアセスメント面接ロールプレイの実際

T(臨床心理士役),C(クライエント役)ともに女性で,いずれも大学院で臨床心理学をまなび始めた修士課程1年生であり,アセスメント面接ロールプレイは初めての経験である。

T1:今日はどういったことでいらっしゃったんですか。
C1:今,高校3年なんですけども,最近,学校とか行ってても,なんか自分だけがみんなの輪の中に入れないような気がしているんですけど。それで,学校とかもさぼっちゃって,それでどうしようとか思ってきちゃったんですけど(はい)。でなんかこう授業受けてても(はい),みんながテレビの中にいるような(うーん),自分だけ,そのテレビを見てるような感じがするんですよ。
T2:周りの人に避けられて,のけ者にされている感じですか。
C2:うーん。それとは違うんですね。何かされているというよりも,みんなが向こう側にいるという感じです。
T3:自分が他の人と別の世界にいるみたいな感じがするんですか。
C3:うーんなんか,違う空間にいるって感じがするんですよ。
T4:他の人と別の空間にいる感じというのがよくわからないんですけど。それってひとりでいる時もそうですか。
C4:なんかひとりでいる時は,そうでもないんですけど。

T5：ひとりの時は全然，違和感とかはないんですね。
C5：いや，そういうわけではないんです。昔アニメとかで，ロボットの頭の部分に少年が入って，そのロボットを動かしてるようなのがあって，そういう感じ。なんか違う人が頭の中ってわけじゃないけどどっかにいて，私を操作している感じ。
T6：え！　ひとりでいる時に，違う人がいるんですか。それ，どういうことかわからないんですけども。
C6：いつもじゃなくて，何かを集中して考えようと思うとそんな感じがしてきちゃって。今そう考えてるのは自分の意志じゃなくて，他の人が考えてる，私の体を使って他の人が何か考えてるような感じ。
T7：自分が自分じゃないような感じなんですか。
C7：うーん，っていうか自分は自分なんですけど，うーん，今しゃべってるのは自分だとは思うんですけど，深く深く考えようとすると，なんか他の人が私を使って何かを考えてるような感じ。
T8：他のもうひとりがいるのですか！　あなたの中に。
C8：うん，そうですね，普段いつもってわけじゃなくて，深く考えようとしている時には，誰かがほんとは考えてるような気がして，じゃあ，じゃあ私はなんだろうっていうか。私は，ただその人がものを考えるために使ってる道具なのかなっていう。
T9：う～ん，では深く考える時に変な感じがするんですね。でも一応，物は考えられるわけですか。
C9：その物事を考えてるのは，違う人なんですよ。私は，他の人が私の頭を使って考えてるのを，別のところから見てて，今その人が物を考えてるのを見てる私は何？っていう気持ち。
T10：誰かの考えを端で見てるみたいな感じなんですか（そうですね，うん），なんか考えてることに実感がないみたいな感じなんですか。
C10：うん，そうですね。その誰かが考えてるのを見て，ふーんっていう感じかな。
T11：その感じっていうのは，いつもしているんですか。
C11：うーん，なんか，集中して物を考える時ですかね。たとえば，自分とは反対意見の人の本とかを読んでて，いや，そうじゃないよって思った時に，勝手に自分の考えが動き出すんです。それが止まらないんです。自分ではどうにもならないので，傍観している感じですかね。
T12：何か，自分で自分の考えていることがコントロールできないなんて変な感じですね。
　　〈……この後もTがCに質問をして状態を確認し続ける……〉
T20：聴いていると，あなたの場合，自分に対して自分が傍観者のような感じですね。

9 問題を見定める技能

そういう感じが出てきたのはいつ頃からですか。
C20：中学生くらいですかね。試験勉強している時に，多く浮かんできたと思いますね。
T21：やはり，ひとりで考えている時とかなんですね。人とコミュニケーションしている時は，どうなんですか。
C21：もうひとりの自分がいる感じはないですね。その代わり，人と話していても現実感がないですね。
T22：中学の頃の家族の方とのコミュニケーションはどうだったんですか。
C22：ほとんど会話はなかったですね。父親と母親が不仲で家では会話しませんから。それで母親は教育熱心で，私が勉強していれば機嫌がよかったという感じでしたね。
T23：家族との間のコミュニケーションはあまりなかったんですね。
C23：そうですね。小さい頃から家族団らんというのはなかったですね。家族団らんなんてテレビのホームドラマの中にあるものという感じですね。家族も自分も実体がないという感じはその頃からありました。
T24：小さい頃から，家族といった近い人間関係を実体として感じることがなかったんですね。
C24：そうですね，そういう感じは小さい頃からずっとありました。普段はそんなに気にしないんですけど，その感じが出てくると虚しくなります。落ち込む感じもありますが，大したことないですけどもね。
T25：そういう感じがあることは，お母さんは知っていらっしゃるんですか。
C25：いや，知りませんし，知られたくもありません。母親は私が成績がよいことが唯一の自慢なんです。父親を見返すために娘を大学に入れることが母親の夢なんです。だから，こんなこと言うわけにはいかないんです。
T26：お母さんの期待に合わせて自分を抑えているんですね。ところで，お父さんは，そういうあなたのことをどう見ているんでしょうか。
C26：父親は，私と母親が仲がよいのは面白くないようですけどもね。
T27：ご両親の仲が悪く，お母さんは子どもを教育することでお父さんを見返そうとしている。あなたは，自分を抑えてお母さんの期待に応えようとしてきた。しかし，そのようなあなたとお母さんの近さは，お父さんを家庭から一層排除することにもなっているんですかね。
C27：言われてみるとそういうところがありますね。でも，それが今の私の状態と関連あるんですかね。

〈……この後，家族関係の話が続く……〉

解説と改善のポイント

① 機能障害を"診る"ために"訊く"技能を磨く

クライエント役は，C1 で「(現実が)テレビを見ているような感じがする」という主旨のことを語っています。当初，臨床心理士役は，このクライエント役が語る内容を理解できずに，困惑して T2 から T12 にかけて語られた内容を確認する質問に終始し，混乱した対応となっています。

ここでクライエント役が語っていることは，現実感が喪失する離人症状です。もし，そのような心理障害があることを臨床心理士役が知っていたならば，困惑することはなく，むしろその症状にまつわる質問をすることで，その心理障害の状態や程度を具体的に確認していくことができたと考えられます。

心理障害とは，さまざまな機能障害によって引き起こされる心理的混乱です。心理的に混乱した状態であるので，そこにかかわろうとする他者もまた，その混乱に巻き込まれることになります。これは，臨床心理士も例外ではありません。むしろ，臨床心理士がその混乱した状態に素朴に共感しようとして心理障害に立ち向かうようなことがあれば，かえってその混乱に巻き込まれる危険性が高くなります。

したがって，心理障害を抱えたような混乱した事例であればあるほど，臨床心理士は，その機能障害を見極め，混乱した事態に巻き込まれないようにして事例の物語を"読む"技能が必要となります。そのために必要となるのが，異常心理学の知識です。特に精神病理学の診断分類では，それぞれの症状に特有な行動や認知の機能障害が具体的に記載されています。したがって，診断分類を参照枠としてクライエントの状態を訊き，その機能障害を"診る"ことで，事例の混乱を具体的に理解することが可能となります。

たとえば，C1～C11 で語られた状態が離人症状であることがわかっていれば，表 9-1 に示したように離人症状は自我障害の一種ですので，他の自我障害がないかチェックすることを思いつくことができます。具体的には C7, C8 では「させられ体験」，C9 では「多重人格」の可能性を考えて，そのような症状があるのかどうかを確認する質問をしておく必要が出てきます。また，C11 で「勝手に自分の考えが動き出す」と述べられていますが，これは強迫症状（または侵入思考）の可能性があります。強迫症状は思考障害であり，細かいこと

9 問題を見定める技能

にこだわり，無理して自己の論理を通そうとする特徴があります。したがって，面接場面におけるクライエント役の語りそのものも強迫的になっているかもしれません。そのような視点で面接場面のコミュニケーションを観察することも必要となります。さらに，後半のC24で「虚しい感じがある」と述べられています。ここから抑うつ状態があることが推測されるので，睡眠や食欲などを含めて意欲の障害をチェックしておくことも必要となります。もし，抑うつ状態であれば，ここで語られた現実感の喪失は気分障害によって生き生きした感覚が失われていることの結果とも考えられます。

このようにさまざまな機能障害の可能性を見極めるためには，不明な点を尋ね，不確かな点を確認していく"訊く"技能が必要となります。

② 「劇としての物語」を"観る"ために"訊く"技能を磨く

最初から離人症状を訴えたクライエント役に面食らい，対応が混乱した臨床心理士役でしたが，T20で体勢を整えて，問題の経過を訊くことを始めています。さらに，T22で家族とのコミュニケーションを訊くことで，主体的に事例の状況を明らかにしようとし始めました。それに対してクライエント役もC22で両親の不仲，母親の子どもへの期待という家族関係を語り，C23では，そのような会話のない家族関係が離人症状と関連していることが明らかとなってきました。

このように，対人関係に注目してみると，症状は社会的な状況によって異なる意味をもっていることが明らかとなります。つまり，クライエントの語りをより広い対人関係的，社会的状況との関連で観ていくことで，語り手の個々の行動の意味を事例の物語の全体との関連で読み取ることが可能となります。そこで，症状を含めてクライエントの行動の意味を読み取るためには，クライエントの対人関係が生起している「劇としての物語」の全体を観て，その社会的関係コンテクストとの関連でクライエントの行動の意味を探っていく技能が必要となります。

第8章で検討したように，「語りとしての物語」を共感的に"聴く"ためにはクライエントの語りの世界に接近し，その世界に入り込むことが重要でした。しかし，クライエントがその中で行動している「劇としての物語」を"観る"ためには，クライエントの世界から距離を取り，他の人々との関連で客観的に

クライエントの行動を分析することが重要となります (Havens, 1986)。

　家族関係のコンテクストが明らかになってきたT25で臨床心理士役は,「そういう感じがあることは,お母さんは知っていらっしゃるんですか」と訊いています。これは,臨床心理士役がクライエント役の問題と家族関係との間に何らかの関連性があるとの読みをもち,それを確認するための質問をしたと理解できます。

　事例の物語を読むことは,問題がどのような要因で起きてきたのかを推測することです。そのような要因が明らかとなれば,要因や要因との関連性を変化させることで,問題となっている事態の改善を援助する方向性が見えてきます。

　さまざまな学派の理論モデルは,このような要因を探り,事例の物語を読むための参照枠として利用できます。臨床心理士役は,T26で家族療法の円環的因果律を参照して,家族関係のコンテクストを読み,それを質問の形でクライエント役に提示しています。これは,質問することで,現実にクライエント役を直面させるという意図もあったとも考えられます。

　ちなみに,家族療法,さらにそれとの関連が深いブリーフセラピーでは,適切な質問を繰り返し行うことで,事例の問題を固定化させている人間関係のパターンを見出し,そのパターンに介入していく技法が提案されています。

③　改めて"訊く"と"聴く"の統合

　第2節のロールプレイ2では,"訊く"技能の習得がテーマでした。しかし,何度も述べているように,そこで目指されるのは,調査面接として必要な情報を聴取するための"訊く"技能ではありません。あくまでも臨床面接としてクライエントの語りを聴きつつ,適切な質問をするという意味での"訊く"技能であり,そこでは聴くことと訊くことを統合した"きく"技能の習得が目指されています。

　しかし,このような技能を身につけるのは,初学者でなくてもたいへん難しいことです。したがって,臨床心理士は,常に実践の基礎である"きく"技能に立ち戻って,自らの活動を見直すことが必要となります。

6　"診る"技能の実習

　適切なコミュニケーションを行うためには,心理機能の障害や偏りを"診

る”技能と対人関係や社会関係を“観る”技能が必要となります。本章第5節では，これらの“みる”技能を面接法との関連で検討しました。

しかし，“みる”技能は，客観的に対象を査定することを基本としています。そのためには，面接法ではなく，検査法および観察法を単独で用いることが必要となる場合があります。そこで，まず検査法や観察法を含めて“診る”技能を習得する方法について検討し，次に“観る”技能について検討することにします。

異常心理学の学習

臨床心理士は，心理機能の障害や偏りを診るために，異常心理学の知識をまなばなければなりません。

近代以前は，異常心理を示す狂気は，悪霊のような邪悪な存在が人の内に宿ったものとする悪霊論（demonology）が広く信じられていました。狂気が現在のように医学の対象となったのは，ドイツの医学者クレペリン（Kraepelin, E.）が狂気を精神疾患と見なし，身体疾患と同様に一定の原因，症状，経過，解剖所見をもつ疾患単位と仮定したことに始まります。しかし，その後の精神医学の研究にもかかわらず，主要な精神疾患の身体的原因は未だに確定されていません。そのため精神疾患の分類体系も，疾患単位として病因を仮定する病因論的方法から，病因は問わずに複数の症状（symptoms）のまとまりである症候群（syndrome）に基づいて分類を行う記述症候論的方法に移行しつつあります。

精神病理学は，表9-1にまとめたように心理機能を基本単位に分化し，その機能障害を精神症状として記述し，精神疾患分類を構成します。その際に病因を前提とするのが，クレペリンの分類体系に基礎を置く伝統的な病因論的分類体系です。伝統的分類体系では，精神疾患を身体因が明らかな外因性，明白な証拠がないにもかかわらず遺伝的素因などの身体因を想定する内因性，心理的原因による心因性に分類します。それに対して米国の診断分類体系であるDSM（Diagnostic and Statistical Manual of Mental Disorders）では，病因論を排して記述症候論的分類体系を採用しています。

このように精神病理学の分類体系は多様化しつつあります。しかし，精神医学の診断分類では，いずれも医学的検査および問診によって精神症状を明らか

表9-1 心理機能の障害（精神症状）のリスト（下山，2008）

A 知覚の異常
①錯覚（illusion）：実在する対象を誤って知覚する。
②幻覚（hallucination）：実在しない対象を知覚していると信じる。
　幻聴，幻視，幻味，幻触。

B 思考の異常
①思考過程（観念連合）の異常
　観念放逸（flight of ideas）：考えが次から次に飛躍し，話がまとまらない。
　思考制止（inhibition of thought）：考えが出なくなり，話が進まない。
　連合弛緩（loosing of association）：考え相互のまとまりが悪くなり，話がわかりにくくなる。
　滅裂思考（desultory thought）：考え相互の結びつきがなく，話の統一性がなくなる。
　思考途絶（blocking of thought）：考えが急に途切れる。考えが奪い去られる。
②思考体験の異常
　強迫観念（obsessional idea）：ばかばかしい内容と思っても，考えをやめることができず苦しくなる。
　恐怖症（phobia）：一定の対象や状況に関する思考に，コントロールできない恐怖や不安が結びつく。
　思考干渉（control of thinking）：思考の主体性が失われ，他から支配されていると感じる。
　・考想吹入：他人の考えが押し入ってくる。
　・考想奪取：自分の考えを抜き取られる。
③思考内容の異常
　妄想（delusion）：それまでの経験や客観的事実と矛盾しており，ありえない誤った内容でありながら，他者からの説得や反証を受け入れず，訂正不能な主観的確信。妄想の内容によって被害，関係，注察，誇大，血統，恋愛，嫉妬，心気妄想などに分けられる。
　・妄想気分：周囲の様子が変わり，たいへんなことが起きそうだという不気味な感じをもつ。
　・妄想着想：突然，ある考えがインスピレーションのように浮かび，それをそのまま確信する。
　・妄想知覚：正常な知覚に妄想的な意味づけをする。

C 記憶の異常
①記銘（fixation）の障害：意識障害，知能低下，感情障害などの場合に生じる。
②追想（reproduction）の障害：健忘（amnesia）と呼ばれ，全健忘と部分健忘がある。

D 知能の異常
①精神遅滞（mental retardation）：先天性，早期後天性の障害による知能の遅れ。
②痴呆（dementia）：知能が脳の障害によって永続的に低下した状態。

E 自我の異常
①させられ体験（passive feeling）：自分の行為が他から操られていると感じる。
②多重人格（multiple personality）：同一人物に別々の人格が現れる。
③離人症（depersonalization）：自己や外界の存在感や現実感がなくなる。
④考想伝播（thought broadcasting）：自分の考えが周囲に知れ渡ってしまうと感じる。

F 感情の異常
①抑うつ気分（depression）：生命感情喪失。悲観的，自己不全感，焦燥，罪責感，希死念慮を伴う。
②高揚気分（elation）：生命感情（エネルギー）亢進。楽天的，焦燥感，易刺激性，多動。
③不安（anxiety）：対象のない，漠然とした恐れの感情。
④アンビヴァレンス（ambivalence）：愛と憎しみといった，相反する感情が同時に存在する。
⑤感情鈍麻（blunted affect）：他者との感情交流や喜怒哀楽がなくなり，周囲に無関心となる。
⑥気分変動（mood lability）：些細なことですぐに気分の動揺を来す。気分変易性。

G 欲動・行動の異常
①精神運動性の抑制（psychomotor inhibition）：自発性，活動性の低下。
②精神運動性の興奮（psychomotor excitation）：多弁，多動，興奮状態。
③食欲の障害（dysorexia）：無食欲，拒食，過食。
④性欲の障害（sexual desire problem）：亢進，減退，性的倒錯。
⑤アパシー（apathy）：意欲が低下し，長期間にわたり無気力状態が続くこと。
⑥無為（abulia）：終始ぼんやり過ごすこと。
⑦混迷（stupor）：行動がほとんどみられない状態。
⑧常同性（stereotype）：無目的に同じ姿勢をとったり，同じ動作を繰り返す。

にすることで病理を特定化し，分類体系の中の一般的診断名を決定した上で，症状管理を中心とした治療が目指されます。その点で精神医学的診断は，症状分析が中心です。

それに対して臨床心理学では，症状といった病理的基準だけでなく，さまざまな基準や観点から心理障害を理解することに重点が置かれます（下山，2008）。たとえば症状を呈していなくとも，異常な心理状態にあり，心理的援助を必要とする場合も多くあります。また，症状があったとしても，それはその人のパーソナリティの一部であり，健康な部分も合わせもたれていることが重要な視点です。さらに，病理は，その人の発達のプロセス，あるいは対人関係や所属する集団（社会システム）のあり方との関連で生じてくることがほとんどです。このようにさまざまな要因や基準で心理障害を理解するという点で，臨床心理学では精神病理学ではなく，異常心理学という名称が用いられています。

したがって，異常心理学の多くの部分は精神病理学と重なりますが，異常心理学＝精神病理学ではありません。異常心理学では，病理があったとしてもそれだけで独立して存在するとは考えず，その人が置かれている状況との関連を含めて心理障害を総合的に理解し，心理学的な意味を具体的に解釈することが重要となります。これが，事例の物語を"読む"ことに相当するわけです。

このような異常心理学の特徴を考えた場合，臨床心理士が機能障害についてまなぶのにはDSMが適していると言えます。DSMでは，分類の基準を病因ではなく，機能障害に置いている点，多軸診断を採用して病理以外のパーソナリティの問題や社会的機能を重視している点，精神疾患という語を用いずに精神障害という語を用いている点などで，かなり異常心理学と重なる側面が強くなっているからです。したがって，異常心理学の学習として，DSMをマスターしておくことは最低限必要となります。

心理検査の実習・行動分析・陪席・予診

さまざまな心理検査の技術を習得することが"診る"技能の実習となります。質問紙法と知能検査を，その作成方法を含めてまなぶことで，平均からの偏りとして機能障害を診る視点を得ることができます。また，神経心理学的検査法や生理学的検査法をまなぶことで，機能障害を客観的に診る視点を得ることが

できます。
　行動を観察し，あるいは行動についての質問をすることで行動の機能障害や偏りを診る方法として，行動分析があります。チェックリストを用いて行動を分析することで，診るための枠組みの重要性をまなぶことができます。行動分析をまなぶ方法としては，たとえば，発達障害の母子間の行動を観察することで発達障害における機能障害の特徴を診る訓練ができます。また，プレイセラピーのビデオを観ることで，子どもの行動の偏りや特徴を診る練習ができます。
　精神病理学および精神医学的診断については，精神科医師の診断面接の陪席，あるいは診断面接の予診の担当などによって，その技能をまなぶことができます。特に医療領域で働く臨床心理士は，医師とのチームワークを組むために，精神病理学と精神医学的診断に精通していることが条件となります。異常心理学に基づく心理学アセスメントについては，上級の臨床心理士の初回面接の陪席をすることで"診る"技能をまなぶことができます。

"観る"技能の実習

　"観る"技能は，問題の背景となっている社会的関係を観察し，問題を生じさせ，維持させている「劇としての物語」のコンテクストを読み取っていく技能です。したがって，対人関係や集団を観察し，そこで生じている人間関係のパターンを見て取ることが"観る"技能の基本となります。
　ただし，単に対象となる対人関係や集団を遠くから漠然と観ているだけでは，そこで生じている人間関係のパターンのダイナミックスを見て取ることはできません。したがって，参与観察者として人間関係に関与し，その関係のダイナミックスを見て取る技能を習得することが，"観る"技能の実習の目標となります。
　グループ体験　対人関係や集団のダイナミックスは，そこに参加し，身をもって体験して初めてその威力を感じることができるものです。臨床心理実践においては，少なくとも集団を対象化して観察しているだけでは，その後の有効な介入につながるデータを得ることができません。そこで，まずメンバーとしてグループワークに参加し，そのグループの一員としてグループのダイナミックスを体験しつつ，そこで生じている事柄を"観る"ことが，"観る"技能の

実習の基礎となります。

　グループは，通常，非構成的グループと構成的グループに大別されます。前者は，グループの場面設定などのプログラムが意図的に方向づけられていないグループであり，その代表としてエンカウンター・グループがあります。それに対して後者は，プログラムがすでに決定しているグループであり，その代表として心理劇（psychodrama）があります。

　さまざまなグループを体験することで，集団のダイナミックスを観ること，読むことの難しさについて身をもって知ることができます。なお，集団のダイナミックスというものは，考えている以上にメンバーに強い影響を与えるものです。したがって，適切な指導者がいることや参加メンバーが適切であることを確認してから参加する必要があります。

　家族療法の体験学習　ただ単に漠然と集団の動きを観ているだけでは，そこで生じているダイナミックスは感じられても，そのダイナミックスのパターンを見て取ることはできません。そこで，集団の動きを観て，そこで起きているダイナミックスのパターンを見て取るためには，そこで起きているダイナミックスを読むための観点が必要となります。そのような観点を提供してくれるのが，システム論的な"ものの見方"です。特に円環的因果律は，社会システムにおいて生じている関係パターンを見て取るための基本的な観点です。したがって，システム論的な見方に基づく家族療法の実際に触れることは，"観る"技能の学習として有効な方法となります。

　まず，シミュレーション学習として，家族ロールプレイがあります。これは，6人程度が仮の家族メンバーを構成し，それぞれが自分自身の家族のイメージに基づいて作成した簡単なシナリオに沿って家族役割を取り，即興的に家族を演じ，その後にその体験を皆で話し合うというものです。第8章から本章まででまなんだ1対1のロールプレイを，グループで，しかも家族メンバーという具体的な役割を取って行うものと言えます。家族をロールプレイを行うことで，家族というグループのダイナミックスを体験し，さらにそれを観察事実として言語化する体験ができます。

　家族療法の訓練を受けた臨床心理士でも，家族集団の中に参加したままでは家族全体の動きを的確に見て取ることは困難です。そこで，家族療法では，さ

まざまな観察技法が開発されています。たとえば，家族メンバーと専門家スタッフのやりとりをビデオに撮り，それを家族間のコミュニケーションパターンを観る際の補助として用いています。実習生は，そのビデオを観たり，ビデオを観ながらの事例検討に参加したりすることで，"観る"技能をまなぶことができます。

また，家族療法では，専門家スタッフが家族メンバーに参加するチームと，ワンウェイミラーの背後で家族メンバーと参加スタッフのやりとりを観察し，参加スタッフをサポートするチームに分かれて対応する場合があります。これは，いわゆる参与観察の難しさを逆手に取って，参加チームと観察チームに分かれ，それを組み合わせることで参与観察をチームとして遂行するという方法です。このような方法を採っている場合，実習生は，観察チームに加わることで"観る"技能をまなぶことができます。

さらに，家族療法においてメインスタッフのコ・ワーカーとしてセッションに参加することによって，家族のダイナミックスを"観る"技能をまなぶことができます。

7　多様なコミュニケーションを統合する"読む"技能

聴くことは，語り手の「語りとしての物語」に近づき，共感し，その語りの中に入っていくことです。それに対して，訊くこと，診ること，観ることは，「語りとしての物語」に距離を取り，対象化し，それを分析することです。語り手からの心理的距離は次第に遠くなり，「劇としての物語」を視野に入れる方向に向かっていきます。

このように聴く・訊く・診る・観ることは，いずれも物語にかかわる物語技能ではありますが，それぞれ異質な側面をもっています。実践活動においては，これらの異質な物語技能を駆使して，事例の物語の全体を読むこと，そしてその読みに基づいて個々の事例に適した見立てを構成し，介入のためのコミュニケーションを組み立てていくことが，臨床心理士の基本技能として求められます。

たとえば，診ることは，当事者の行動を規定している機能障害を見極めることです。"妄想"や"強迫観念"のような思考障害，あるいは"させられ体験"

や"考想伝播"のような自我障害などがある時には,「語りとしての物語」を聴き過ぎることは,その障害をさらに強める危険性があります。そのような場合には,機能障害を査定する客観的な"診る"技能に基づき,心理検査の利用が必要となることもあります。臨床心理士は,語りを聴くことよりも,障害の偏りの程度や内容を診て,コミュニケーション行動を調整することを主眼とした対応をすることになります。

　また,当事者の語る問題の背後に歪んだ社会的関係を観ることができた場合には,当事者がその中で行動している「劇としての物語」における社会的コミュニケーションに介入し,劇全体の動きを変えていくことも必要となります。たとえば,不登校の事例で,いくら子どもの心理援助をしても,家族そのものに問題がある場合は,その子どもが家庭に戻った時には,家庭という「劇としての物語」は再びその子どもに不登校児の役割を求めます。あるいは,学校のクラスでいじめがある場合には,クラスという「劇としての物語」は,その子どもにいじめられっ子の不登校児の役割を求めます。したがって,そのような場合には,子どもの「語りとしての物語」を聴くことと並行して,家族の来談を促し,家族コミュニケーションに介入し,新たな家族の物語を演出したり,あるいはキーパーソンとなる教師のコンサルテーションをして,生徒間のコミュニケーションが生じる場であるクラスという舞台の設定を変更したりするといった対応が必要となります。

　実際の臨床場面では,このようにさまざまな物語技能を駆使して統合的に事例の物語に介入していかなければならない事例がほとんどです。その際,事例の現実に即して見立てを行い,どのような物語技能を用いて,どのようなコミュニケーションを構成するのかについての方針を決定するのは,次章で述べるケース・マネジメントの次元のテーマです。そして,その方針を遂行するのは,コミュニケーションの次元です。したがって,コミュニケーション技能としてさまざまな物語技能を統合する技能が必要となります。

　しかし,各物語技能は,それぞれ異質な側面があるだけに,統合は簡単ではありません。機能障害を客観的に診ることにこだわれば,語りを共感的に聴くことが難しくなります。また,個人の背景にある劇としての動きを観ることは,個を離れて集団に焦点を移すことであり,個人の語りを聴くことがないがしろ

になりがちです。そこで，重要となるのが，事例の物語を全体として読む技能です。事例の物語を全体として読むことができれば，その全体の中にそれぞれの物語技能を位置づけていくことができます。

現実は多元的な構成態です。したがって，事例の現実も，「語りとしての物語」と「劇としての物語」，「心的真実」と「社会的事実」，「プロット」と「ストーリー」，「主観」と「客観」といったさまざまな次元が重なり合って成立していると考えられます。このような多元的な事例の現実の全体を読み，その現実に沿った物語技能を用いて事例に介入するためのコミュニケーションを構成していくことが，臨床心理実践の基本技能ということになります。

引用文献

土居健郎（1992）．新訂 方法としての面接 医学書院

Havens, L. (1986). *Making contact: Uses of language in psychotherapy*. Harvard University Press.（下山晴彦（訳）(2001). 心理療法におけることばの使い方 誠信書房）

下山晴彦（2008）．臨床心理アセスメント入門 金剛出版

山上敏子・下山晴彦（2010）．山上敏子の行動療法講義 with 東大下山研究室 金剛出版

第IV部
見立てをもつ技能をまなぶ
　——ケース・マネジメント

第10章 ●● 問題を見立てる

1　ケース・マネジメントとは

見立てに基づく"実践の物語"の展開

　第8章，第9章で論じたように臨床心理実践の基礎を構成するのは，コミュニケーションです。しかし，臨床心理実践は，コミュニケーションだけで構成されているのではありません。臨床心理実践では，時間の経過の中でコミュニケーションが繰り返し行われ，その結果，事例の当事者（関係者）と臨床心理士の間に新たな物語が生成されます。それが実践過程です。臨床心理士は，この実践過程を生成し，それを媒介として事例の物語の新たな展開を援助します。

　ここで，臨床心理士とクライエントとのコミュニケーションを通して新たに生成される物語は，「語りとしての物語」とも「劇としての物語」とも異なる第三の物語です。それが，第6章で述べた「実践の物語」です。臨床心理士は，まず「語りとしての物語」をきき，「劇としての物語」をみて，事例の物語の全体についての"読み"を形成します。そして，その読みに基づいて，事例の物語にどのように介入するかについての「見立て」を構成し，それを指針として「実践の物語」の生成を試みます。

　このように，「実践の物語」を生成するには，ただ単に漫然とコミュニケーションをしていればよいのではありません。臨床心理士は，事例の物語についての専門的な「見立て」を構成し，それに基づいて新たな「実践の物語」を生成することで事例に介入し，事例の物語を適切に再構成していく作業を行います。このような専門的な「見立て」に基づいて行われる作業が，ケース・マネジメントの活動です。コミュニケーションの次元を実践活動の基礎とするならば，このケース・マネジメントの次元は，実践活動の中核をなす専門的な作業になります。

　したがって，臨床心理士には，まずクライエントとの間でどのような「実践

の物語」を新たに生成するのかについて，専門的な判断を行う技能が求められます。これは，通常初回面接で行われる作業であり，アセスメントの技能に相当します。さらに，それに加えて臨床心理士には，実際に「実践の物語」を媒介として事例の物語に介入した結果に対して，責任を取る技能も求められます。事例に介入した結果に責任をもつということは，介入した結果を受けて「見立て」を修正し，より適切な介入を継続して行うことを意味します。これは，介入の技能です。

特に，継続的な心理援助が行われる場合，「見立て」は，初回面接で構成されて，それで終わりというものではありません。むしろ，実践過程の進行とともに修正を繰り返し，より事例の実態に即したものとしていくことが必要となります。したがって，ケース・マネジメントは，事例の物語についての「読み」→「見立て」→事例への介入（「実践の物語」の生成）→「読み直し」→「見立て」の修正→事例への介入（「実践の物語」の展開）→……という循環的な過程を繰り返し，より適切な心理援助を行っていく作業となります。

このような循環的過程における「見立て」は，事例への介入に向けての取りあえずの"見通し"と言えるものであり，その点で「仮説」として理解できるものです。つまり，実践過程とは，本シリーズ第1巻で論じたように循環的仮説生成─検証過程であり，ケース・マネジメントは，対象となっている事例にかかわりつつ，適切な仮説を構成し，それに基づいて適切な心理援助を行っていく研究活動でもあるわけです（下山，2010）。

この仮説の妥当性の検討は，基本的には臨床心理士の認知過程において常に行われるべき作業です。しかし，実践過程は，クライエントとの協働によって展開する作業なので，仮説の妥当性を単に臨床心理士の認知過程の内に閉じた作業とすることはできません。なぜならば，実践過程を構成する「実践の物語」は，基本的に臨床心理士とクライエントとの間に生成され，両者がかかわり合うことで展開する物語であるからです。したがって，実践過程の展開については，臨床心理士だけでなく，クライエントもその展開の責任の一端を負っていることになります。その点で，臨床心理士には，認知過程において生成し，修正した「見立て（仮説）」をクライエントに提示し，両者の間でそれを共有し，その妥当性を協働して検討しつつ実践過程を展開させていくことが求めら

れます。これを，同意的妥当性確認と呼びます。

アセスメントから「見立て」の形成へ

　実践過程は，臨床心理士とクライエントとの協働作業ではありますが，その進む方向を「見立て」として構成する責任は，臨床心理士にあることは言うまでもありません。「見立て」は，面接法，観察法，検査法を通して得られたデータに基づいて事例の物語を読むことによって構成されます。しかし，事例の物語は，さまざまな要因が絡み合って混乱した事態になっており，そのストーリーを読み取ることは容易ではありません。問題が成立する要因としては，精神障害による機能障害，認知の歪み，無意識の葛藤，性格の偏り，対人関係の問題，数世代にわたる家族の葛藤，社会組織の歪み，コミュニティの混乱など，生物的要因，心理的要因，社会的要因といった広範囲にわたるさまざまな要因が考えられます。

　したがって，単に臨床心理士の経験的判断だけでは，その背景要因を含めて事例のストーリーを読み取ることは不可能です。そこで，臨床心理学の専門的な知識や理論モデルを参照枠として援用し，事例の物語を"読む"技能が必要となるわけです。

　事例は，社会的場を生きる個人の心理的問題として示されます。いずれの個人も時間の経過の中で，しかも社会生活を営む中で自らの人生（ライフサイクル）を生きているのであり，その中の出来事の一つとして心理的問題が生じてきたものと理解されます。したがって，事例として示される心理的問題には，事例の当事者の社会的発達のあり方の表れとしての側面が必ずあります。その点で事例の物語を読む際の中心軸として，社会との関連で「発達心理学」の観点は不可欠です。発達障害が問題形成の関連要因として注目されている今日では，発達心理学の重要性は，益々高まっています。

　さらに，当事者の心理的混乱は，それが精神病理の範疇に入るか否かは別にしても，不適応を含む何らかの異常な心理状態と関連があることが推測されます。その点で事例の物語を読む際のもう一つの中心軸として，「異常心理学」の観点も不可欠です。異常心理学は，単に精神病理学の診断に基づく精神障害の分類と同義ではありません。もちろん，精神障害による機能障害も含みます

が，それだけでなく，心理力動論，認知行動論，家族システム論などの，臨床心理学の各理論モデルにおける異常行動の説明仮説も異常心理学に含まれます（Davison et al., 2004）。各理論モデルは，心理不適応の発生についての説明仮説をそれぞれ提案しており，それらの説明仮説を含んだ全体が異常心理学ということになります。近年では，認知行動理論モデルがエビデンスベイスト・アプローチに基づいてさまざまな障害や問題行動の説明仮説を実証し，その有効性を示しています（Westbrook et al., 2011）。

　アセスメントの技能は，事例の物語を読むための適切なデータを収集した上で，発達心理学および異常心理学を軸としたさまざまな知見や理論モデルを参照枠として，データから事例形成の物語を読み取り，事例の実態に即した見立てを仮説として構成していく技能ということになります。

　実践活動は，形成された「見立て」に基づいて実際に事例の物語に介入し，新たな物語の形成を援助する作業です。この介入は，単に「見立て」を事例に当てはめ，その「見立て」に合わせて事例を方向づけるという単純な作業ではありません。なぜならば，臨床心理士は，事例に介入する時点で，すでに事例の物語の外部にいてその展開を客観的に観察し，操作するという立場にいることが不可能となっているからです。既述したように，介入は臨床心理士とクライエントとの間に「実践の物語」を生成し，それを媒介として行われます。したがって，臨床心理士は，外部の専門家として事例の物語に介入すると同時に，新たに生成された「実践の物語」の主要な登場人物として事例の物語の内部に介在することになり，その展開に重要な影響を与える役割の一端を担う立場となります。

　このように臨床心理士は，参与観察者（participant observer）として事例の物語の内部に介在しつつ，事例の物語に介入し，その結果に基づき，事例の物語を読み直し，見立てを修正する作業を行うことになります。これは，たいへん難しい作業です。特に事例の物語に臨床心理士自身が主要な登場人物として介在しているため，事例への介入が進めば進むほど，事例の物語を離れた立場から客観的に見立てることが困難となります。

　事例の物語の読み直しや見立ての修正に当たっては，さまざまな理論モデルの介入仮説を参照枠として利用することになりますが，それ自体かなりの熟練

を要する作業です。その上，実践過程の進展とともに臨床心理士自身が事例の物語の内に組み込まれていくので，二重，三重に見立ての修正が難しくなっていきます。困難な事例であればあるほど，臨床心理士は事例の物語の混乱に組み込まれ，事例の物語の展開を客観的に見立てる作業は困難となります。熟練者でも事例の物語に巻き込まれ，我を忘れることがしばしば生じます。まして や初学者であればなおさらです。

次章で解説する試行実践，事例検討会，初期事例検討会，スーパービジョンは，初学者が臨床心理学の実践活動に特有の技能を習得していくための実習として位置づけることができます。いずれの実習も，事例の物語の展開に組み込まれているために事例の物語を見立てる視点が狭まっている担当者に対して，同僚や上級者が，事例に直接かかわっていない第三者の視点から事例についてのさまざまな見方を伝え，担当者が自由に事例の実態に即した見立てを形成し，修正するのを援助することが目的となります。

このような実習を通して初学者は，参与観察者として事例の物語に関与しつつ，見立てを構成し，事例の物語を適切な方向に展開していく，ケース・マネジメントの基本技能を習得することを目指します。

2　問題を見立てる——ケース・フォーミュレーションの形成

問題を特定する

臨床心理実践では，アセスメント段階において，介入の標的となる具体的問題を特定した上で，その問題が発生し，発展し，維持されている要因に関する情報を収集します。次に，得られた情報を統合して問題を成り立たせている悪循環を明らかにします。それが，問題を見立てる作業です。そのような見立てを図式化したものをケース・フォーミュレーションと呼びます。

第Ⅱ部では，共感的コミュニケーションによってクライエントとの協働関係を形成し，査定的コミュニケーションによって問題を明らかにしていくアセスメントの基本技能をまなびました。しかし，アセスメントで得られる情報は，たとえそれが正確なものであっても，ただ単に羅列されているだけでは，介入方針を立てるのには役立ちません。情報は，有機的に集約されることで，初めて実践上の意味をもつものとなります。的確な介入ができるようになるには，

多様な要素とかかわる情報を系統的に収集するとともに，それらを統合して問題の成り立ちを明確化して個々の事例に適した介入法を組み立てていく作業が必要となります。そのために必要となるのがケース・フォーミュレーションの方法です。

　イールズ（Eells, 1997）は，ケース・フォーミュレーションを「事例の当事者の心理的，対人的，行動的問題の原因，促進要因，およびそれを維持させている力に関する仮説であり，その人に関する複雑で矛盾した情報をまとめ上げる助けになるもの」と定義しています。このことからわかるように，ケース・フォーミュレーション，つまり問題の見立ては，問題の成り立ちに関する仮説ということになります。したがって，ケース・フォーミュレーションは，精神医学における病理の診断とは異なり，問題を維持させている諸要因に関する"臨床的仮説"ということになります。

　介入段階では，見立てに基づいて介入方針を定め，実際に介入していくことになります。特に，問題行動を維持させている悪循環の流れを変え，問題の改善や解決を図ることを目標とします。ただし，見立ては，あくまでも臨床的仮説ですので，事例の現実に即していないこともあります。その結果として，誤った介入をすることになり，介入の効果が現れない場合もあります。そのような場合には，改めて情報を取り直し，その意味を読み直して仮説を再構成し，見立てを修正していくことになります。このように，実践を通して仮説を修正し，より現実に即した介入を組み立てていくことが，ケース・マネジメントの活動となります。

　本節では，初回面接においてどのように問題を見立てるのか，つまりケース・フォーミュレーションの手続きについて見ていくことにします。臨床心理士は，第Ⅱ部でまなんだ"聴く"技能によって，クライエントに現在経験している問題について自分の言葉で語るように促します。クライエントは，それに応じて自分自身が何を問題と考えているのかを語ります。それを受けて臨床心理士は，"訊く"技能を用いることで，クライエントが問題を特定化し，それを具体的に説明できるように支援します。問題の具体的状況がわかり，クライエントが直面しているテーマがどのようなものかを読み取ることができれば，それだけ明確な介入目標を立てることができます。ここでは，"読む"技能が

重要な役割をすることになります。目標が明確であればあるほど，クライエントにとっても，介入の目的を理解しやすくなるとともに，その目標を達成できる可能性が高まることになります。

このように，聴く技能，訊く技能，そして読む技能を用いてクライエントが問題と介入目標をどのように考えているのかを丁寧に，しかも具体的に明らかにし，共有していくことによって，臨床心理士は，クライエントとの間に協働関係を形成するとともに，クライエントの問題解決に向けての動機づけを高めていくことができるのです。

問題を維持しているミクロな悪循環を明らかにする

介入する問題を特定化したら，次にその問題を維持させているプロセスを明らかにし，問題の成り立ちを見立てる作業に入ります。第9章でも紹介したように，具体的な問題は，下記の三つの要因によって維持されています。

① 問題を引き起こす刺激
② 刺激に対する反応，つまり刺激によって引き起こされる不適切な行動
③ その反応から引き起こされる結果

しかも，刺激に対する反応は，認知（考え），感情（気分），生理（体調），行動（動作）といった要素が相互に関連していることになります。

以下，不登校状態となった隆夫くんの事例の問題の成り立ちについて見ていくことにします。

事例：隆夫くん①

隆夫くんは以前に学校で忘れ物をして先生に叱られ，それが契機となって友達にからかわれて学校に行くのがとても不安になっていました。その日の朝は，宿題が全部終わっていなかったということもあり，不安な表情で学校に行きました。途中でお腹が痛くなり，家に戻ってきてトイレに行ってから登校したので遅刻となり，結局，教室に入れずに泣き出して家に帰ってきてしまいました。母親は，それを知って隆夫くんを叱り，「お父さんにも怒ってもらいます」と告げました。

この事例では，問題は「教室に入れない」ということです。しかし，そのようなことが起こったプロセスを丁寧に訊いていくと，次のようになっていまし

IV　見立てをもつ技能をまなぶ

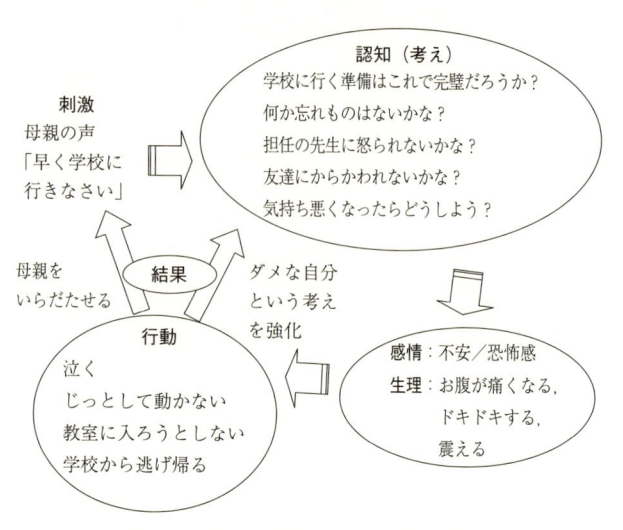

```
刺激
母親の声
「早く学校に
行きなさい」

認知（考え）
学校に行く準備はこれで完璧だろうか？
何か忘れものはないかな？
担任の先生に怒られないかな？
友達にからかわれないかな？
気持ち悪くなったらどうしよう？

結果
母親を        ダメな自分
いらだたせる   という考え
              を強化

行動
泣く
じっとして動かない
教室に入ろうとしない
学校から逃げ帰る

感情：不安／恐怖感
生理：お腹が痛くなる，
　　　ドキドキする，
　　　震える
```

図10-1　結果は刺激や認知に影響を与える

た。母親の「学校に行きなさい」という声かけ（刺激）が，「悪いことばかりを思いつく」考え（認知反応）を引き起こし，それによって不安や恐怖感（感情反応）が高まり，身体的な不調（生理反応）も生じ，教室の入口で身体が動かずに泣き出す（行動反応）ということが生じていました。結果として，母親から叱責を受けるということになりました。それは，隆夫くんの自信をさらに失わせることになりました。また，母親は，このような隆夫くんの行動にいらだち，「翌日はもっと厳しく言って，隆夫をどうしても教室に入るように指導しよう」という気持ちになりました。図示すると，このプロセスは，図10-1のようになります。

　このようなプロセスを見ると，問題が維持される悪循環が起きていることが理解できます。悪循環のプロセスを図式化すると，図10-2のようになります。問題の成り立ちを調べる場合には，問題の要素となっている刺激，認知，感情，生理，行動，結果に関する情報を収集し，図10-2を参考にして，それらの相互作用として問題を維持させている悪循環を同定していきます。なお，本書のテーマとなっている物語論の観点からは，図10-2の認知と感情が「語りとしての物語」に，刺激，結果，行動，生理，社会的関係・文脈が「劇としての物語」と関連していると言えます。

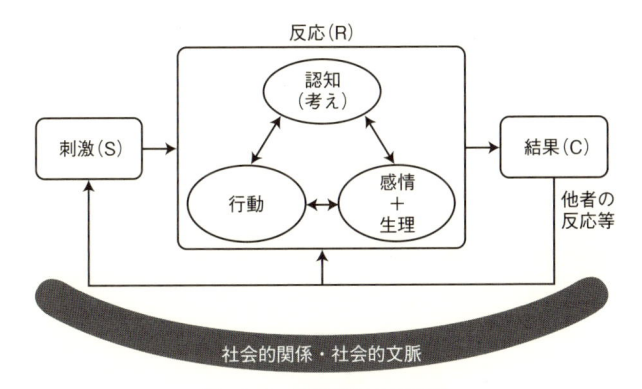

図10-2 問題維持の悪循環
S-Rによって生じた結果（C）が，社会的関係・社会的文脈の中でフィードバックされ，悪循環を形成する

問題を成り立たせたマクロな悪循環を明らかにする

ただし，明らかになった問題の成り立ちは，現実場面において問題として起きている出来事に関するものです。その背景となっている事柄については組み込んでいません。背景となっている事柄を含んだ見立てをもつためには，問題として起きている出来事と，そこに至る経緯を分けて考える必要があります。問題は，突如として起きるということはないからです。

ほとんどの事例において，以前から問題の素地があり，過去に何らかのきっかけで問題の兆候が表れていたということが見出されます。その兆候に適切に対処できていなかったために，問題として成立させる悪循環が発展してしまったという経緯があります。したがって，問題の成り立ちについて包括的な見立てをもつためには，現在の特定の問題を維持させているミクロな悪循環と，発達過程において問題を発生させ，現在の状態にまで発展させてしまったマクロな悪循環とを，分けて考える必要があるのです。

そこで，問題を維持している悪循環がある程度明らかになった後に，問題がどのように発展してきたかに関する情報を収集することが必要となります。この情報の中には，これまで家族，教師，専門家への相談歴や治療歴があるのか，あるとすればそれはどのような内容であったのかといったことが含まれます。

問題の発展経過を探るに当たって注意したいのは，"問題の発生"と"問題

表 10-1　問題の成り立ちを探る（ミクロ／マクロな悪循環）

個々の問題行動：刺激要因→維持要因（ミクロ）
　刺激要因：刺激状況
　維持要因：強化因子
問題の全体：素因→発生要因→発展要因（マクロ）
　素因：遺伝，体質（発達障害など），親子関係，世代間伝達，家族状況など
　発生要因：生活環境の変化，人間関係のトラブル，勉学のつまずき，いじめなど
　発展要因：周囲の無理解，不適切な対応や介入（専門家によるものも含む）など

アセスメントは個別問題行動（ミクロ）から問題の全体（マクロ）へ

の発展"を区別することです。"問題の発生"に関する情報は，問題が最初にどのような事情で始まったのか，問題の開始はどのような事情と関連しているのかということです。それに対して"問題の発展"に関する情報は，当事者，あるいは配偶者や家族といった関係者が，現在起きている問題の形成経過をどのように見ているのかということです。

まず問題が起きる素地があります。それは，問題の素因となるものであり，当事者にとっては受け入れざるを得ない生得的，環境的要因です。たとえば，遺伝，体質，性格，家族環境などです。発達障害なども素因に該当します。そのような素因をもって成長する中で，何らかの出来事が引き金となって問題の兆候が表れます。引き金は，環境の変化であったり，失敗体験であったりします。ここまでが"問題の発生"に関連する事柄です。それに対して適切な対処が行われたならば，現在の問題は起きなかったことになります。

適切な対処が行われなければ，その不適切な対処が問題を悪化させる要因となって問題が発展することになります。いったん問題が発展し始めると，家族関係，友人関係，学校環境，職場環境などのさまざまな要因がかかわるようになり，問題を維持する幅広い悪循環が形成されることになります。たとえば，周囲の無理解により，当事者は，他者に対する不信感を含む否定的な思い込みをもつことになります。これが，非合理な信念となって，その人の物の考え方，つまり認知を偏ったものにしていきます。それが，さらに他者との関係を悪化させ，問題を発展させる人間関係を作りあげてしまいます。発達障害における2次障害などは，この状態に該当します。

出来事としての問題を維持する悪循環をミクロな悪循環とするならば，この

ような素因，発生要因，発展要因といった多様な要因がかかわっている悪循環はマクロな悪循環ということになります。問題の成り立ちを分析する場合には，このような2種類の悪循環を分けて考えることが重要となります（表10-1）。

では，隆夫くんの事例の続きを見ていくことにしましょう。

事例：隆夫くん②

　隆夫くんは，幼い頃より音に敏感で，大きな声を出して遊ぶ友達の中に入っていけないところがありました。隆夫くんは，ひとりで遊んでいることが多く，3歳児健診の時に発達障害の傾向があると指摘を受けました（体質―素因）。さらに，隆夫くんが4歳の時に弟が生まれ，その弟が病弱で母親の注意は弟の育児に向かいました。いつもひとりで遊んでいる隆夫くんは，手がかからなかったこともあり，母親は隆夫くんに長男としてしっかりしていることを求めました。母親は友達と遊ばせることが重要と考えて，小学校入学と同時にサッカークラブに無理やり入れました。父親は会社中心の生活で，夫婦仲はよくなく，けんかが絶えませんでした（家庭環境―素因）。母親は父親に期待する代わりに，長男である隆夫くんに期待して，男性としての強さを求めたのでした。

　ところが，隆夫くんは，サッカークラブで他の子どもと上手につき合えないどころか，いじめを受けてクラブをやめました（問題の発生要因）。母親は，隆夫くんがクラブをやめたことにがっかりはしたものの，それを彼の不適応の表れとして理解することはありませんでした（問題の発展要因）。また，男性としての強さを求められていた隆夫くんは，いじめられたことを母親に伝えることはしませんでした。隆夫くんにとっては，いじめられる怖さは，他者への不信感とともに心の傷として深く心の底にとどまることになりました。

　小学校2年生の時に「夜眠るのが怖い」と泣いて母親に訴えましたが，母親は「男らしくない」と言って，本人を叱ったことがありました（問題の発展要因）。その後，夜寝る前に教科書をそろえてあるかと鍵を閉めたかを何回も確認するようになりました。そこで，母親は隆夫くんを近くの小児科に連れて行ったところ，抗うつ剤が出されました。それを飲んだ後は確認行為は減ったのですが，ボーッとして何もできなくなり，成績は下がり，授業についていくのが難しくなりました（問題の発展要因）。

　その後，薬を飲まなくてもよい状態にはなりましたが，ますます隆夫くんは自分の気持ちを他者に伝えることがなくなりました。

3　見立てに基づいて介入方針を選択する

　このようにミクロレベルだけでなく，発達的・社会的なマクロレベルを含め

Ⅳ 見立てをもつ技能をまなぶ

```
素因（発達障害）
音に敏感
コミュニケーションが苦手
自己表現をしない
    ↓
問題の発生要因
母親は長男としてしっかりしていることを求めた
いじめを受けて，サッカークラブをやめた
（母親の無理解→発展要因）
    ↑
素因（家族環境）
父親が仕事中心
夫婦仲が悪く，けんかが絶えない
母親は弟に気を取られている
    ↓
他者への不信感と恐怖感
    ↕ マクロな悪循環
発展要因
抗うつ剤の副作用
成績が下がる
    ↔ 強迫症状 ↔
発展要因
「夜眠るのが怖い」
「男らしくない」
と責められる
```

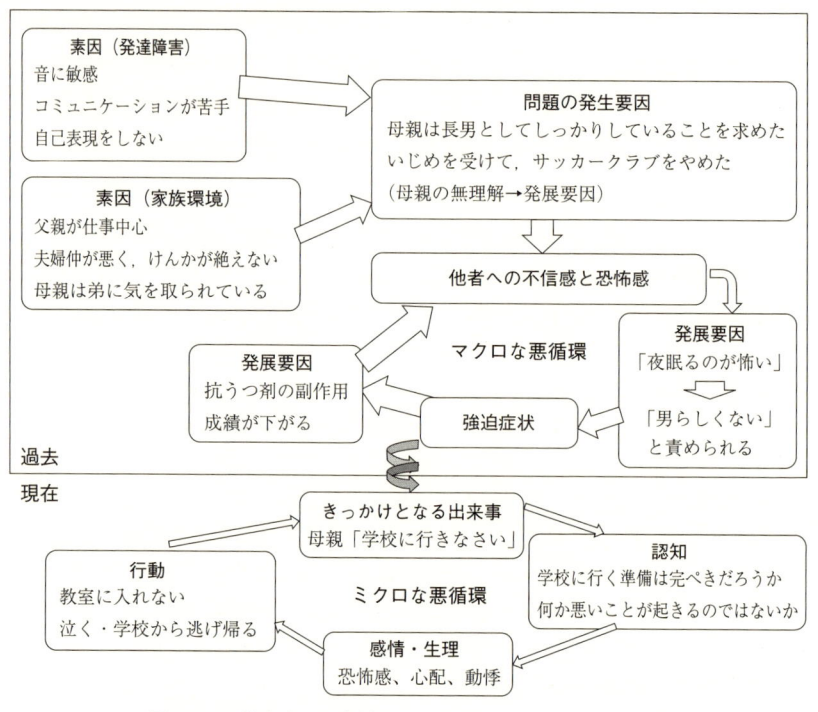

過去
───────
現在

```
きっかけとなる出来事
母親「学校に行きなさい」
    ↓
認知
学校に行く準備は完ぺきだろうか
何か悪いことが起きるのではないか
    ↓
感情・生理
恐怖感，心配，動悸
    ↓
行動
教室に入れない
泣く・学校から逃げ帰る
    ミクロな悪循環
```

図10-3　隆夫くんの事例のケース・フォーミュレーション

た多元的な情報を系統立てて整理し，それらの関連性から問題を成り立たせている悪循環を読み取ることができれば，それが「見立て」となります。つまり，現在起きている問題を維持しているミクロな悪循環だけでなく，その背景となっている発達的・社会的要因も明らかにしていきます。問題が発生する素地としてあった要因（素因），問題が発生する契機となった出来事（発生要因），その後問題の発展を促進した出来事（発展要因）を組み入れることで，問題全体を成り立たせているマクロな悪循環が見えてきます。それが包括的な見立てとなります。実際の事例では，クライエント個人を取り巻くレベルだけでなく，家族を含めてさまざまな社会状況が複雑に絡み合っているレベルを含めて，問題が成立しているものです。

　さらに見立ての要点を図式化したものがケース・フォーミュレーションです。これを当事者や関係者に問題の成り立ちに関する仮説として伝え，より現実に

適合し，問題にかかわる人たちが納得できるものに修正していきます。このようにケース・フォーミュレーションは，原則として当事者を含めた関係者に説明し納得してもらうものであるので，わかりやすく定式化することが求められます。隆夫くんの事例のケース・フォーミュレーションを図10-3に示します。

　ケース・フォーミュレーションを確定できたなら，次はそのフォーミュレーションに基づいて介入の方法を計画し，実施していきます。問題を成り立たせている悪循環のどの要因を変化させれば，悪循環の流れを変えることができるのかを見定めていくことになります。

　ミクロなレベルの悪循環の主要素である当事者の反応を構成する要因には，認知，感情，生理，行動があることは既述しました。物語論の観点から言うならば，「語りとしての物語」に主に関連するのが認知と感情です。ここでは，語りを聴き，認知の偏りを調整する技能が重要となります。「劇としての物語」にかかわるのが，行動や生理ということになります。ここでは，行いを観て，人々の行動を指導し，劇を演出する技能が重要となります。反応の契機となる刺激は，環境から出されるものですから，「劇としての物語」の舞台から出されるものです。結果も劇としての舞台において起きるものです。刺激のコントロールや結果の調整，つまり随伴性調整は，「劇としての物語」における技法となります。

〈引用文献〉

Davison, G. C., Neale, J. M., & Kring, A. M. (2004). *Abnormal Psychology* (9th ed.). John Wiley & Son.（下山晴彦（編訳)(2007)．テキスト臨床心理学1　理論と方法　誠信書房）
Eells, T. D. (Ed.) (1997). *Handbook of psychotherapy case formulation.* Guilford Press.
下山晴彦（2010）．臨床心理学をまなぶ1　これからの臨床心理学　東京大学出版会
Westbrook, D., Kernnerley, H., & Kirk, J. (2011). *An introduction to cognitive behaviour therapy: Skills and applications* (2nd ed.). Sage Publications.（下山晴彦（監訳)(2012)．認知行動療法臨床ガイド　金剛出版）

第11章 ケース・マネジメントの訓練

1 事例検討のために物語を記述する

事例の記録と報告

　臨床心理士が，事例の物語に関与しつつ，その物語の展開についての見立てを構成するためにまず必要なのは，事例の物語を的確に記述する技能です。事例の物語を的確に記述できれば，事例を対象化し，一歩下がったところで，事例の物語を見直し，読み直すことが可能となるからです。

　また，事例検討会やスーパービジョンという実習や訓練の場においては，担当の臨床心理士が事例の的確な記述を提出できることが前提として要求されます。事例検討会やスーパービジョンにおいてコメントをする第三者は，提出される事例の記述に基づいて事例の物語を読むので，その記述が的確なものでなければ，適切な議論が成り立たなくなります。

　そこで，本節では，ケース・マネジメントの基本技能として，事例の記録と報告の技能についてまとめることにします。事例の記録と報告について考えるに当たって注意しなければならないのは，事例検討会やスーパービジョンで議論されるのは，事例の事実そのものではなく，担当の臨床心理士が事例の記録に基づき，再構成して記述した「事例報告（ケース・レポート）」であるということです。事例を検討する際の資料となる，この「事例報告」は，「データの収集」と「データの記述」の2段階の加工を経て再構成されたものです。したがって，事例の記録と報告の技能については，この2段階に分けて以下で解説することにします。

データの収集——何をどのように記録するか

　現実は，複雑であり，さまざまな次元が重なり合って構成されています。ある個人が認識できる範囲は，その複雑な現実のほんの一部，一面に過ぎません。

ましてや，事例という形で相談機関にもち込まれる現実は，混乱を含んでいるという点で特に複雑な事態となっています。専門家とはいえ，このような複雑な現実を全て把握することは不可能ですし，またそれを完全に記録することは，さらに不可能と言えます。

しかし，だからといって，データを収集する臨床心理士が関心をもつ側面，あるいは臨床心理士が手っ取り早く把握できる側面のみについてのデータを集めただけでは，事例のほんの一側面を事例の全体とする偏った記録を作成してしまうことになります。たとえば，初学者の場合，精神分析に関心があるということで，無意識にかかわる"語り"だけをデータとして収集するといったことがしばしば生じます。したがって，事例の記録に関しては，データの収集の段階から，事例の現実の複雑性を考慮し，事例の全体をカバーできるように多様なデータを収集するという意識をもつことが重要となります。

事例の全体とその多様性をカバーするデータの収集 事例の現実の全体と，その多様性については，物語論の観点を参考にすることで理解が容易になります。これまで論じてきたように，「語りとしての物語」と「劇としての物語」，そして実践過程が開始された時点からさらに「実践の物語」が介在して，事例の物語の変化が進むと理解できます。「語りとしての物語」については面接法，「劇としての物語」については観察法と検査法が主要なデータ収集法となります。さらに，面接法にはさまざまな"きき方"があり，検査法や観察法についてもさまざまな"み方"があることは，コミュニケーション技能との関連で示した通りです。これに加えて他者による記録も，事例に関するものであれば重要なデータとなります。他者の記録としては，たとえば，医療現場であれば医師の診断，薬の処方，カルテの記載，看護日誌などがあります。

まず，実践を開始するに当たって，データを収集する段階では，「語りとしての物語」と「劇としての物語」から成る事例の全体をカバーできているのかを常にチェックすることが必要となります。そして，必要に応じて面接法，観察法，検査法，他者の記録を適宜組み合わせて，事例の物語の全体をカバーできるようにデータを収集していかなければなりません。あえて言うまでもないことですが，面接法では，事例の当事者に直接面接する場合もあれば，関係者に面接して情報を収集する場合もあります。観察法では，相談機関の中での個

人や集団（例：家族）の行動観察もあれば，事例が生起している日常場面に臨床心理士が出向いての観察もあります。検査法についても，ロールシャッハテストやバウムテストなどの投影法から質問紙法，神経心理学検査，さらには脳波測定やCTスキャンなど多様な検査が考えられます。

　次に，実践過程が進行している段階では，「実践の物語」に関するデータも収集しなければなりません。前述したように，「実践の物語」は臨床心理士と事例の当事者（関係者）との間で生成され，展開する物語です。したがって，両者の間のやりとり，そしてそれに関して生じた出来事を記録することが必要となります。その場合，「実践の物語」の一方の当事者として，臨床心理士自身のあり方が事例の物語の展開に非常に大きな影響を及ぼしていることを忘れてはなりません。臨床心理士の立場や発言内容といった表に現れるレベルの事柄から，実践過程の各時点で臨床心理士が認識していた見立て，さらには主観的印象や感情といった表に現れないレベルの内的経験も含め，臨床心理士の行動や心理も重要なデータとなります。

　収集データの記録　以上のような方法を用いて多様なデータを収集するわけですが，それをどのように記録し，保存するかが次のテーマとなります。

　最も厳密なのは，ビデオやICレコーダに録画，録音する方法です。しかし，このような方法は，記録を取ることを相手に告げた場合に，不自然な状況をつくることになります。一方，秘密に録画や録音をすることは，倫理に抵触することになるので，録画や録音をする場合には，その必要性を説明し，同意を得ることが前提になります。マジックミラーを通しての観察などもこれに準ずるものです。なお，録画や録音には，記録部分は正確に再生できるが，記録できない（例：画面に入らない）部分は全く抜け落ちるという限界があります。しかも見直すのに時間がかかるという点では不便なこともあります。

　次に，目前でメモを取るという方法があります。この場合も，相手の同意を得ることが前提となり，メモを取る行為が不自然な状況をつくる可能性もあります。しかし，前述したように実践過程は臨床心理士とクライエントとの協働作業なので，その過程を書き記すという点では「実践の物語」を促進する行為として位置づけることもできます。検査結果や制作物をコピーしたり，箱庭など制作物の写真を撮ったりすることも，メモを取ることに準じた記録の方法と

言えます。

　最後に，データをその場で記録せずに，記憶し，後で思い起こして記録に残すという方法があります。記録行為が介在しない自然な状況の中でデータの収集ができるという利点がありますが，その再現の正確さが問題となります。ポイントを押さえて的確に記憶し，それを正確に再現できるならば，要領を得た記録が作成でき，後で見直す際に便利であるということになります。

　どのような記録方法を採用するかは，その後の記録の利用の仕方によって決定されます。録画や録音は，初学者の面接や遊戯療法場面におけるコミュニケーションを綿密に検討するためには有効です。また，初学者でなくとも，家族療法では，家族間，あるいは家族と臨床心理士の間のコミュニケーションを検討するために録画がしばしば用いられます。それに対して，病院臨床などのように多数の事例を次から次にこなさなければならず，じっくりと記録を取ったり，見直したりすることができない場合には，目前でメモを取るのが最善の方法になる場合もあります。

　さらに，記録には，臨床心理士が担当事例の見直しをするためだけでなく，同僚など援助チームを組んでいる人たちと事例の現実を共有するための伝達用データとしての意味があります。そのような伝達用データとしての記録には，他者が読んで理解しやすいように要点を押さえた簡便性が求められます。

記録する技能の学習

　以上で見たように，記録は事例の事実そのものではなく，臨床心理士によってデータとして選択され，加工されたものです。したがって，記録する技能としては，その加工段階で，一方では正確さを保ちつつ，他方では事例の全体を要約して示すポイントを抽出する技術が求められます。

　初学者は，このような記録の技能を習得し，必要に応じてさまざまなレベルの記録を取ることができるようにならなければなりません。そのためには，次のような学習法が有効です。

　まず，面接場面をICレコーダに録音します。面接終了後に，記憶に基づいてその面接で起きたやりとりのポイントを再現し，記録します。その後，録音を聞き，逐語録を作成します。その両者を比較することで，自らの記憶の特徴

を把握することが可能になります。臨床心理士がクライエントの語りのストーリーを理解できていなかった箇所，つまりしっかりと聴けていなかった部分が，記憶から抜け落ちたり，誤って記憶されていたりするものです。

このように録音記録と記憶を比較することで，記憶の偏りを自覚でき，正確に記憶することの重要性を意識できるようになります。ただし，人の記憶では，ICレコーダのように全てをそのまま再生することは不可能です。正確に再生するためには，語られたストーリーを読み，その要点を押さえて記憶せざるを得ません。したがって，このような訓練を繰り返すことによって，初学者はいかに人の記憶が曖昧なものであるかということを自覚できるようになり，そして，その曖昧な記憶を少しでも正確にするために，クライエントの語りのストーリーを理解すること，つまり事例の物語を"読む"技能を自然にまなんでいくことになります。

データの記述――何をどのように報告するか

事例検討会などの見直しの作業において提出する事例報告では，単に事例の記録を羅列すればよいというものではありません。面接が複数回におよんでいる場合には，記録はかなりの量になります。しかも，単に記録を羅列されただけでは，第三者は，そこからストーリーを読み取ることが困難です。そこで，担当者は，記録を取捨選択して整理し，記録を再構成し，レポート（報告書）として記述する必要があります。

ただし，それは，記録を参考にして新たな物語を創作するという意味ではありません。ここでいう再構成とは，記録の中に埋もれている事例の物語の可能性を読み取り，それを少しでも伝えられるように，記録を取捨選択してまとめるという意味です。臨床心理実践の経過の中で，そのつど残された記録は，それだけではまとまりのない，単なるメモの集合体です。担当者は，その記録全体を何回も何回も読み通し，その中から出来事として重要と思われるものを取捨選択し，時間配列にしたがってまとめ直して，そこに流れるストーリーの可能性を探し出し，そのストーリーを少しでも明確にできるように，関連記録をレポートとして提示することが必要となります。したがって，レポートは，あくまでも記録から構成されるものということになります。

もちろん，初学者の場合には，記録を読み直しただけで明確なストーリーが出てくることはありません。そこで実際は，とりあえずストーリーに関連すると思われる記録を準備することで，第三者がストーリーを読み取る材料を提供することが目標になります。探偵小説の前半部分では，事件の解決に関連ありそうなさまざまな情報が提示され，読者は，そこから事件の核心に迫るストーリーを徐々に読み取っていくことになります。事例検討の資料として提示するレポートは，このような探偵小説の前半部分の描写に相当するものと言えます。

　したがって，臨床心理士は，事例の記録を再構成する技能として，「事例の物語」を語らせるようなレポートを作成できるように，記録を取捨選択してまとめる技術を習得することが必要となります。事例検討会では，担当者が事例の現実を物語るように記述したレポートを第三者が読み，担当者と第三者が協力してそこにあるストーリーを読み込んでいく作業が行われます。

　このように事例をレポートとしてまとめる作業では，最終的には第三者の協力を得て，事例の物語のストーリーを明確にしていくことが目標となります。しかし，レポートをまとめる段階で担当者の事例の理解がかなり進むこともあります。前述したように，臨床心理士は何回も記録を読み，そこに事例の物語のストーリーを読み取る努力をしなければなりません。その段階で，すでに事例の物語の集中的な読み直しが始まっています。事例をまとめる作業そのものが，事例の物語を読み，見立てを形成する技能，つまりケース・マネジメントの技能の訓練となっているわけです。したがって，事例検討会が設定されていなくても，事例の理解に行き詰まった時には，記録を何回も読み直し，まとめ直してみることで，見立てを修正するヒントを得ることができます。

　大量にある記録の中から重要な記録を抜き出してレポートを記述する技能は，事例検討会を経ることで学習されるものです。そのため，事例検討会の経験の少ない初学者が事例のレポートを記述する際には，ある程度"勘"に頼らざるを得ません。初学者の中には自らが信奉する理論モデルに沿って事例理解のシナリオ通りの記録を選り分け，レポートを構成しようとする者もいます。しかし，事例の現実を理解するという点では，理論モデルに沿ってデータを整理するよりも，混沌とした記録の中から重要なデータを見つけ出す"勘"を養うことのほうが，ケース・マネジメントの技能の学習として重要となります。

事例記録作成の基本枠組み

"勘"を養うことが重要であるといっても，事例の記録を再構成する際の最低限の枠組みとして留意しておくべきことがあります。その基本的な枠組みを押さえることで，ある程度は事例の物語のストーリーを浮かび上がらせることが可能となるので，以下にその枠組みを示します。

時間的枠組み　第5章で論じたように，物語のストーリーは出来事の時間配列です。したがって，事例の物語をレポートする際には，重要と思われる出来事を時間の経過に従って配列し，記述することが基本となります。特に実践過程の記述については，いつ，どのような出来事が生じ，どのようなことが語られたのかを，それが生起した日時を明記した上で，時間経過に従って記述することが原則です。

ただし，「語りとしての物語」においては，出来事は，時間の経過に従って順に語られるのではなく，語り手であるクライエントの認識する因果関係のプロットに基づいて語られます。そこで，語られた内容については，語られた順に記述するとともに，語られた出来事がいつ生起したのかがわかるように時間情報をできる限り付記することが重要となります。たとえば，母親面接で，「子どもがいじめられたことが原因で不登校になった」と語られたとします。それは，母親が想定した因果関係のプロットに基づく物語です。そこで，そのストーリーを確定するために，実際に子どもがいじめられ始めたのがいつで，登校を渋るようになったのがいつなのかについての情報が必要となります。

また，事例の概要を記述する欄（後掲表11-1参照）において，実践過程が始まる以前の事例の経過をまとめる際には，「語りとしての物語」を分解し，語られた出来事を時系列に従って配列し直し，事例の歴史（ヒストリー：生活史，問題歴，症歴，家族歴など）として整理して記述することも必要となります。

このように時間的枠組みに注目して記録を読み直すだけでも，事例の物語のストーリーがずいぶんと読み取れるものです。

状況的枠組み　実践活動は，面接法が中心となります。そのため，「語りとしての物語」で語られた心理的な訴えの記述が中心になりがちです。しかし，事例の物語は，繰り返し述べてきたように「語りとしての物語」と「劇としての物語」から成り立っています。しかも，事例は，「劇としての物語」の中の

具体的出来事として，日常生活を舞台として生起してきた事柄です。そこで，たとえ事例の中心的テーマが個人の心理的問題であっても，事例の物語の全体を理解するためには，その個人を取り巻く対人関係といった社会的状況についての情報を記述することが必要となります。そのためには，事例の当事者からの情報だけでなく，母親面接などの関係者面接の記録や他者による記録があれば，状況的枠組みを示す記録として記述し，事例の物語の全体を提示するように心がけなければなりません。

「語りとしての物語」における心理的表現のみが示された場合は，事例全体のほんの一部についての情報だけしか与えられないことになります。たとえば，一連の箱庭の写真記録のみが示され，その箱庭を作成した子どもの日常生活の情報が与えられない事例報告などがそれに相当します。そのような場合，事実に基づく推論が困難になり，事例の物語の全体からストーリーを読むことができなくなります。その結果，臨床心理士が信奉する理論モデルのシナリオを勝手に当てはめ，好みのプロットを事例の物語の筋に当てはめてわかった気になるという事態が起きてきます（例：丸い模様を安易にマンダラと見なす）。

このような理論モデルのシナリオの当てはめは，第4章で「理論そのものを事例に当てはめてしまう危険性」として指摘した事柄です。これを防ぐためにも，事例が生じている状況についての記録を具体的に記述したレポートを提示しなければなりません。状況を記載する際のポイントとしては，第9章で解説したように刺激—反応—結果の図式を用いて，どのような刺激状況において，どのような反応が生じ，その結果どのような出来事が起きたのかを記述すると，時間的枠組みと状況的枠組みを組み合わせた記述が可能となります。

関係的枠組み 実践過程が進行している事例では，臨床心理士とクライエントとの間で「実践の物語」がどのように生成され，展開しているのかを把握することが，見立てを修正する際の最も重要な情報となります。したがって，臨床心理士とクライエントとの間で起きた出来事を，非言語コミュニケーションを含めた"やりとり"として記述することが必要となります。

ところが，クライエントの反応の記録しか示さないレポートが多く見られるのも事実です。それでは「実践の物語」のダイナミックスが見えてきません。臨床心理実践が始まった時点で，臨床心理士の動きとクライエントとの関係性

は事例の展開を左右する非常に大きな要因となっているため，それらの記述がないと「実践の物語」のダイナミックスが読めないのです。単にクライエントの反応に共感し，それを尊重していただけなので，自分の動きを記述する必要はないと思うかもしれませんが，相手の反応に共感し，尊重するということ自体が非日常的で特異な行為であり，専門的な介入になっています。したがって，臨床心理士は，常に自己の行為の特異性を意識し，それを記述しておかなければならないのです。

　この臨床心理士とクライエントとの関係性のダイナミックスは，転移―逆転移という精神分析の主要概念と関連する事柄です。転移―逆転移の理論が示すように，単に言語・意識レベルだけでなく，行動・無意識レベルのやりとりも両者の関係性の構成要因になっています。したがって，行動化などを含めた両者の行動レベルのやりとり，その際に臨床心理士の側に生じた印象や感情体験をも記述することが，「実践の物語」の展開を読む上で重要なデータとなります。

　さらに，臨床心理士と当事者の関係性は，個人的・心理的レベルだけでなく，集団的・社会的レベルでも生じてきます。そこで，両者の関係性を社会的状況の枠組みで記述しておくことも重要となります。つまり，担当の臨床心理士が，どのようなセッティングで，どのような社会的役割として，どのような社会的関係の中で心理援助を行っていたのかといった情報です。たとえば，スクールカウンセラーとしての心理援助活動の場合は，学校の中でカウンセリング活動がどのように位置づけられ，さらにはカウンセラーの役割がどのように認識され，学校の教諭や父兄とどのような社会的関係の中で援助を行っていたのかという，臨床心理士と事例の社会的状況における関係性を記述することも，「実践の物語」の展開を読む上では必須の情報となります。

事例報告の形式
　事例報告には，その報告の利用のされ方によってさまざまな形式があり得ます。表11-1に事例検討会に提出する場合のレポートの形式例を示します。
　表11-1の「事例の概要」は，初回面接で収集したデータを，時間的枠組みと状況的枠組みに基づいて再構成して記述する欄です。ここでは，来談までの

表11-1 事例検討会用のレポートの形式例

1　事例の概要
　a）事例の当事者情報：年齢，性別，社会的地位（例：○○大学○年生／○○会社○○部）
　b）事例の問題：誰がどのようなことを問題として来談したか（主訴）
　c）来談の経緯：どこで相談機関を知ったか，誰の紹介か
　d）事例の状況：生活史（生育歴，問題歴，症歴），家族環境（家族構造，家族史）
2　実践過程
　a）援助形態（社会的セッティング，方法，時間，場所，頻度など）
　b）事例の経過
3　検討課題
　a）事例担当者の見立て
　b）検討してほしいテーマ

事例のストーリーを，時間軸に忠実に再構成して示します。「実践過程」では，まず心理援助をする際の臨床心理士の側の状況的枠組みを示し，その枠組みの中で臨床心理士と事例の当事者（関係者）との間で生じた出来事を時間の経過に従って記述します。詳しくやりとりを検討したい場合には，1セッションの逐語録を録画ビデオやICレコーダとともに提示する方法もあります。「検討課題」では，担当者が事例検討会でテーマとして見直したい事柄を提示します。

2　事例を検討するための方法

事例を検討する意味

　ケース・マネジメントの技能を習得するための中心的な実習となる事例検討の方法には，事例検討会（case conference），スーパービジョン（supervision），事例研究（case study）がありますが，ここではそれらのいずれの形式にも共通する事例検討の基本を明確化することにします。
　実習生は，担当者として事例検討を体験することで，いよいよ本格的な実践活動の訓練を受けることになります。ゲームにたとえるならば，練習試合ではなく真剣勝負の試合に臨み，その試合の経過を見直すことで技能の向上を図る段階になったわけです。集団事例検討会の参加者やスーパービジョンのスーパーバイザーも，単なる試合の観客，評論家，解説者，批判者という立場ではなく，自分自身も試合に臨むプレーヤーとして検討会に参加することになります。事例検討では，担当者の試合の組み立て方について，同じプレーヤーの立場か

ら見直しを行い，その事例の現実により即した見立てを形成していくことが目的となります。

　初学者だけでなく，中堅，ベテランの臨床心理士にも，ある特定の学派の理論に従って事例を理解し，特定の技法によって事例を操作する技能を身につけることが事例検討の目的であると考える人が少なからずいます。この発想では，理論と技法がまず中心にあり，それを事例の現実にいかに適用するかが事例検討の眼目となっています。少なくとも実践の基本をまなぶ初学者にとっては，そのような事例検討の理解は不適切であり，偏っていると言わざるを得ません。なぜならば，ケース・マネジメントの基本は，あくまでも事例の現実を理解し，事例の現実に沿った介入の方法を採用する実証性にあるからです。そこでは，事例の現実が中心にあることが前提となります。

　したがって，臨床心理学の基礎をまなぶ大学院の事例検討では，特定の学派にこだわらずに自由に事例を理解し，事例にかかわっていく技能の習得が実習の目的となります。実践過程が停滞している場合には，担当者が特定の理論に基づく理解にこだわっていたり，事例の流れに巻き込まれていたりするために，事例の現実を自由に見直すことができなくなっています。そのため，事例検討においては，ある一定の見方に基づくのではなく，できる限り自由に事例の物語を読み込んでいく柔軟性を身につけることが重要となるわけです。

　ただし，事例の物語を自由に読むといっても，臨床心理学の理論や技法を全く無視して，好き勝手なことを言えばよいというのではありません。自由であるということは，ある特定の理論や技法にとらわれない，多様な読みの可能性に開かれていることを意味しています。ここでは理論や技法を否定しているわけではありません。さまざまな理論や技法をまなぶことは必須であり，それを参照枠として自由に，そして柔軟に事例の現実を読み，事例の現実にかかわっていくケース・マネジメントの技能を身につけることが，事例検討の主要なテーマとなります。その点では，さまざまな理論モデルの理論や技法を積極的にまなぶことが事例検討の前提となっていることを忘れないでください。

　テニスにたとえれば，ある特定の学派にこだわることは，「俺は，スマッシュのプロだ」といって，スマッシュばかり狙っている状態に似ています。それでは，試合が成り立ちません。試合には，さまざまな局面があるわけで，それ

それの局面でさまざまな技能が必要となります。さまざまな局面を試合の流れに沿って適切に読み，目前の局面にそのつど対応できる技能を身につけることが試合を組み立てていくためには必要となります。実践を通してそのようなさまざまな技能をまなぶ実習の場が事例検討なのです。

事例検討の目的

　事例検討の目的は，心理援助が"うまくいっているか否か""理論通りにいっているか否か""正しく行われているか否か"の評価を行うことではありません。事例の経過で起きる事柄は，全て事例の物語との関連で意味をもつものです。したがって，事例の物語を読み，実践過程において生起した出来事がどのような意味をもっているのか，そこで生じたことの真相は何なのかということを探り，その後の介入に向けての見立てを構成する作業を援助することが，事例検討の目的となります。

　このような事例の物語を読む作業において，何にも増して重要となるのが，自由で柔軟な発想をもつことです。これまで繰り返し述べてきたように，臨床心理実践過程は，仮説として事例の物語についての読みを生成し，それを修正しつつ事例に介入していく循環的仮説生成─検証過程です。事例を担当する臨床心理士の読みは，一つの仮説でしかありません。それ以外にもさまざまな読みが可能です。もし，実践過程が行き詰まっているならば，それは，臨床心理士がもっている読みが事例の現実からズレていて，しかもそれを修正できなくなっているからです。事例検討とは，そのように固定化してしまっている読みの修正を援助する作業となります。したがって，固定化している読みを解き放つ，自由で柔軟な発想が必要となります。

　難しい事例であればあるほど，担当する臨床心理士が事例の物語に巻き込まれて動きが取れなくなり，事例を見る視点が偏ってしまっています。そこで，事例検討では，第三者の立場で事例の物語を読むことができる参加者やスーパーバイザーが担当者と協力して，新たな読みや見立てを見出していくことになります。

　その際注意しなければならないのは，事例検討の場で報告される事例の物語は，あくまでも担当者によって作成されたレポートであるということです。第

2節で指摘したように，レポートが完成するまでには，データ収集時および記録作成時の取捨選択，レポート作成時のストーリー化といった段階で，すでに担当者の偏りが多分に入り込んでいます。つまり，レポートとして提示された事例の物語の中には，すでに担当者の読みが含まれているわけです。

したがって，事例検討の参加者やスーパーバイザーは，提示されたレポートからも自由となって，実際の実践場面で何が起きていたのかを推測することも必要です。たとえば，担当者の事例検討での対応は，実践場面での対応と類似していると想定できます。そこで，事例検討では，報告された内容だけでなく，担当者の事例報告に接して感じた印象や感想も，事例の物語についての読みを見出していく重要な手がかりとなります。

事例検討のポイント

事例検討においては，事例の物語についての多様な読みの可能性に開かれていることが第1に求められます。そのためには，特定の学派に偏ることなく，さまざまな理論モデルを参照枠として，現実のさまざまな側面を読み込んでいく技能が必要となります。

事例の物語のさまざまな側面を読むためには，「語りとしての物語」「劇としての物語」「実践の物語」からなる事例の物語の全体を視野に入れた上で，それぞれの部分を検討していくことが有効です。そこで，以下に事例の物語の全体との関連で事例を読むポイントを列挙してみます。

① 語りとしての物語
・「語りとしての物語」を"聴く"ことができているか。語りが生成されているか。
・「語りとしての物語」を"読む"ことができているか。
・「語りとしての物語」のプロットに惑わされていないか。
・「語りとしての物語」についての解釈を伝えることができているか。

② 劇としての物語
・「劇としての物語」における事例の当事者の機能障害を"診る"ことができているか。思考機能，自我機能，認知機能の障害はないか。
・「劇としての物語」を"観る"ことができているか。

- 「劇としての物語」のストーリーを"訊く"ことができているか。
- 「劇としての物語」を"読む"ことができているか。「劇としての物語」で繰り返される行動を規定しているルールは何か。劇のシステムの特徴は何か。事例の当事者の役割は何か。
- 「劇としての物語」に介入する必要はないか。必要ならば、どのシステムに介入するのか。すでに行われている介入は適切か。
- 「劇としての物語」におけるキーパーソンは誰か。危機介入する必要はないか。

③ 実践の物語
- 「語りとしての物語」を"聴く"ことを通して、どのような「実践の物語」が生成されているか。臨床心理士と事例の当事者との間にどのようなドラマが生じているか。
- 「実践の物語」のドラマをコントロールできているか。巻き込まれていないか。
- 「実践の物語」は、「劇としての物語」にどのような影響を与えているか。

④ 物語の全体
- 「語りとしての物語」と「劇としての物語」の関係はどうなっているか。
- 「語りとしての物語」と「劇としての物語」の関係のダイナミックスが視野に入っているか。
- 事例の物語に「実践の物語」がどのように介在しているか。
- 事例の物語の展開の中で臨床心理士の役割は何か。
- 事例の物語の全体構造との関連で実践の枠組みが適切に構成されているか。
- 他の相談機関、医療機関、教育機関との間に適切なソーシャルサポート・ネットワークが構成されているか。構成されていないのならば、構成する必要はないか。

事例検討の形式

　事例検討には、さまざまな形態があります。ここでは、集団事例検討会、初期事例検討会、スーパービジョン、事例研究に分けて、事例検討の形態を見ていくことにします。

最もオーソドックスな事例検討の形態は，集団事例検討会です。これは，報告された事例を10～20人程度のグループで検討する会です。集団事例検討会では，グループの参加メンバーが平等に行う議論を中心に展開する場合と，リーダーがいて，そのリーダーのコメントを中心に展開する場合があります。また，集団事例検討会のメンバーが固定され，定期的に行われる場合と，単発的にメンバーを募集して行う場合があります。前者の場合には，担当者と参加者の信頼感が形成され，担当者の体験過程を含めた微妙な情報を扱うことが可能となります（岩間，1999）。

初期事例検討会は，相談を受けつけた時点で，その相談を受理するか否かを含めて事例の見立てを検討する会です。したがって，初期事例検討会は，事例の初期段階の見立てをテーマとした集団事例検討会ということになります。初学者にとっては，実践過程がかなり進行してしまってから事例検討をしても，すでに手に余る程度まで事態がこじれてしまっている場合もあります。したがって，事例を受理した早い段階に，面接の逐語録を含めた丁寧な事例検討会が必要になります。

スーパービジョンは，上級者（スーパーバイザー）が初学者（スーパーバイジー）のケース・マネジメントの指導を行うものです。上級者が初学者をスーパーバイズする際に複数の初学者が陪席する，といった集団スーパービジョンもありますが，1対1の関係の中で行われる個人スーパービジョンが基本となります。スーパービジョンでは，上級者と初学者という関係の中で，集中的に実践過程の見直しがなされます。このような関係の中で行われる作業は，個人心理療法に類似したものとなります。そのような心理的に守られた場において，初学者は実践過程に臨んでいる自己の体験過程をテーマとして，自己理解を深めることが可能となります。そして，事例の当事者との間で生じた「実践の物語」をより深いレベルから検討する機会を得ることができます。

スーパービジョンは，通常はスーパーバイザーとスーパーバイジーが契約を結び，一定期間，定期的に続けるものです。特に初学者は，実践課程が進むにつれて事例の物語に巻き込まれ，客観的に事例を読むことができなくなり，事例を適切にマネジメントすることができなくなります。そこで，定期的にスーパービジョンを受け，上級者とともに事例の物語や実践の物語を見直し，読み

直すことで、事例についての客観的な読みを維持することが可能となります。初学者は、上級者の観点を参考にすることで、事例の物語についての理解を深めるとともに、実践の物語における自分自身の反応パターンについての柔軟な見立てを得ることが可能となります。事例の物語についての理解が深まり、より適切な見立てをもてることで、問題解決に向けて有効な技法を用いることも可能になります。このような経験を通してケース・マネジメントの技能を習得していくことになります（平木，2012; Hawkins & Shohet, 2001）。

　このようにスーパービジョンは、ケース・マネジメントの技能を習得するのにとても有効な方法です。しかし、上級者と初学者という上下関係の中で集中して進むので、初学者は上級者の考え方に影響を強く受け、時には依存的になることがあります。その点で、初学者は、複数のスーパーバイザーにスーパービジョンを受け、多様な視点を得ることが必要となります。なお、何らかの困難な事態に直面した場合にのみ、上級者から単発的に指導を受けることがあります。このような指導は、コンサルテーションと呼ばれます。

　事例研究は、複数の事例検討を通してある程度共通性のある真実が見出された場合に、それを提示し、その一般性を公に問う作業です。したがって、ある程度の経験を積んだ臨床心理士にしかまとめることのできないものです。学会での発表、紀要や学会誌での論文発表が、これに相当します。事例研究をするためには、自己の経験を単なる事例報告のレベルを超えて、モデルとしてまとめていく抽象化の技能が必要となります。大学院に在籍する学生にとって、このような抽象化の技能をまなぶことも重要な課題です。

　以上、事例検討のさまざまな形態について概観しました。大学院教育においては、初学者が成長段階に合わせてケース・マネジメントの技能を習得していくことができるように、前述したようなさまざまな形態の事例検討からなるプログラムを構成し、体系的に技能をまなべる実習システムを形成することが必要となります。

3　スーパービジョンのポイント

「語りとしての物語」に関連して

　実践の基本要素である「正確に聴くこと」「ケース・フォーミュレーション

をすること」「介入について合意すること」は，全て協働関係の基礎として成立するものです。初学者では，その基礎部分の構築ができていないことが，実践過程を適切に進めるのを妨げる原因となっていることがしばしばあります。スーパービジョンでは，「語りとしての物語」の内容，つまり"何が語られたのか"に注目することも必要ですが，それ以前の語りを成立させる土台となる協働関係の形成を確認し，指導することが重要なテーマとなります。

　臨床心理士が見立てを得ることや問題解決に向けての介入を急ぐあまり，クライエントの語りをしっかりと聴き取れていない場合には，ケース・フォーミュレーションのために必要な情報を収集できないだけでなく，介入を継続して行うための土台になるクライエントの主体的参加，そして臨床心理士とクライエントの協働関係を形成できません。そのために，実践過程が適切に進まず，介入につまずくことが非常に多くなります。

　ここで指摘したいのは，正確な共感の重要性です。正確な共感をするためには，具体的情報を収集する技能が重要となります。それを通して的確な仮説に基づく正確な共感が可能となるとともに，ケース・フォーミュレーションも可能となります。

　実践では，クライエントの行動を正確に理解し，その理解したことをクライエントに伝えることができて初めて，共感的に"聴く"ことができたことになります。理解したことを明確に伝え，それをクライエントが修正する過程で，より正確な共感となってくるわけです。また，心の中の感情のみに共感するのではなく，状況の中で刺激に反応して動いている，そのコンテクストを生きているその人に共感することが，正確な共感につながります。「……という出来事に対して……のように考えたのですね」「……ということがあったので，……と感じたのですね」「……ということがあり，……のように考え，感じたので，……のように行動したのですね」と，具体的に共感的な理解を示すことです。

　このようなコミュニケーション技能をしっかりと指導することが，初学者のスーパービジョンにおいては特に重要となります。これは，第8章において"聴く"技能として解説した事柄です。

「劇としての物語」に関連して

次に重要となるのが，クライエントの語りに共感するとともに，積極的に問題の成り立ちを明らかにし，それをクライエントに伝え，理解を共有するリーダーシップをもつことです。このような，健全なリーダーシップをどのように育成するかが，ケース・マネジメントの技能の基本となります。

共感過程は同時に，臨床心理士とクライエントが協力して問題に関する仮説を生成し，検証し，修正して発展させていく，協働過程でもあります。そこで，次にスーパービジョンのテーマとなるのが，ケース・フォーミュレーションを形成することの支援です。

ケース・フォーミュレーションとは，問題の成り立ちを明らかにし，その結果に基づいて適切な介入方針を提示するものです。そこで，最初に必要となるのが，介入の対象となる問題とは何かを特定する作業です。クライエントの主訴を聞くことから始め，次第にその問題を特定していきます。スーパービジョンでは，介入の対象となる具体的問題を特定していくとともに，その問題の成り立ちを理解する作業を支援します。具体的問題と，問題の成り立ちとを区別することもスーパービジョンで伝える重要なポイントとなります。具体的問題は，決して問題の全体を示しているわけではありません。問題の成り立ちとは，具体的問題の背景にあって，その問題を形成し，維持しているプロセスです。スーパービジョンでは，情報を収集し，それに基づいて問題の成り立ちを明らかにしていく作業ができるように丁寧に支援します。

難しいケースであればあるほど，表面に示されている問題は本当の問題でないことが多くなります。そもそも日常で問題が継続しているのは，それを維持するシステムができてしまっているからです。そのような問題を維持しているシステムを見出し，介入の要点を明らかにしていくことがスーパービジョンの役割でもあります。

「実践の物語」に関連して

スーパーバイジーとスーパーバイザーの間では，「実践の物語」に類似したドラマが生じやすくなります。しかし，スーパービジョンは，臨床心理士とクライエントの関係とは異なります。臨床心理実践では，事例の問題解決が目的

11 ケース・マネジメントの訓練

となりますが，それに対してスーパービジョンでは，初学者，つまりスーパーバイジーのケース・マネジメント技能の育成が目的となっています。実際の事例への取り組み方を一緒に考えることを通して，スーパーバイジーのケース・マネジメント技能を高めることが何にも増して重要となります。

スーパーバイジーの多くは，事例の物語に巻き込まれ，事例の全体を客観的に見ることができなくなっています。そこで，スーパーバイザーは，スーパーバイジーから事例の物語を聴くことによって，事例に間接的に関与しながらも，事例に巻き込まれない第三者の視点を提供します。それを通してスーパーバイジーは，事例に深くかかわりつつ，事例と距離を取り，客観的に事例の物語を読み取り，問題の成り立ちについての見立てをもち，適切な介入方針を立て，実際に介入していくケース・マネジメントの技能を獲得していくことになります。したがって，スーパーバイザーとスーパーバイジーの間には，「実践の物語」のようなダイナミックな関係が起きないことが望ましいことになります。

基本的には，スーパーバイザーの役割は，スーパーバイジーが実践を通して，臨床心理士としての知識と技能を適切に活用してケース・マネジメント能力を習得するのを支援することです。スーパービジョンがある学派の理論や技法を教え込む場として利用されないことが重要です。本書で扱っている基本技能をまなぶこと，そしてそれを使いこなすことでケース・マネジメントの能力を高めることがスーパービジョンの目的となります。

スーパーバイジーの多くは，初学者で自信がありません。対処できない状況に接して不安になっています。スーパーバイザーに心理的に従属しやすくなっているのです。そこで，スーパービジョンが特定の学派の理論や技法を上手に事例に当てはめるための教育の場となった場合，単なる技術教育を超えてスーパーバイザーがスーパーバイジーを心理的にコントロールしてしまう危険性が生じかねません。したがって，スーパーバイザーもスーパーバイジーも，そのような事態にならないように対策を講じておくことが大切となります。少なくともスーパーバイジーとしては，1人のスーパーバイザーに依存するのではなく，さまざまなスーパーバイザーからまなぶ機会をもち，スーパービジョンを相対化していくことが必要となります。

〈引用文献〉

Hawkins, P. & Shohet, R. (2001). *Supervision in the helping profession.* Open University Press.（国重浩一・バーナード紫・奥村朱矢（訳）(2012). 心理援助職のためのスーパービジョン　北大路書房）

平木典子（2012）. 心理臨床スーパービジョン　金剛出版

岩間伸之（1999）. 援助を深める事例研究の方法　ミネルヴァ書房

第12章 ●● ケース・マネジメント事始め

1 実践を始める前に

試行実践

　臨床心理学の学習は，自動車の免許教習に似ています。自動車の免許教習は，運転の方法，交通法規，車のメカニズムについて座学でまなぶ学科教習と，車を実際に運転して技術を習得する技能教習に分かれます。臨床心理学の学習も，理論や方法を座学でまなぶ教科学習と，臨床心理実践を行うことを通してまなぶ実習に分かれています。自動車の技能教習では，教習所内のコースでの第一段階を終え，修了検定にパスして仮運転免許学科試験に合格すると，教員がついて実際の道路に出て運転をする第二段階となります。第Ⅲ部で解説したロールプレイが教習所内での第一段階とするならば，本章で解説する試行実践は路上での第二段階に相当するものです。実際の事例を担当する前に，一定の枠組みを決め，契約した，比較的健康な人を対象にして，指導者のサポートを受けながら複数回の面接を実施することを通して，実践の基本技能の習得を目指します。

　臨床心理学の初学者は，試行実践を体験することで，いよいよ実際の実践活動に一歩を踏み出すことになります。テニスにたとえるならば，それまでグランドストロークを中心に個別の技能をまなんでいた段階から，一歩進んで練習試合を行う段階になるわけです。練習とはいえ一応は試合ですから，それまでのように教えられた通りに個々の技能を使うことができればよいという段階ではありません。試合の流れを読んで，その場その場に適した技術を使いこなし，試合を組み立てていく作戦能力，つまり試合をマネジメントする技能が必要となります。第8章，第9章でまなんだコミュニケーションの技能がラリーを続けるための基本技能であるとするならば，本章でまなぶケース・マネジメントの技能は，基本技能を駆使して試合を組み立てていく統合的な技能ということ

になります。試行実践では，このケース・マネジメントの作業を体験し，その重要性を認識することが目標となります。

　ケース・マネジメントの作業を遂行する上でポイントとなるのが時間の使い方です。ケース・マネジメントを具体的にどのように進めていくかは，時間をどのように使うかという視点で理解していくとわかりやすくなります。第8章，第9章で解説したロールプレイでは，20分という一定の時間をともにすることが課題でした。しかし，試行実践では，次項で述べるように1回のセッションが約50分で，それを4回（ないしは5回），しかも各セッションの間に約1週間以上の間隔を空けて行います。単に時間が長くなっただけではありません。面接を担当する実習生とクライエントが，一緒にいない時間——一つのセッションと次のセッションの間——を含めて，心理的な意味において時間を共有することになります。そして，この間の時間を実習生がどのように使うかが，試行実践の基本テーマとなります。実習生は，その間に臨床心理実践過程を適切に運営するための準備をしなければなりません。そこで必要となるのが，ケース・マネジメントの技能です。

　第1回のセッションの50分間で，クライエントとのやりとりを通して「クライエントのテーマについての情報を得る」とともに，「クライエントとの間で安心できる関係を生成する」ことがまず実習生の課題となります。ここでは，ロールプレイでまなんだ技能が役立つはずです。次に第1回のセッションと次のセッションとの間の時間に，「第1回のセッションで得られた情報からクライエントのテーマとして何を読み取るか」「次回のセッションにおいてどのような点に注目し，どのような方法で介入するか」を見立てる作業が必要となります。そして，第2回目のセッションでは，「見立てに基づき，クライエントとの間で実際にどのようなやりとりをするのか」，それを通して「クライエントとの間でどのような関係を構成し，修正していくのか」が課題となります。

　このように「セッションの時間内におけるクライエントとのやりとり」と「セッション間の時間における見立ての生成と修正」を繰り返すことでクライエントとの間に適切な関係を構成し，それを媒介としてクライエントのテーマの解決の援助をしていくことが，試行実践でまなぶケース・マネジメントの技能となります。その際，4～5回といえども，実習生とクライエントとの間の

やりとりが繰り返されることで，両者の間に新たな人間関係の物語（ドラマ）が生成され，展開し始めます。これが，「実践の物語」に相当することになります。したがって，試行実践によって実習生は，クライエントとの専門的関係において，時間を共有することで2人の間に生成され，展開する「実践の物語」を明確な形で体験することになります。

試行実践の方法

設定 試行実践には，実際の臨床心理面接に準ずるという側面と，あくまでも練習であるという側面の二面があります。

前者の側面に関しては，第8章と第9章で解説したロールプレイとは異なり，実際の臨床心理面接に準ずるために，実習生とクライエントは日常生活において互いに見知っていない者の組み合わせである必要があります。その点で，同じ大学院でともにまなぶ実習生同士で試行実践を行うことは適切ではありません。

他方，後者の側面に関しては，実習生とクライエントが互いに，試行実践はあくまでも練習であることを了解し，納得した上で相談の関係に入る必要があります。その場合，「初学者が扱いきれない問題を抱える可能性のある人をクライエントとしない」「回数制限（4〜5回程度）をする」「上級者の指導の下に行う」「事例検討のための記録を取る」「記録に基づいて事例検討を行う」「何らかのトラブルが発生した場合には面接を中止し，適切な処置を取ることを最優先する」などの確認をし，事前にクライエントとの間で合意し，その条件を実習生に周知することが必要となります。

なお，プライバシー保護の観点から，事例検討を実習生と指導者の個人スーパービジョンで行うか，あるいは複数の実習生が参加する集団事例検討会で行うかについても確認し，実習生とクライエントの間で記録の使用の仕方についての合意を形成しておく必要があります。

手続き 少なくとも二つ以上の大学院の臨床心理学コースが試行実践を協力して行う契約をします。そして，所属大学院が異なる未知の2人の大学院生により，1人が実習生，もう1人がクライエントとなるペアを構成します。そのペアで1セッション約50分の，1対1の臨床面接を計4回（ないし5回）行

います。なお，協力できる大学院がない場合には，試行実践の条件を明示した上で，学部生などに対してクライエントを募集して行う方法も考えられます。この場合は，クライエントは臨床心理学をまなぶ大学院生ではないので，より実際の臨床面接の状況に近くなります。

いずれのセッションも，ICレコーダーまたはビデオレコーダーに録音または録画します。録音，録画の操作，管理は，実習生が責任をもって行います。セッションと次のセッションの間隔については，最低でも1週間をおくようにします。実習生は，所定の回数が終わった時点で，クライエントにカウンセリングを受けてみての感想を尋ね，それを記録します。

一つのペアでの試行実践が終わったら，そのペアを解散し，次に異なる相手とペアを組み，再度試行実践を行います。その際，先の試行実践で実習生を担当した大学院生は今度はクライエントとなり，逆にクライエントになった大学院生は実習生を担当します。

場　所　実習生の所属する大学院の心理相談用の面接室を用います。

課　題　実習生は，以下の3点を課題とします。

① 初回のセッションでは，ロールプレイでまなんだコミュニケーションの技能を用いて，クライエントの語りを"きき""みる"ことを通してクライエントとの間で安心できる関係を構築するとともに，クライエントの心理的テーマを"読む"。

② 1セッションが終わるごとに記録を作成し，それに基づいてクライエントの心理的テーマ，およびそのテーマへの介入法に関する見立て（簡単な「見通し」のようなものでよい）を形成し，それを記録しておく。

③ 2回目以降のセッションでは，形成された「見立て」に基づき，クライエントの心理的テーマを明確化し，そのテーマの解決に向けての援助を行うように心がける。その際に，第Ⅲ部で解説した「傾聴」「質問」「解釈」といった物語技能を用いる。初学者の実践であり，しかも回数が限られているので，「傾聴」「質問」「解釈」にとどめ，「劇としての物語」への介入などの積極的な介入は行わないように注意する。

試行実践は役割演技ではないので，クライエントは，日頃問題に感じている

ことで，しかも他者に相談してもよいと思われる話題をテーマとします。初学者が対応できないような深刻な問題，他者に知られては困る秘密やプライバシーにかかわる問題などは避けるようにします。また，面接場面で一度話題にした事柄でも，実習生の対応に接してとても話しにくいと感じたならば，無理をして話す必要はありません。そのような場合は，話題を変えるなり，話しにくいことを実習生に伝えるなりして自己を守ることを優先します。クライエントは，相談をする立場から「実践の物語」を体験するとともに，実習生のケース・マネジメントの技能がいかに「実践の物語」の展開を左右する要因になっているのかを体験的にまなぶことが目的となります。

試行実践の報告と見直し

レポートのまとめ方　試行実践では，実習生として見立てを形成する技能，および見立てに基づき事例に介入し，「実践の物語」を生成する技能をまなぶことが目的となります。そこで，まずはセッションで得られたデータを基に見立てを形成する訓練として，記録の取り方とレポートのまとめ方を見ていくことにします。

各セッションが終わった直後に，まず最初に会った時の相手の様子や自分が感じた印象をメモし，次に記憶を頼りに会話のやりとりの内容を時間経過に従って記載します。そして面接を終えての感想をメモし，最後にクライエントの語りにおけるテーマと思われる事柄を箇条書きにします。

その後ICレコーダー（またはビデオレコーダー）を聞き直し（見直し），会話の逐語録を作成し，記憶に基づく記録と比較検討します。自分が記憶し忘れたり，誤って記憶していた部分を確認し，そのようなことが生じた理由を推測します。その後，記憶による記録と逐語録に基づいてセッションでのやりとりの筋を追って，会話の内容を1000～1500字ほどに要約します。

そして，その要約から改めてクライエントの心理的テーマを読み取り，それをまとめます。また，読み取ったテーマに基づいて，今後の展開についての見通しと次回のセッションに臨む際の方針を考え，それを見立てとして記載します。この場合の見立ては，明確な方針というものではなくても，「この点がわからないので，詳しく確かめてみる」「この点が気になるので，注目してみた

表 12-1　試行実践のレポートの構造

第1回セッション（×月×日）
①会った際の様子や印象
②語りの要約
③セッション中の様子や感想
④見立てと対応方針（クライエントのテーマ・見通し・次回に臨む方針）

第2回セッション（×月×日）
① ⎫
② ⎬ 同上
③ ⎪
④ ⎭

第3回セッション（×月×日）
① ⎫
② ⎬ 同上
③ ⎪
④ ⎭

第4回セッション（×月×日）
① ⎫
② ⎬ 同上
③ ⎭

試行実践のまとめ
・終わってみてのクライエントの感想
・語られたテーマの流れ
・クライエントと実習生との間で生じていたドラマ（「実践の物語」）について

い」といった漠然としたものでも構いません。

　1セッションのまとめとしては，まず「会った時の様子や印象」「会話のやりとりの要約」「セッション中の様子や感想」を項目ごとに記載し，次に見立てとして「クライエントのテーマ」と「今後の展開の見通し」と「次回セッションに向けての方針」を記載します。4～5回のセッションが終わったら，表12-1に示したようにセッションごとに日時を明記した上で時間経過に従って並べ，その後に「クライエントの感想」を付記します。

　そして，最後に各セッションのまとめを一続きの物語として読み通し，その一連の物語を通して「語られたテーマの流れ」を概観します。また，その一連の物語の語り手と聴き手である「クライエントと実習生との間でどのようなド

ラマが生じていたのか」について，思いつくことがあれば記載します。

　試行実践の事例検討　試行実践の事例検討については，さまざまなバリエーションが考えられます。まず，事例検討の形式として，前述のように個別スーパービジョン形式と集団事例検討会形式があります。また，いつの時点で事例検討をするのかということによっても，検討の仕方が変わってきます。1回ごとに事例検討する場合には，録音（録画）を聞く（観）ながらの検討となります。見立てに関しては初回面接が特に重要となるので，第1回のセッションが終わった時点で一度検討し，その後は全てのセッションが終わってから全体を検討するということもあります。実習生の主体性を重視する場合には，全てのセッションが終わった後に全体の経過を検討することになります。ただし，何らかのトラブルが生じた場合には，実習生は速やかに指導者に相談し，そのつど事例検討を行わなければなりません。

　このように試行実践を検討する形式はさまざまありますが，いずれの場合にも討議のポイントは，4～5回のセッションを通して，クライエントと実習生の間にどのようなドラマ，つまり「実践の物語」が生じていたのか，そしてその際に実習生の態度や方針，特に見立てがどのような影響を与えていたのかを明らかにしていくことです。ここで明らかにされる実習生の態度や方針がケース・マネジメント技能の原型となるものです。

　このような討議を通して，実習生がケース・マネジメントの難しさと，その技能の必要性を明確に意識できるようになることが，試行実践の目的です。

　まとめ　繰り返し述べてきたように，ケース・マネジメントの技能とは，収集したデータに基づいて事例に関する見立てを形成し，実践過程を適切に遂行していく技能です。試行実践は，このケース・マネジメントの技能をまなぶ第一歩ということになります。

　しかし，たとえそれが試行実践の事例であっても，実際に初学者が適切な見立てを形成することは容易ではありません。むしろ，ほとんどの実習生は，適切な見立てを形成することができないどころか，どのようにその作業を行ったらよいかわからず，途方に暮れることになるのではないかと思います。

　見立てを形成するという行為は，臨床心理実践特有の専門的な作業です。その特殊性を考えるならば，実習生が見立てを形成する方法がわからないのは当

然です．したがって，ケース・マネジメントをまなぶ第一歩である試行実践において，適切な見立てを形成する技能の習得を目的にすることは妥当とは言えません．むしろ，それは，第11章でテーマとした事例検討会で扱われる課題ということになります．

では，試行実践で実習生がまなぶのは，どういうことになるのでしょうか．それは，適切な見立てを形成する以前の段階として，実践活動において見立てを形成することの意味とその重要性，ひいてはケース・マネジメントの意味とその重要性を体験的に理解することです．

前述したように，ケース・マネジメントを具体的にどのようにしていくかは，時間をどのように使うかという視点で理解していくとわかりやすくなります．試行実践の面接のように，セッションが複数回繰り返される実践過程では，実習生が見立てを形成してもしなくても，前回のセッションを前提として次のセッションが始まり，そこに「実践の物語」が生成され，展開していきます．実習生もクライエントも，その物語に巻き込まれていくことになります．実習生がクライエントと一定の時間を共有するということは，ともに新たな物語を生きることを引き受けるということです．

たとえば，実習生が，「私はそのような物語の展開の責任を取りたくない」と言ったとしましょう．そのような場合，実習生はその物語の最も重要な登場人物の1人であるので，そのような無責任な態度自体が新たな物語の生成に大きな影響を与えることになります．したがって，いずれにしろ実習生は，そこで生じてくる実践過程の責任を取らざるを得ないわけです．「私はクライエントの語りを丁寧に聴くことを大切にしたいので，あえて見立てを形成しない方針です」ということも可能です．しかし，それは，実習生の「見立てを形成しない」という見立てであって，いずれにしろ実習生は，そこで何らかの判断をすること，そしてその責任を負うことからは逃れられないわけです．

ケース・マネジメントの活動は，臨床心理士がそのような厳しい責任を引き受けることを前提として成立するものです．したがって，試行実践において実習生がまなばなければならないのは，ケース・マネジメントの前提にある臨床心理士の実践過程に対しての責任とその厳しさを体験的に理解することです．見立てを形成するということは，臨床心理士が専門職として実践過程，つまり

「実践の物語」に対して責任をもつために必要な作業であるわけです。

　試行実践において，どのような見立てを形成するかについては，ある程度の失敗は許されています。そもそも見立てを形成する作業には，熟練者であっても試行錯誤がつきものです。試行実践では，実習生もクライエントも練習であることを納得し，多少の失敗を許容する設定の中で，実習生は，臨床心理実践の専門職として事例に対して責任を取るということをまなばなければなりません。専門職としての責任とは，具体的には，事例のデータを収集し，見立てを形成し，事例に介入し，見立てを修正していくという循環的な過程を，クライエントとの専門的な緊張関係の中で遂行する覚悟とその能力をもつことです。

　もし，このような責任を取ることができないのならば，臨床心理実践の専門職になることをやめなければいけません。その点で，試行実践は，実習生がこれ以降の訓練過程に残るか否かを判断する，重要な試金石となります。

2　試行実践の実際

　事例を創作し，それを例示することで試行実践の実際を解説します。ここでの実習生は，O大学院臨床心理学コース修士課程1年生の男性Pくん，クライエントはR大学院臨床心理学コース修士課程1年生の女性Qさんです。

　事例検討は，第1回と第3回が終わった時点で指導教員による個人スーパービジョンが行われました。まず，第1回が終わった時点で見立ての適切さがチェックされ，第3回では終了に向けてケース・マネジメントの指導が行われました。

第1回セッション（9月10日）

　①会った際の様子や印象　服装は清楚で，きちんとした印象。丁寧に挨拶をするなど，とても気を遣って対応している感じがした。面接室に入った時にどこに腰かけるのかわからずにとまどった様子だった。しかし，話し出すとはきはきとしていた。

　②語りの要約　大学院の授業はディスカッションが多く，緊張して自分の意見を言えない。自分の意見はレベルが低い，言わないでおこうっていう感じ。緊張している。圧倒されちゃう。そのたびに自分を責める。周りからの評価を

気にする自分も嫌。終わって帰る時疲れる。悔しいし，落ち込む。将来社会に出て，やっていけるか自信がない。

　いつも授業や課題に追われている感じで，自分から勉強したいっていう気持ちがなくなってきた。本当にこれがやりたかったのかしらと思いながらやっている。いつも周囲に気を遣っている。両親はしつけに厳しかった。〈臨床心理学を志した理由は？〉中学校の時，いじめにあった。その時にスクールカウンセラーに相談に行って耐えられた。でも，友達関係は思い出したくないことがいっぱいある。〈自分の進路についてゆっくり考える時間はない？〉忙しくて，もう全部やめたいと思ったこともある（笑）。なんにも楽しみとかなくてつまんないなーと思う。最初はとても関心のあった授業も，気づいてみると興味がなくなっている。今は，とりあえず授業に出て，形式的に課題のレポートを出すので精一杯で，中身まで吸収する余裕がなくて，このままじゃ何も身にならないのではと不安。授業にも遅刻しがちになっている。どうしていいかわからない。授業で意見も言えなくて緊張して疲れるし，やっていることに関心がなくなって，どうしようかと思う。周囲の人は緊張している自分に気を遣ってくれている感じだが，自分としては大学に居場所がないと思ってしまう。自分をそのまま出したら嫌われるんじゃないかなと思ったりもする。

　③**セッション中の様子や感想**　最初は緊張気味で，低いトーンだったが，後半は笑いが混じり，自分の話をそんなに深刻に受け取ってほしくないという感じを受けた。話の内容は同じ大学院生として共感しやすいと感じた。自分と似ているかもしれないという印象をもった。だからこそ，自分に引きつけて考え過ぎないようにしようと思った。臨床心理学の大学院に進学した動機や家族の話になると話したがらない様子が見られたため，そこは深く追及しなかった。

　④**見立てと対応方針**　対人場面，特にディスカッション場面での不安と緊張，それによって自分が意見を言えないことに対する落ち込みが主訴であったが，その背景には授業への対応で忙しく，余裕を失って意欲低下が起きていることが想定される。当初は問題意識をもって進学しているので，一時的な動機づけ低下や自信喪失の状態と思われる。緊張して意見を言えず，自分を出したら嫌われるのではないかという不安から過剰に自分を抑えてしまっていることがかかわっていると考えられる。これらの点に共感しつつ，息抜きと勉強のバラン

12 ケース・マネジメント事始め　　211

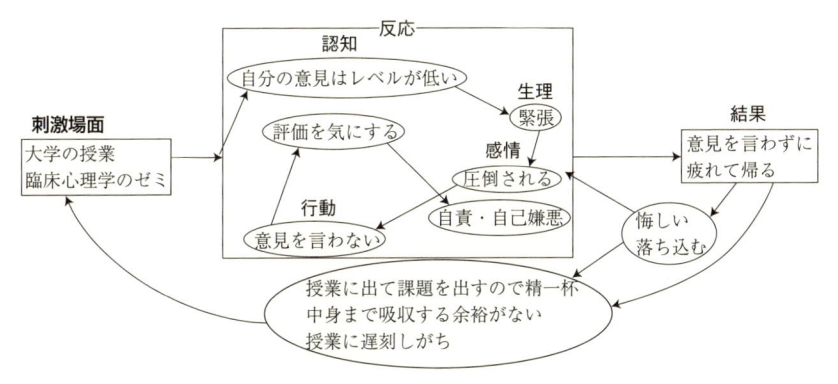

```
         認知          反応
    ┌─────────────────────────┐
    │  自分の意見はレベルが低い    │
    │                    生理   │     結果
刺激場面│   評価を気にする    緊張   │  ┌──────────┐
┌──────┐→│              感情       │→│意見を言わずに│
│大学の授業│ │           圧倒される    │  │疲れて帰る   │
│臨床心理学│ │   行動                  │  └──────────┘
│のゼミ   │ │         自責・自己嫌悪  │     悔しい
└──────┘ │  意見を言わない          │     落ち込む
    ↑    └─────────────────────────┘
    │         授業に出て課題を出すので精一杯
    └─────────中身まで吸収する余裕がない
              授業に遅刻しがち
```

図 12-1　ミクロな悪循環

スの取れた生活について2人で考えていくこと，過剰な自己抑制を緩めていくことを基本的な方針としたい。

　＊スーパービジョンで話題となったポイント　本人が感じている不安や意欲低下に共感しながらも，具体的にどのような場面で，どのようなことが心配となり，実際にどのように行動するのかを明らかにしていく。それを通して現在の緊張や意欲低下の程度がどれくらいなのかを査定していく。これまでは学校に関する情報が主だったので，現在の問題状況（ミクロな悪循環：図12-1）を手がかりとして，家族や周囲の友人関係などの情報も得るように試みる。

第2回セッション（9月17日）

　①会った際の様子や印象　待合室では少し緊張していた様子だが，セッションに入ると1回目より緊張せずにリラックスして話をしてくれた。こちらも緊張が徐々に緩和されてきたと自分で感じた。

　②語りの要約　〈1回目の語りの内容を確認した。〉指導教員の授業であったのに，また発言できなかった。それで後悔。でも，前回の面接の後，自分の気持ちを抑え過ぎていると感じたので，授業が終わった後に同級生に授業で緊張する話を正直に話してみた。その友達は，結構発言する人だが，「自分も本当は緊張しているよ」と励ましてくれた。〈その時どのように感じた？〉励ましてくれてありがたいけど，結局発言できないと申し訳ないと思ってしまう。発言しようと思っても，どこかで諦めている感じ。〈諦める時には具体的にどの

ような気持ちになっている？〉最初は恥ずかしいと感じているが，だんだん自分を責め始める。そうなると疲れてきて「もういいや」となる。疲れているのに授業の課題は多いので，何もかも嫌になって「自分はそもそも臨床心理学に興味があったのか」と疑問が湧いてくる。自信がなくなってくる。自分でもこんなに緊張しなくてもよいのにと思うのだけど……。〈前回，大学で居場所がないと言っていた。中学の頃，友達関係で嫌なことがあったとお話をされていたが，授業で緊張するのはそれとも関係があるのでしょうか？〉居場所がないのは，大学院ゼミの人数制限で，自分のやりたいテーマの指導教員につけずに，周囲の人と関心が合わないから。私はスクールカウンセリングをやりたいのに産業領域のゼミに入ってしまった。中学の時は女性グループの中で無視されたので女性が苦手。学部の時は共学の大学で男性が多かったからよかったが，今の大学院は女子大なので，それで緊張するのかもしれない。〈学部の時の人間関係は？〉私がネガティブなことを言っても「そういうこともあるよ」と聞き流してくれて安心できた。前回の面接の後，「学部の時の私はこんなではなかった。もっと生き生きしていた」と思って，学部の時の友達を誘ってドライブに行った。楽しくて，少しリフレッシュできた。

　③セッション中の様子や感想　今回の面接の後に同級生に自己の緊張を語り，学部の時の友人を誘って遊びに出かけている。初回面接で語ったことの影響によるものと思われた。語りを聴くことが，それだけである種の介入になっていることを感じた。また，面接後の日常生活の出来事が次の面接の内容に大きな影響を与えており，改めて面接外での行動の重要性を感じた。

　④見立てと対応方針　学部時代の友人とは良好な関係を保てていることを考慮するならば，現在の同級生との間で過度な緊張と自己抑制をしていると言える。これは，いじめ体験と関連して女性同士のつき合いへの苦手意識が強いことと関連していると思われる。現在の大学院生活における問題（授業での緊張，居場所のなさ，余裕のなさ，疲れ）の解決をテーマとしながら，必要に応じて過去の嫌な体験にも触れていきたい。対応方針としては，スーパービジョンで指摘された具体的な悪循環（図12-1）が徐々に明らかになってきたので，それをクライエントと少しずつ共有していくことを目指す。

第3回セッション（9月24日）

①**会った際の様子や印象** 少し表情が明るくなったように感じられた。2回目よりさらにリラックスした様子。こちらも自然にセッションを始めることができた。

②**語りの要約** 〈前回の話の確認のために，作成したケース・フォーミュレーション（図12-1）を提示し，一緒にそれを見る。〉自分としては意見を言いたい気持ちはあると思う。でも，変に思われるのではといった心配が出てきて，それが壁になってストップがかかる感じ。それを乗り越えていこうという意欲というか，元気がない。でも，最近，同じゼミの人と話をしていて，私だけじゃなくて，みんな普通にそういった不安ももっていることがわかってきた。私は，それで落ち込むことで，ケース・フォーミュレーションで書かれている悪循環のサイクルが続いているのが問題とわかった。そうだったんだという感じ。言わなくても別に他の人から責められたりしないかとも思う。意見を言わない自分は嫌だけど，でも意見を言わないでいるほうが楽だというのも正直なところ。心配の壁を乗り越えて意見を言うのにはエネルギーが必要。今の私にはその元気がない。アルバイトなどが忙しくて，いつも疲れている。〈Qさんにとって，自分の意見を言うことは，とてもエネルギーのいるたいへんなことなんですね。〉すぐ緊張してしまう。自分は兄がいて女の子っぽくなくて，小学校の時から女の子とうまく遊べなかった。小学校のクラスでは身体が小さいことでからかわれた。中学に入ってからは，逆に身長が伸びて目立ってしまった。私が同級生の男子と親しく話していたら，その後に同級生の女子から「生意気」と言われて無視された。そのことを親友と思っていた女の子にメールで伝えたら，それを同級生全員に回された。メールでいろいろなことを言われた。クラス担任も女性で，助けてくれなかった。スクールカウンセラーに相談をして，そのスクールカウンセラーと親が話し合って校長先生に話をしてくれて収まった。そういうことがあったので，人は信じられない。同級生がいる地元を離れたくて，高校では地道に勉強に打ち込んだ。大学では，旅行サークルに入った。そこは男性がリーダーシップを取っていて，自由に話せる雰囲気で自己主張もできるようになったので，いじめの問題は自分では乗り越えたと思っていた。でも，第1志望の大学院を失敗して，第2志望の女子大に入ってしまっ

た。大学院で緊張するのは，小中学校の時のトラウマが残って，引っかかっていたのかもしれない。余計な時間があると嫌なことを考えるので，アルバイトなどを入れて忙しくしていた。みんな笑顔で接してくれるけど，それが怖い。目は笑ってないという意識がある。女の子の会話ってわからない（笑）。苦手。

③セッション中の様子や感想　提示したケース・フォーミュレーションに反応し，自分の思考傾向や行動パターンに関心をもって取り組み始めたという印象をもった。それと同時に今までメインテーマでなかった小中学校の話が出てきた。その話をするのに，当初は躊躇していた印象があった。しかし，話が進むうちに無理な笑顔が減って，素の表情で話していた。長く話すことが増え，考える時間も増えた。後半では特に言葉を選びながら自分に注意を向けていたよう。これまでは「忙しい」ばかりだったが，「ストレス」「つらい」という言葉が出るようになった。

④見立てと対応方針　ケース・フォーミュレーションを作成していて，意見表明に対する周囲の反応への不安感情の回避がテーマになっていると思われた。そこで，その不安回避をクライエントと共有することを目標として今回の面接に臨んだ。それを共有したところ，話題が展開し，いじめでつらかった経験が語られた。過剰な自己抑制と不安回避から生じるストレスには，過去のいじめの経験が関連しているとの見立てをクライエントと共有した上で，面接を終わることを目指したい。

＊スーパービジョンで話題となったポイント　クライエントとの間での信頼関係が形成され，問題に取り組む協働関係も成立している。ケース・フォーミュレーションの共有は，問題の外在化に有効であった。その結果，語りが深まり，過去のいじめ経験が語られた。「余計な時間があると嫌なことを考える」と述べていたことから，いじめのトラウマ体験を思い出さないように意識的に忙しい生活を送っており，その結果疲れてますます不安を回避する悪循環が生じていると推測できる。その点でミクロな悪循環だけでなく，いじめ経験を発生要因とするマクロな悪循環も見えてきた。しかし，4回制限の試行実践であり，最終回になるのであまり深く問題を掘り起こし過ぎないようにし，現実生活の問題に適切に対処する方向性を共有しての終結を目指すことがポイントとなる。

第4回セッション（10月1日）

①会った際の様子や印象　だいぶうちとけている感じ。にこにこしながら，「こんにちは，よろしくお願いします」と丁寧なあいさつ。

②語りの要約　〈前回話題となった共有したケース・フォーミュレーションの図（図12-1）を見ながら，前回の内容を確認した。〉前回面接の後，今の大学院での嫌な感じには，いじめの体験が影響しているだろうとずっと考えていた。この図を見て，改めてどのようにかかわっているのか考えてみたいと思う。自分としては女子大の大学院に入ったこと自体がすごい刺激になって，女性への苦手意識が強まったと思う。もともと母が厳しい人で，今でも母といると気を遣う。いじめがトラウマになっているので，今の大学院ですごく緊張するのだと思う。大学院自体がストレス源。意見を言わないでいるほうが，短期的には楽。でも，長期的には自分が嫌になるし，自信もなくす。疲れるし，友達もできない。〈女性が苦手なことやいじめのことを考えたくないので，余計なことを考えないようにアルバイトなどを入れて忙しくしていることはないでしょうか？〉それはありますね！　楽しくてやっているわけではないのですごく疲れる。〈「そのことをケース・フォーミュレーションの図（図12-1）の中に書き込んでみよう」と提案し，一緒に過去の経験の影響を加える。そこで新たに形成された図（図12-2）を見ながら，「アルバイトを減らしてエネルギーを貯めることも大切ではないか」と，具体的な方向性を提案した。〉それは自分でも考えている。大学院は2年間しかない。割り切ることも大切と思うようになってきた。女性が苦手なのは認めて，それなりに割り切ってつき合えばよいと思う。それよりも問題だと気づいたのは，指導教員の先生が私の本当の志望はスクールカウンセラーだということを知らないこと。私も，第2志望のゼミというのが悔しくて先生にはずっと言えずにいた。それで，自分の意見を言えなかった。まずは先生に自分の志望を正直に話してみようと思う。〈その先生は女性教員？〉そう。やはり女性は苦手。しかも，苦手な母親と同じ世代。〈今日は最終回だが，4回面接を受けてどうでしたか？〉最初，話すことないなーって思っていた（笑）。でも，意外としゃべれた（笑）。大学院では意見を言えないが，ここでは3回目くらいからは自由に話ができた。わかりにくい話を聴いてもらって感謝している。〈話ができたのは，実習生の私が女性でなくて男性

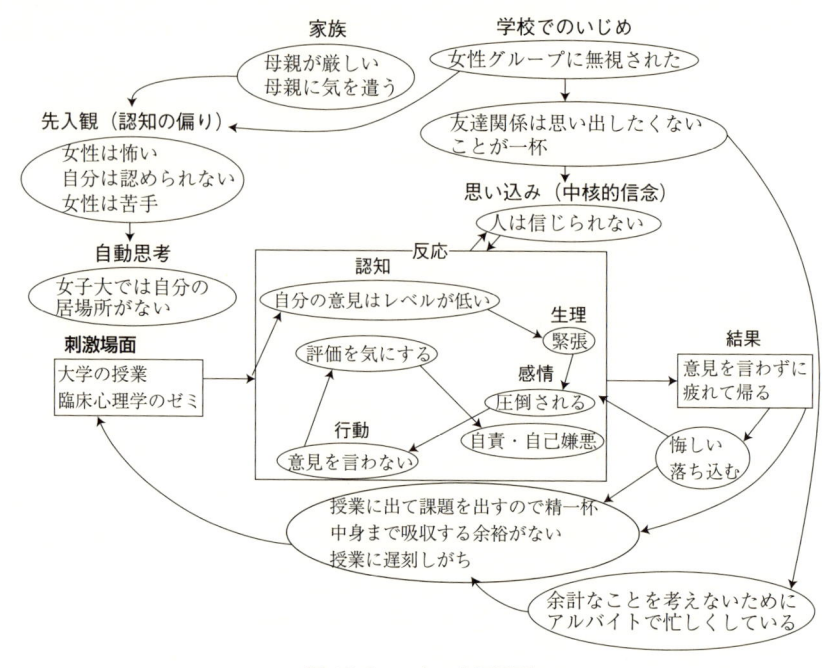

```
       家族              学校でのいじめ
     ┌─────────┐      ┌─────────────┐
     │母親が厳しい│      │女性グループに無視された│
     │母親に気を遣う│      └─────────────┘
     └─────────┘              │
         │              ┌─────────────┐
  先入観（認知の偏り）       │友達関係は思い出したくない│
  ┌─────────┐         │ことが一杯       │
  │女性は怖い    │         └─────────────┘
  │自分は認められない│    思い込み（中核的信念）
  │女性は苦手    │      ┌─────────────┐
  └─────────┘         │人は信られない    │
    自動思考      認知       反応
  ┌─────────┐  ┌──────────────────┐
  │女子大では自分の│  │ ┌─────────────┐  │
  │居場所がない   │  │ │自分の意見はレベルが低い│ 生理 │
  └─────────┘  │ └─────────────┘ ┌──┐│
    刺激場面    │  ┌────────┐    │緊張││
  ┌─────────┐  │ │評価を気にする│ 感情└──┘│
  │大学の授業   │→ │ └────────┘ ┌────┐│ 結果
  │臨床心理学のゼミ│  │           │圧倒される││ ┌─────────┐
  └─────────┘  │    行動     └────┘│ │意見を言わずに│
                │  ┌────────┐┌─────┐│ │疲れて帰る  │
                │  │意見を言わない││自責・自己嫌悪││ └─────────┘
                │  └────────┘└─────┘│    │
                └──────────────────┘ ┌──┐
                                        │悔しい│
         ┌────────────────────┐   │落ち込む│
         │授業に出て課題を出すので精一杯│   └──┘
         │中身まで吸収する余裕がない  │
         │授業に遅刻しがち      │
         └────────────────────┘
                   ┌──────────────┐
                   │余計なことを考えないために│
                   │アルバイトで忙しくしている │
                   └──────────────┘
```

図12-2 マクロな悪循環

であったことも関係していると思いますが。〉それはある。過去のこととか，そこまで言わなくていいだろうってことも出てきてしまった。〈話して後悔していないですか？〉それはない。逆に話せたことで現実的な目標も見えてきた。

③セッション中の様子や感想　クライエントはいつもより身振りを使って話をした。最後に「現実的な目標も見えてきた」と，指導教員に自分の志望を伝えることに言及しているが，その時の表情はあまり自信がなさそうだった。実際には，まだまだ不安が強いのだろうと思った。

試行実践のまとめ

終わってみてのクライエントの感想　4回だったので，ただ話すだけで終わると思っていた。しかし，解決はできないにしても，話すことで気づいていく部分が多かったので，それはすごいなって思った。自分を整理するということではとてもいいと思った。結構話したことを覚えていなかったので，相手の実

習生が面接を始める前に流れをまとめてくれるのがよかった。ケース・フォーミュレーションにまとめてくれたのは，全体を整理するのに役立った。押しつけてくる感じではなく，自分の意見も加えて見直しができたところがよかった。

語られたテーマの流れ　第1回は，主訴であった授業で緊張して意見が言えないことが中心テーマとなっていた。さらに本当に臨床心理学をやりたいのかについても自信がなくなり，大学内で居場所がないと感じているとも語られた。

第2回は，意見を言えない自分を責めて疲れて諦めてしまうことが語られる。居場所がないことと関連して，自分が希望していた専門とは異なる指導教員についたこと，中学の時のいじめ体験とかかわって女性が苦手であることが語られ，意見が言えないことの背景にある要因が示唆された。

第3回は，意見を言うことで変に思われる不安を回避している結果，ますます疲れて意見が言えなくなる悪循環がテーマとなった。それと関連して，女性不信の要因となっているいじめ体験が詳しく語られ，女性が苦手というテーマが中心にあること，それと関連して女性や女性のグループへの直面化を避けるマクロな悪循環が見えてきた。

第4回は，女子大の大学院という環境自体が刺激となって生じている問題回避の悪循環にどのように対処するかがテーマとなり，まずは女性の指導教員に自分の本当にやりたいことを正直に伝えることが現実的な目標となった。

面接のテーマとしては，主訴であった授業で意見が言えないという問題から，次第にその発生要因のいじめ体験と，そこから発展した女性への苦手意識が中心テーマになった。そのテーマが見えたからこそ，具体的な行動目標も共有できた。

クライエントと実習生の間で生じていたドラマについて　初回，クライエントは私に対して気を遣っている様子であった。語られたのは深刻な内容であったが，笑顔で場の雰囲気を重くしないようにしている印象が強かったので，私は基本的に聴く技能に基づいて深刻な側面も含めて共感的に対応した。第1回面接が終わった後に同級生に話しかけ，学部の時の友達とドライブに行くなどの新たな行動をしていた。それを知って，クライエントが私との関係で語ったことがダイナミックに現実の生活に影響を与えたことに驚いた。改めて，面接だけが独立して行われているのではなく，日常の現実という舞台の中で起きて

いる出来事の一つであると感じた。それを受けて私は，緊張して疲れるプロセスを具体的に訊く質問によって問題の維持要因を明らかにしようとした。

　クライエントは，日常では語りにくい大学院での居心地の悪さを語るようになった。その時，私との間で「実践の物語」が動き出したのを感じた。私が，クライエントの苦手な女性ではなく，男性だったことも，このような新たなドラマが生じやすかった要因と考えられる。クライエントが語ったことを第3回の面接でケース・フォーミュレーションとしてまとめ示したことで，クライエント自身も自分の人生で起きていた出来事を見直すことを始めた。

　クライエントと私は，いじめ体験をテーマとする，クライエント自身が生きてきた「劇としての物語」を2人で一緒に見直し，読み直したと言える。これが私とクライエントの間で起きたドラマであった。それはさらに，女性の指導教員に自分が本当に専門としたいことを伝えるという，新たな語り直しの行為を準備することにもなった。実習生である私との間で生じたドラマ（「実践の物語」）が，少しでもクライエントの生きている大学院での人間関係に広がっていけばと思う。

　最後に，クライエントの語りとその動きを読み，適切な見立てをもつことの重要性を感じた。第1回面接の後に，クライエントは友達に連絡をして遊びに行っている。臨床心理士（実習生）にその気がなくても，クライエントと臨床心理士との間の相互作用で「実践の物語」が勝手に動き出すことがあると感じた。その動きを読み，見立てていかないと，語りを引き出し過ぎて混乱が起こることにもなりかねないことに気づいた。その点で見立てをケース・フォーミュレーションとして示し，両者で共有できたのはよかったと思う。

第Ⅴ部

場をしつらえる技能をまなぶ
——システム・オーガニゼーション

第13章 システム・オーガニゼーションの役割

1 システム・オーガニゼーションとは

場をしつらえるために

　第Ⅲ部で示したように，事例に取り組むためにはコミュニケーションの技能が必要です。事例の物語に関する情報を得るためだけでなく，物語を展開するために必要とされるのがコミュニケーション技能でした。そこで特に重要となったのが，「語りとしての物語」を"きく"技能でした。さらに，第Ⅳ部で示したように，問題を解決するためにはケース・マネジメントの技能が必要です。問題解決に向けて，「実践の物語」をどのように発展させていくのかについての見立てを得るために必要とされるのが，ケース・マネジメント技能でした。そこで特に重要となったのが，「劇としての物語」の展開を"読む"技能でした。

　では，コミュニケーション技能とケース・マネジメント技能があれば，臨床心理実践の技能を習得したと言えるのでしょうか。答えは，ノーです。というのは，事例の問題の解決に向けて「実践の物語」を展開するためには，物語を生成する"場"が必要となるからです。どのような場で「語りとしての物語」を"きく"のか，どのような場で「劇としての物語」を展開するのかは，「実践の物語」のあり方を大きく左右することになります。その点で，臨床心理実践を適切に行うためには，この物語を生成する"場をしつらえる"技能が必要となるわけです。

　ただし，この"場をしつらえる"技能は，常に必要となるかというと，そうではありません。というのは，現在の日本の臨床心理実践では，面接室という"場"で「語りとしての物語」を扱う心理療法を専らとする傾向が強く，しかも面接室は臨床心理機関に既に設置されていることが多くなっているからです。そのため，あえて"場をしつらえる"必要がない場合が多くなっているのです。

それでは，"場をしつらえる"技能は重要ではないのでしょうか。答えは，ノーです。むしろ，臨床心理実践を発展させるためには，最も重要な技能です。なぜならば，臨床心理機関を新たに開設する場合には，面接室という"場をしつらえる"技能が必須となるからです。たとえば，ある学校でスクールカウンセラーが初めて雇われたとします。その場合には，学校の中のどのような場所に，どのようなカウンセリング室を設置するのか，その中にどのような受付室と面接室を置くのか，そしてその機能をどのようにするのかを決めていかなければなりません。"場をしつらえる"技能がなければ，臨床心理実践を始めることさえできないのです。

　さらに，最近の臨床現場では，心理療法で対応できない事例が多くなってきているということもあります。むしろ，日本の臨床心理実践は，これまで心理療法を前提にしていたために，その枠組みから外れて対応できない問題を選択的に排除していたと言えます。虐待やいじめ，ひきこもり，さらには精神病などの場合，そもそも相談機関に来談できないために，心理療法を実施できないということがありました。そこで，こうした事例については，心理療法とは異なる実践が必要となります。そのような実践を展開するためには，新たに"場をしつらえる"技能が求められることになります。

　このような点を考慮するならば，"場をしつらえる"技能は，臨床心理実践を面接室の中に閉じ込めずに，幅広く社会の中で展開するためには必須の技能ということになります。システム・オーガニゼーションとは，このような臨床心理実践のための"場をしつらえる"技能です。物語論の観点からすれば，実践の場には，クライエントの「語りとしての物語」を"きく"場としての機能と，「劇としての物語」が展開する舞台として場の機能があります。前者はクライエント個人とかかわる場であり，後者は人々がかかわり合う社会的場です。そのため，臨床心理実践の場には，常に個性と社会性が交錯する場という特徴があることになります。本章では，このようなシステム・オーガニゼーションの目的と技能について見ていくことにします。

システム・オーガニゼーションの目的

　第8章で示したように，クライエント個人の「語りとしての物語」を"き

く"ことが臨床心理実践の基本です。しかし，事例の物語においては，「語りとしての物語」は「劇としての物語」の1コマに位置づけられています。したがって，個人的物語である「語りとしての物語」は，常に社会的物語である「劇としての物語」を背景に生じる構造となっています。つまり，個人の心理的問題であっても，それは，常に社会関係が営まれている日常生活において生じた出来事でもあるわけです。そこで，実践の対象である事例においては，個人の心理的問題をテーマとしていながら，同時に社会関係をもテーマとしているという側面が必ずあるということになります。

このように，個人の心理的問題の解決の援助を基本とする臨床心理実践においても，社会関係が常に重要なテーマとなってきます。そして，この個人的側面と社会的側面の重なりは，単に実践の対象となる事例においてだけでなく，実践活動そのものにおいても重要になります。

実践の対象となるのは事例の当事者個人の心理的問題であり，事例の当事者や関係者と臨床心理士との間の個人的なコミュニケーションを通して，その心理的問題の解決を図るのが臨床心理実践の基本となっています。臨床心理学において事例の当事者の個性だけでなく，臨床心理士の個性が重視されるのは，このように実践の基本が個人と個人の関係性にあるからです。

しかし，その一方で臨床心理実践の行為そのものが，事例の当事者の社会的関係に介入する社会活動でもあります。「語りとしての物語」は，「劇としての物語」の1コマとして生じる構造となっています。そのため，社会的場面に直接介入することのない個人心理療法であっても，「語りとしての物語」に介入することによって「劇としての物語」と関連し，間接的に語り手の社会的場面に介在する活動になります。ましてや，家族療法やコミュニティ心理学のように「劇としての物語」に介入する方法では，社会的場面に直接介在する活動となります。このように考えるならば，臨床心理実践は，事例が生起している社会的場面に間接的，直接的に介在する社会活動の面が強くなります。

したがって，臨床心理実践については，個人の心理的問題を扱う点では個性が重要となり，他方，社会的関係に介入する点では社会性が重要となるという二面性があります。そこで，臨床心理実践を行うに当たっては当事者の個性を尊重しつつ，他方では活動の全体を社会システムの中に社会活動として位置づ

けていくための社会的視点が必要となります。そのため，臨床心理士には個性を重視する側面と社会性を重視する側面を分化してとらえ，場によって使い分ける技能が求められることになります。

システム・オーガニゼーションとは，このような個性と社会性という二面性をもつ臨床心理実践の，社会性の側面にかかわる活動です。具体的には，実践を社会活動として社会システムの中に位置づけていくための諸活動がシステム・オーガニゼーションということになります。

個性と社会性をつなぐシステム・オーガニゼーション

個性と社会性は，本質的に互いに矛盾する性質があります。個性は，それぞれ異なる個人的欲求に基づく自由な表現を求めます。それに対して社会性は，個人的欲求を抑えて社会の制約に従うことも求めます。しかも，実践においては，対象となる個人は何らかの心理的混乱を抱えているので，個性は多分に混沌を含むものとなっています。それに対して社会は，混乱や混沌を排して秩序を維持し，安定を図ることを基本的特徴としています。そこでは，混乱や混沌は，社会ルールによって管理され，社会構造の支配下に組み入れられることが求められます。

したがって，個人のもつ混乱や混沌を対象とする臨床心理実践においては，特に個性と社会性の矛盾が顕在化することになります。ちなみに臨床心理学と同様に心理的混乱や混沌を対象とする精神医学では，個人の抱える混乱や混沌を精神病理と定義し，症状管理や病理管理を本務とすることで，社会秩序に積極的に適合する学問体系と社会組織を形成しています。

では，臨床心理学は，このような個性と社会性の矛盾をどのように取り扱ったらよいのでしょうか。少なくとも，個性を尊重する臨床心理実践は社会活動としてはかなり特殊な活動であることを自覚し，それを社会の側に説明し，常に社会との接点を探っていくことが必要となります。個性を重視する臨床心理実践が社会に貢献するにはどのようにしたらよいのかを常に自問し，個人と社会をつなぐ方途を探っていくことが臨床心理士の社会性であり，そのための方法がシステム・オーガニゼーションの技能ということになります。

このように，システム・オーガニゼーションは臨床心理実践が社会活動とし

て認められるために非常に重要な活動です。ところが，このテーマは日本の臨床心理学の歴史においては全くといってよいほど議論されることはありませんでした。むしろ，活動の社会性をテーマにするのを避けてきた面もあります。しかし，今後の日本の臨床心理学の発展を考える上で，システム・オーガニゼーションの発展はさけて通れない重要な課題です。たとえば，下山ら（2012）は，学生相談の領域において，システム・オーガニゼーションを活用した新たな相談システムの構築例を示しているので，参考になります。

2　実践を社会システムに位置づける技能

閉鎖的構造を超える

臨床心理士は，臨床心理実践のための社会的枠組みを設定し，その枠組みを通して活動を行います。事例の物語との関連で説明するならば，「劇としての物語」の中に新たな舞台を設定し，そこで劇中劇として「実践の物語」を生成し，それを媒介として事例の物語の展開を図るということになります。設定される舞台が臨床心理実践のための社会的枠組みであり，その舞台で生成する「実践の物語」が枠組みを通して行われる活動ということになります。

このような臨床心理実践のための社会的枠組みとして代表的なものが，いわゆる"治療構造"です。治療構造では，閉鎖的構造となっている面接室において，ある一定時間の心理療法を定期的に行うことが基本的な枠組みとなります。治療構造は，精神分析を代表となる内省的個人心理療法を行うのには最も適した枠組みであると言えます。

しかし，それが閉鎖的構造となっているため，臨床心理実践と他の社会活動との間で協力関係を構成し，社会活動を社会システムの中に位置づけていくための枠組みとしては限界があります。また，治療構造は心理療法を行うためには適していても，その他の多様な臨床心理実践を展開する妨げになる場合もあります。そこで，以下に治療構造の限界を検討することを通して，臨床心理実践を社会システムに位置づけるための技能と，その実習法を明らかにします。

治療構造は，前述した個性と社会性の矛盾を巧みに処理するための装置として理解することができます。閉じられた時間と空間の枠組みで実践の場を社会的コンテクストから切り離し，そこで純粋に個人の内面の"心"を扱うという

のが，治療構造の特徴です。心理療法を化学反応にたとえるならば，治療構造という閉鎖的な枠組みは，化学反応を安全に起こすための容器ということになります。容器を密封することで化学反応を起こしやすくするとともに，反応が外に漏れ出る危険も防ぐことができるわけです。

しかし，激烈な化学反応が起きた場合には，反応が容器を破って外に漏れ出ることになります。それが行動化 (acting out) であり，治療構造の枠組みを超えて社会的問題を引き起こすことになります。したがって，治療構造という枠組みが有効なのは，閉鎖的な場において安全に心の化学反応をすますことができる程度に，心が成熟している事例に限られることになります。

また，治療構造では閉鎖的枠組みで実践の場を社会的コンテクストから切り離すので，その結果，実践の場が周囲の社会システムから孤立してしまうことが生じます。たとえば，熱心に心理療法を行い，生徒からも信頼の厚いスクールカウンセラーに対して，「カウンセラーは面接室の中で何をしているのかを，秘密ということで何も教えてくれない。逆にあそこに出入りすることで生徒はわれわれ教師に本音を語らなくなってしまった。教師のほうが悪者になってしまう」といった生徒指導担当の教諭の嘆きを聞くことがあります。これは，治療構造内でのクライエントとカウンセラーの関係が濃密になった反面，活動自体が周囲の社会システムから孤立してしまっていることを示しています。

このように臨床心理実践の枠組みとして閉鎖的な治療構造に固執する限り，実践活動は周囲の社会システムから遊離する危険性が常にあります。そこで，閉鎖的な治療構造を用いる場合，臨床心理士は，常にその意味を周囲の社会システムに説明し，理解と協力を得ることが必要となります。

ただし，一般の社会システムでは，自らのシステム内に独立した閉鎖的活動を認めるのは，かなり異例で特殊なことです。したがって，周囲の社会システムに対して閉鎖的な枠組みである治療構造を基本としている限り，臨床心理実践はそのような特殊な閉鎖性を認めてくれる社会システムにおいてしか機能しないという限界が生じます。このような閉鎖的な枠組みにのみ固執していたのでは，真の意味で臨床心理実践を社会活動として社会システムに位置づけていくことはできません。開放的な枠組みを通して他の社会活動との協力関係を構成しつつ，心理援助を行う活動を積極的に利用していくことが必要となります。

治療構造という概念が閉鎖的であるのは、"治療"という語からもわかるようにそこに医療モデルの影響があるからです。医療は、専門家である医療関係者が病院という非日常的な場において独占的に行うことを基本とする活動です。そこでは、医療の専門家と非専門家の区別がなされ、専門的な医療活動を行うための閉鎖的な枠組みが前提となります。

このような医療モデルに準じる専門性も、臨床心理実践の専門性の一つであると言えます。しかし、臨床心理実践は、そのような閉鎖的な活動に限られるものではありません。"治療"ではなく、心理"援助"と考えるならば、多様な活動の広がりが見えてきます。第1章で指摘したように、臨床心理実践の専門性の一つとして、日常性に開かれているということがあります。援助ということであれば、臨床心理実践以外にもさまざまな援助活動が日常生活において行われています。

臨床心理士のような心理援助の専門職でなくとも、自らの社会的役割の一環として心理援助を行っている人々がいます。たとえば、教師は学校教育が専門的役割ですが、その一環として生徒の心理的な援助も行っていますし、医師は医学的治療が専門的役割ですが、その一環として患者の心理援助も行っています。家族は、ある意味で父親、母親の役割として子どもの心理援助もしていると考えることもできます。また、ほとんどの人は、社会的役割の一環としてではなく、日常の個人的関係の中で他者の心理的な手助けを行っています。

臨床心理士を「専門的援助者」とするならば、役割の一環として援助している場合を「役割的援助者」、個人的な関係の中で援助している場合を「個人的援助者」と呼ぶことができます。このように社会の中には、専門的援助者だけでなく、役割的援助者や個人的援助者といったさまざまな援助資源があります。そこで、このようなさまざまな援助資源と協力して統合的な心理援助を構成していくことも、臨床心理実践の重要な活動となります。

他の社会活動と協働する技能

臨床心理実践には、心理療法以外にもさまざまな活動があります。むしろ、心理療法は、多様な実践活動の中の一つの方法でしかなく、しかも社会に対して閉鎖的な治療構造を前提とするといった限定つきの方法です。

心理療法以外の，社会に開かれた枠組みを通して行われる臨床心理実践の方法としては，コンサルテーション，リファー，リエゾン，ソーシャルサポート，コーディネーション，心理教育，デイケアといった活動があります。これらは，他の社会活動と協働して心理援助を行う活動なので，活動自体が臨床心理実践を社会システムに位置づけるシステム・オーガニゼーションの機能を果たすことになります。また，いずれの活動もさまざまな心理援助資源をつないで社会の中に心理援助の枠組みを構成することを目指しています。その点で，これらの活動は，「劇としての物語」の中にさまざまな社会的な援助資源をつなぐ舞台を設定する，「舞台設定」の技能によって行われると見なすことができます。

　コンサルテーションは，心理的問題の解決に当たっているコンサルティが効果的に問題解決できるように，コンサルタントが専門的観点から援助する活動です。リファーは，より適切な専門機関や専門職に紹介することで援助を行う活動です。リエゾンは，他の専門機関や専門職と連携して援助を行う活動です。ソーシャルサポートは，危機状態にある人に欠けている社会的な支援を提供することで援助を行う活動です。コーディネーションは，コーディネーターが間に入って複数の援助資源を"つなぐ"ことで援助環境を整えていく活動です。心理教育は，心理学的な知識の教育を行うことによって事例の当事者や関係者が問題の解決を図るのを間接的に援助する活動です。デイケアは，さまざまな集団活動を通して生活レベルの心理援助を行う活動です。

　初学者がこれらの活動を遂行する技能をまなぶ第一歩は，観察学習です。所属する訓練機関でこのような活動が実際に行われ，それが事例検討の場で議論される際に参加することで，初学者はこのような活動の意義をまなぶことになります。相談機関によっては，心理療法を唯一の実践活動と見なし，前述したように社会的関係を利用する援助活動は雑用であるといった認識をもっていることがあります。そのような機関では，社会に開かれたシステム・オーガニゼーションの重要性を事例検討で取り上げることがないので，初学者の学習は偏ったものとなります。したがって，初学者の指導をする立場にある者が，臨床心理実践におけるシステム・オーガニゼーションの活動の意義を理解し，それを活動の中で積極的に活用し，また事例検討でその効果を指摘できることが，まず第一に重要となります。

次に初学者は，実際に事例を担当する中でこのような社会的な実践活動を行い，それを通して技能をまなんでいくことになります。そこで，初学者の訓練を行う機関では，このような活動を行いやすい環境を整えておくことが必要となります。まず，リファーやリエゾンを行いやすいように，協力機関として他の相談機関や医療機関との連携関係を維持しておくことが必要となります。また，リファーやリエゾンにおいては，文書による依頼および情報の交換が必要となります。具体的には，相手機関との間で紹介状と報告書を交換することになります。したがって，初学者が利用しやすいような紹介状と報告書のテンプレートを用意しておき，初学者がリファーやリエゾンを行う際の社会的ルールを学習させることも必要となります。

　コンサルテーションの技能については，子どもの事例において親面接を担当することでまなぶことができます。親面接は，単に親の心理療法を行うのではありません。むしろ，親を，子どもの心理的問題の解決に当たっているコンサルティと見なし，その親に対してコンサルテーションをすることが親担当者の中心的な作業となります。もちろん，親の心理療法を行うことが必要となる場合もありますが，親面接の基本はコンサルテーションです。また，子ども担当者をコンサルティとしてコンサルテーションをすることも親担当者の重要な役割です。したがって，親担当者は，事例全体のコンサルタントとして，親と子どもの間の援助関係，および子ども担当者と子どもの間の援助関係を分析し，全体として子どもに対する援助活動が適切になされるように対応していくことが求められます。なお，コンサルテーションには，クライエント中心のコンサルテーション，コンサルティ中心のケース・コンサルテーション，対策中心の管理的コンサルテーション，コンサルティ中心の管理的コンサルテーションなど多様な形態があるので，事例の状況に即して柔軟に対応できることが重要となります。

　ソーシャルリポートやコーディネーションは，臨床心理実践の現場に研修で入った時にまなぶことができる技能です。たとえば，病院や学校というコミュニティには，さまざまな関係や活動が存在します。学校であれば，友人関係，先輩―後輩関係，教師―生徒関係，教師―教師関係，職員会議，クラス活動，クラブ活動，PTA活動などが存在します。そこで，たとえば，援助を行って

いる事例において，友人からのサポートが欠けていれば，クラスの同級生にサポート資源として協力してもらうことも可能です。また，臨床心理士がコーディネーターとなって担任教師や親などの援助資源をつないで援助環境を整えていくこともできます。もちろんそのような活動ができるためには，臨床心理士は面接室に閉じこもらずに，日頃からコミュニティ内のさまざまな人とつき合い，連絡を取っておくことが必要であることはいうまでもありません。

心理教育やデイケアは，臨床心理実践の現場に研修で入り，専任の臨床心理士が活動を行う際に補助役割などで参加することを通してまなぶことができます。これらの活動は，保健所や病院などで正式な活動として行われています。また，学校のスクールカウンセラーが授業で心理学の話をすることも心理教育の実践であり，カウンセリングルームに談話室を設け，行き場のない生徒の居場所とすることもデイケアの活動と言えます。

以上のように臨床心理実践には，心理療法に限らないさまざまな方法があります。その中から事例の現実に即した援助技法を採用する技能とともに，一つの技法にこだわらずにさまざまな技法を組み合わせ，それらをつないで統合的な枠組みを構成し，事例全体の展開を図る「舞台設定」の技能を身につけていくことが，現場で役立つ臨床心理士の出発点となります。

3　相談機関を社会組織として運営する技能

臨床心理実践を社会システムに位置づけていくためには，社会に開かれた活動を展開するとともに，そのような活動を行う相談機関自体が社会組織としての適切な機能を備えていることが必要となります。相談機関そのものが社会組織としての体をなしていなければ，社会システム全体の中で正式な位置づけを得ることはできません。

具体的には，組織の規約，運営責任体制，受付・事務機能，経済的基盤などが整備されていなければ，社会組織としては機能しません。もちろん，このような社会組織としての体制を整えることは，専任の臨床心理士が行う業務であり，初学者がまなぶレベルのことではありません。ここで，初学者がまなばなければならないのは，このような社会組織を運営するシステム・オーガニゼーション技能です。

組織運営のための技能

　臨床心理士は，ともすれば個別の事例の心理援助には熱心であっても，臨床心理実践を社会システムの中に位置づけていくことへの関心は低くなりがちです。ましてや，相談機関を社会組織として運営していくことへの関心はさらに低いと考えられます。多くの臨床心理士は，臨床心理士の本来の仕事は心理療法であって，このようなシステム・オーガニゼーションの活動は，社会に関心のある有志の臨床心理士がボランティアでやる特別な仕事であるといった意識が強いのではないかと思われます。

　しかし，臨床心理実践が社会的活動として適切に機能し，しかも社会システムの中に位置づけられるためには，このシステム・オーガニゼーションの技能がどうしても必要となります。しかも，前述したように臨床心理実践の活動には，常に個人と社会，個性と社会性の矛盾が内包されています。したがって，臨床心理実践と社会との関連性を意識したシステム・オーガニゼーションに関心をもてない臨床心理士は，個人との関連でしか臨床心理実践を考えられない自己愛的で自己中心的な発想から脱することができないことになります。

　そこで，初学者の時期からシステム・オーガニゼーションの重要性と，その技能をまなんでおくことが必要となります。そのためには，初学者の指導をする側の臨床心理士自身が，さまざまな臨床心理実践を統合し，統一された社会組織として相談機関を運営していくためのシステム・オーガニゼーションの技能と，そのような社会的技能を臨床心理士の教育の中に位置づけていくことの重要性を意識できていることがまず必要となります。特に初学者の教育に当たる大学院の教師の多くが，専任の臨床心理士として現場で働いたことがないため，抽象的に臨床心理学をとらえているだけで，実践の現場におけるシステム・オーガニゼーションの重要性を知らない場合も多いかと思います。したがって，まず教える側の意識変革が必要となります。

　次に重要なのは，"実践活動における意識"と"組織運営における意識"の区別をつける教育をすることです。初学者は，実践の技能を身につけることで精一杯で，実践活動を離れて，それを社会的場面に位置づけていくという社会意識をもちにくくなっています。そこで，実践の技能の学習がある程度まで進んだ実習生には，実践活動を遂行する際の臨床感覚とは次元の異なる社会的感

覚を，その場その場に応じて使い分けられるような意識を育てることが必要となります。

そのような社会意識をもたせるためには，所属する相談機関の運営の手続きをオープンにして，初学者を含めてそこに参加する者が運営のプロセスを意識できるようにすることが出発点となります。たとえば，何かを決める際には，指導者の責任の下に会議を開き，メンバーの意見を参考にして運営方針を決定していくといった経験を積ませることが，初学者の社会意識を育むことになります。また，組織運営に当たっても，メンバーの役割分担を明確にし，組織の指導者との連絡を密にしながらそれぞれが責任をもって組織の運営にかかわっていく体制を整えることも重要です。そのようなシステム・オーガニゼーションの活動にメンバーとして参加することで，初学者は社会意識を高めるとともに社会システムにおけるチームワークの重要性，あるいはルールや礼儀の必要性をまなんでいくことになります。

さらに，大学院の後半になり，実習生の中で経験を積んだ者には，事例検討会の司会やさまざまな活動や企画のリーダーの役目を与え，活動の一部の運営の責任者の役割を担当させることが必要となります。そのようなリーダーの体験を通して，マネージャーやオーガナイザーとしてのリーダーシップを高め，システム・オーガニゼーションの技能を身につけていくことになります。

現場での研修（インターン）でまなぶ技能

相談機関を社会組織として運営する技能をまなぶことは，実践の現場で実際に組織がどのように運営されているのかを，現場の相談機関の実践活動に参加しながら実習生として訓練を受ける研修（インターン）制度によって可能となります。また，研修により，組織運営の技能をまなぶだけでなく，前節で指摘したような他の社会活動と協働しながら心理援助を行う，社会に開かれた臨床心理実践の実際を経験することができます。

このように研修制度は，実習生がシステム・オーガニゼーションの技能を総合的にまなぶ上では欠くことのできない実習方法です。第7章で論じたように，臨床心理実践は，全体としては，コミュニケーションの次元，ケース・マネジメントの次元，システム・オーガニゼーションの次元という三つの次元からな

る構造となっています。コミュニケーションの技能は，大学院の初期段階で基礎技能としてロールプレイなどを通して徹底的にまなぶ必要があります。次にケース・マネジメントの技能は，大学院の中期段階以降に，事例検討会などに参加することで繰り返しまなんでその技能を高めていかなければなりません。そして，システム・オーガニゼーションの技能は，大学院の最終段階で，研修経験を通して体験的にまなんでいくことになります。したがって，研修制度における実習は，大学院における臨床心理実践実習の終了段階であると同時に，現場で働くことが可能となる臨床心理士の技能を身につけていく第一歩として重要な意味があります。

　ところが，現在の日本の臨床心理士の教育課程では，この研修制度の重要性が十分には認識されていません。むしろ，大学院に付設されている外来の心理教育相談室の中での実習ですませようという傾向があります。しかし，大学（院）というのは，そもそも他の社会的組織から切り離された閉鎖性の強い組織です。しかも，大学の教師の中には，臨床心理実践の現場での組織運営にかかわった経験のある臨床心理士は少なく，どうしても大学内の心理教育相談室における実習でシステム・オーガニゼーションの技能をまなぶのには限界が出てきます。

　現場の相談機関では，その機関が所属する職域を共有する他の職種の機関や専門家と密接な連絡を取りつつ活動することになります。臨床心理実践の職域は，「教育」「医療・保健」「福祉」「司法・矯正」「労働・産業」の5領域に大別できます。領域ごとにさまざまな相談機関があり，その領域にかかわるさまざまな職種と協力しながら活動を展開しています。さらに，現場の相談機関では，対象者のニーズに合わせた活動を展開するために，意向調査などのマーケティング活動をし，所属するコミュニティ全体に貢献するために教育活動，啓発活動，広報活動を行うことが重要となります。このような活動は，狭い意味での実践活動を超えたコミュニティ活動と言えるもので，臨床心理実践を社会システムに根付かせていくシステム・オーガニゼーションの技能の一つです。臨床心理実践が真の意味で社会活動となるためには，このようなコミュニティ活動を幅広く展開していくことも必要となります。

　たとえば，私自身が最初に常勤の臨床心理士として勤務したのは，大学の学

生相談所でした。職域としては「教育」になります。そこは，大学の学生部という事務組織に所属していたので，上司，同僚は事務員でした。実践活動では保健センターと緊密な協力をしていたので，医師，保健師，看護師，ケースワーカーとのリエゾン（連携）が日常となっていました。また，大学コミュニティの中での活動でしたので，大学の教員，事務員，父兄へのコンサルテーションを頻繁に行っていました。また，マーケティング活動としては，大学生の学生相談についての意向調査を行いました。教育活動として職員の研修会にはしばしば講師として参加し，学生相談の方法やその意義を伝えるように努力しました。啓発活動としては，授業で臨床心理学，異常心理学，発達心理学などを講義し，また心理的健康に関するセミナーなどを開催し，心理的ケアの重要性を広く伝えるようにしました。広報活動としては，学内向けのパンフレットや広報誌を作成し，配布したりしました。

4 現場と大学院をつなぐ研修制度

このように現場の相談機関では，常にさまざまな職種の活動や組織と協力し，コミュニティに開かれた組織運営をしています。その点で実習生が現場で役に立つ技能を身につけシステム・オーガニゼーションの技能をまなぶ上では，大学院の外に出て現場の相談機関で研修することがどうしても必要となってきます。

米国の大学院の臨床心理士の訓練プログラムにおいては，研修経験が必須となっているだけでなく，むしろ研修制度がプログラムの中心になっています。アメリカ心理学会では，学会が正式に認定した研修機関においてフルタイムで1年間（パートタイムでは2年間）の研修経験があることを臨床心理学の博士号取得のための条件としています。しかも，州によって多少の違いがあるものの，臨床心理士の資格試験を受ける条件として，博士課程修了後に2年間の臨床心理実践の現場経験を設定しています。

このように米国では，現場での研修制度が重視されているため，相談機関のスタッフも臨床心理士の教育についての意識が高く，責任をもってかかわっており，それぞれの機関で実習生の研修プログラムを工夫しています。その点で米国では，大学院と現場の相談機関が協力して臨床心理士の教育を請け負う体

制ができています。

　日本の臨床心理士の教育においては，このような大学院と現場との協力という点は未確立です。第2章で指摘したように大学院と現場の連絡がほとんどなく，むしろ互いに不信感さえあるといった状況です。このようなことが生じる第1の要因は，日本の臨床心理学においてシステム・オーガニゼーションの意識が育っていないことにあると言えます。したがって，今後の日本の臨床心理士の教育においては，大学院で教育をする立場にある者が少しでもシステム・オーガニゼーションの重要性に気づき，現場の相談機関と連絡を取り，研修制度を充実させていくことが緊急の課題となっています。

〈引用文献〉

下山晴彦・森田慎一郎・榎本真理子（2012），学生相談必携 GUIDE　BOOK──大学と協働して学生を支援する　金剛出版

第14章 現場研修の実際

1 大学院での実習プロセス

　実習生がシステム・オーガニゼーションをまなぶための制度として現場研修があります。実習生は，臨床現場での実践活動に参加することを通して，現場で日常的に行われているシステム・オーガニゼーションの一端に触れることができます。そこで本章では，実践の基本として社会性を習得することの重要性を具体的に知ってもらうために，私が指導している研究室における現場研修の実際を例示することにします。

　臨床心理学コースに進学した大学院生は，実習生として，修士課程1年目の前期に，共感面接およびアセスメント面接のロールプレイの実習を通してコミュニケーションの基本技能をまなびます。次に，夏休み中に，試行実践を通してケース・マネジメントの基本技能をまなびます。それと並行して，研究科附属の心理教育相談室において実際の事例を担当します。担当した事例については，スーパービジョンや事例検討会において指導を受け，ケース・マネジメントの技能を磨きます。また，前期から心理教育相談室で事務員の補佐として事務研修を，後期からは神経科クリニックで予診と心理検査を担当する現場研修を受け，システム・オーガニゼーションの基本技能をまなびます。

　修士課程1年目で基本技能を習った実習生は，2年目には大学医学部附属病院の精神神経科病棟において研修医が経験するものと同一の研修を受けることになります。内容は，**外来予診**（患者の予診を取り，担当医の初診に陪席し，指導を受ける），**デイケア**（発達障害児の療育プログラムに参加する），**デイホスピタル**（精神病患者の社会復帰支援プログラムに参加する），**回診**（精神神経科教授の回診に陪席する），**リエゾン**（精神障害が懸念される他科入院患者の往診に陪席する）といったメニューで，研修医に交じって研修を受けます。この病院研修において，それまでまなんできた基本技能の習得度が試されるとともに，他職種である医療

職との協働を含めたシステム・オーガニゼーションの技能を幅広くまなぶことになります。

さらに、博士課程に進んだ実習生のうちの希望者は、総合病院において本格的な現場研修を受けることになります（富岡・中嶋, 2013）。この現場研修では、外来か入院の患者を担当し、医師と臨床心理士の指導を受けながら、実際の治療チームに参加して実践活動を行います。ここでは、システム・オーガニゼーションの技能を実践レベルで本格的にまなぶことになります。

2 医学部附属病院における現場研修の実際

附属病院において実習生が受ける研修の内容の概要を、それぞれのセクションごとにまとめて示します。実習生は、ローテーションを組んで、1年かけてすべてのセクションを経験することになります。

外来予診

実習内容は、初来院の外来患者の予診を取ることです。その特色としては、担当が1日1人と決まっており、時間をかけてしっかりとしたアセスメントをすることが求められている点が挙げられます。予診後、医師の本診となるので、自身のアセスメントを簡潔に医師に説明します。本診に陪席し、診察終了後、医師に質問をする機会もあります。予診における実習目的は、精神科外来を訪れる患者の症例に数多く触れることで実際の病院臨床を体験すること、予診の時間枠内において必要な情報を収集し、アセスメント能力の向上を目指すこと、さらに、自身の立てたアセスメントを医師が納得できるように説明する能力をつけること、以上を踏まえ、医療現場で働ける心理職としての基礎的な力を身につけることにあります。自身のアセスメントを医師に検討してもらう経験を繰り返すうちに、医療現場において、診断の判断基準や治療方針に必要な情報やアセスメントをするための基礎技術が身についていきます。

デイケア

実習内容は、児童精神外来における治療教育の参加・見学です。実習先であるこころの発達診療部は、30年以上の長い歴史のある、小児自閉症に関する

デイケア機関で，診療内容は，医師による外来診療と，臨床心理士が行う治療教育の二つです。治療教育では，発達心理外来（18歳頃までの発達障害圏の子どもを対象とした発達の評価，療育指導，療育相談）と短期グループ（就学前の発達障害児および家族の支援を目的とした少人数制の集団療育）が行われています。実習では短期グループへの参加・見学を行います。短期グループのスタッフは臨床心理士で，常勤2人，非常勤4人程度です。グループ当たりの人数は2～4人で，年齢，太田 Stage，集団への参加状況などを元に，編成されます。短期グループの1回目と10回目には，担当ごとにさまざまな評価が行われます。臨床心理士による評価は，①認知面，②運動面，③行動面，④発達面，親による評価は，①社会生活能力，②行動面，③親のメンタルヘルス，④発達面，医師の評価は，①社会生活能力，②行動面，③発達面について行われます。

　短期グループは，小集団の効果を活かして子ども同士が相互によい影響を及ぼすように，コミュニケーションや集団適応を促すことをねらいとしており，大きな特徴として，療育場面を家族に見学してもらうことが挙げられます。デイケアの実習目的は，このような活動を観察し，一緒に参加することで，発達障害児への接し方や発達の促し方を体験すること，発達障害児のアセスメントのポイントやニーズを把握する能力を向上させることです。また，集団活動を通した援助の利点を把握し，運営のスキルを身につけることができます。さらに，家族と接することによって，家族のケアや心理教育についても多大な示唆を得ることができます。

デイホスピタル

　実習内容は，精神科デイホスピタルにおけるデイケアへの参加・見学です。支援活動には，精神障害をもつ通院患者の就労・社会復帰を目的としたソーシャルスキル・トレーニングを中心として，グループでのさまざまな活動と個々に対する面接，就労援助などがあります。ある程度固定した内容のプログラムを週4日と不定期のイベント活動を行っており，運営やイベント進行など，メンバーに任されている面が多く，活動水準は高いです。参加メンバーは25～35人程度，入れ替えが少なく安定しており，統合失調症の患者が多いです。スタッフは臨床心理士，看護師，精神保健福祉士，医師で構成され，6～7人

で運営しています。活動レベルは個々の差が大きいが,スタッフがさりげなく役割分担を調整しているため,全員何かしらの役割をこなしています。実習に当たっては,メンバーとスタッフの中間の位置のような形で参加します。デイホスピタルの実習目的は,メンバーとさまざまな活動をしながら,メンバーの行動や特徴,メンバー間のやりとりなどを観察し,スタッフと共有しながら,状態像や援助方針に関する理解を深めていくことです。デイホスピタルの活動目的はメンバーの社会復帰と自立支援であり,短期的には,現状の症状や状態の把握です。実習の際に,個々の対処能力や状態像と同時にメンバー間のやりとりをしっかりとアセスメントし,現状の能力と今後の課題を把握することを意識しながら活動することで,各メンバーを適切にアセスメントする能力を向上させることができます。また,活動の最後にスタッフに自分の所見を伝えることで,自身のアセスメントをスタッフと共有しながら,集団援助を体験することができます。

回　診

実習内容は,入院患者のもとに医師が巡回して診療する場面,さらに終了後のカンファレンスに同席することです。回診では,担当医から患者の状態の説明を受けた上で,精神神経科教授が患者を診療する様子を,他の医師が観察します。回診後にカンファレンスが開かれ,担当医がより詳細なプレゼンテーションを行い,それに対し,教授を初め他の医師がフィードバックを与え,よりよいケアの指針を立てます。回診の実習目的は,患者の状況把握と,経験を積んだ医師の診療の観察です。その際,入院患者と,外来で接する通院患者との違いを意識するようにします。また,カンファレンスでは,担当医のプレゼンテーションを見学することで,どのような視点で患者を把握し,今後の方針を立てているのかを知り,比較的症状が重い患者について的確なアセスメントを行う能力を育成することができます。さらに,患者の経過についても合わせて検討されるため,各精神障害,各患者についての比較的長いスパンでの症状の変化や予後についてまなぶことができます。経験を積んだ医師の患者とのかかわり方を観察することで,面接技術を向上させることも可能です。

リエゾン

　リエゾンとは他科からの依頼を受け，病棟に往診する活動であり，依頼内容に応じて，患者の精神症状評価，精神科薬の調整，スタッフの疑問への対応などを行うことです。また，当日依頼のある患者の他に，継続してフォローしている患者がいる場合もあります。実習の内容は，その往診に同席し，見学することです。事前に患者のカルテに目を通しておき，患者が拒否した場合を除き，病室での診療を見学します。リエゾンの主な活動目的は，身体科病棟に入院中の患者の精神科的な問題を改善し，主科での治療がスムーズに行えるような状態に整えることです。また，元来精神科的な疾患を有していた患者が身体疾患によって入院した場合に，精神科疾患の治療を継続することを目的とする場合もあります。リエゾンの実習目的は，身体科において見られる精神科的症状の実態を知ること，往診形式で行う診察の仕方を知ること，他科のスタッフとの連携の取り方についてまなぶこと，の主に三つを身につけることです。さらに，不安や抑うつといった精神科的な症状をきたしやすい身体疾患や薬剤，身体疾患に特有の薬剤の禁忌などについてまなぶこともできます。

3　病院での現場研修の意味

　病院での現場研修に参加した実習生の感想を示し，修士課程2年生にとって現場研修がもつ意味を確認することにします。

外来予診

　患者を診るに当たっては，外見→話し方→話す内容といった順に，外側から内側へと向かう総合的な視点が必要であるということを，医師からのアドバイスを通しまなんだ。たとえば，統合失調症で陽性症状が中心の場合，幻聴，妄想の有無など，話す内容から病状に関する情報収集が可能である。しかし陰性症状が中心で，本人の困り感もない場合には，患者の話す内容からだけでは，十分な情報を得ることができない。このような際には，外見や話し方などから，感情鈍麻，意欲低下など陰性症状にかかわる情報を収集する必要がある。よって，総合的な情報収集が必要であることを，予診研修を通しまなんだ。

デイケア

　発達に気になることのある子どもたちの療育の場に参加した。この経験から，構造化された環境を継続的に子どもたちに提供することが重要であるとまなんだ。ある3, 4歳の子どもは，プログラム参加初日は部屋を駆け回り，全く椅子に座っていることができなかった。それでも，具体的にやることを絵や写真で示すことを繰り返すと，プログラムを数回終えた頃には落ち着いて椅子に座り，プログラムに取り組めるようになっていた。ここから構造化の重要性とともに，その重要性を信じ継続することで変化が現れることをまなんだ。

デイホスピタル

　統合失調症を中心とした患者の社会復帰プログラムの現場に立ち会った。デイホスピタルの特徴は，メンバーが基本的に自主運営をしている点にある。このプログラムもメンバー中心に行っており，実習生の世話もメンバーがしてくれた。そのような点では，実習生はメンバーに教わる立場であった。このような経験から，患者と医療現場のスタッフは対等な立場であることを実感した。また，メンバーの自主性を尊重することが，社会復帰に向けた大きな力となることを知った。デイホスピタルでは通常の実習枠以外に，ソーシャルスキル・トレーニングと家族会を見学した。ソーシャルスキル・トレーニングでは，メンバーが社会生活でどんなことに困難を感じているのか具体的に知ることができた。また，家族会では，家族の目から見た病状の変化などがリアルに伝わり，家族の困難とそれを自助的に支える組織の必要性を強く感じた。

回　診

　教授が患者や担当医にする質問から，どのような点に注目し，患者の状態を理解するのかを知ることができた。また回診後のカンファレンスでは，病棟での臨床像を踏まえた上で議論がなされていた。そこからは，回診時の臨床像を，どのように治療方針へと結びつけているかを理解することができた。

リエゾン

　他科とのチーム医療の現場に立ち会うことができた。リエゾンにおいては精

神科の立場からの意見をしつつも，脈拍や睡眠の状況など，より生理的側面にも配慮したコンサルテーションがなされていた。ここから，生物―心理―社会のバランスの取れた視点がより必要であることをまなんだ。

4 修士課程での実習を振り返って

修士課程の2年間において，ロールプレイ，試行実践，事例担当，現場研修などの実習を通して，コミュニケーション，ケース・マネジメント，システム・オーガニゼーションの基本技能をまなぶことになります。このようにして修士課程でまなんだ実践の基本技能は，その後の臨床心理実践を発展させるための基盤となります。そこで，修士課程を修了し，現在，博士課程でまなびつつ実践活動をしている臨床心理士に，修士課程の実習を振り返って，それが現在の臨床心理実践にどのように役立っているのかをまとめてもらいました。

修士課程修了後3年目の臨床心理士（女性）

臨床心理学コースでの訓練を受けた体験を振り返ると，まずは自分の内面に向き合うことを，次にケースを面接室内外も含めて見立てることを，最後にケースの今後の見通しも含めて見立てて支援していくことをまなぶことができたと感じています。

まず，コミュニケーションの技能を身につけるトレーニングの中では最初に行った共感面接が印象に残っています。私は同期の中では一番目に発表し，検討してもらったこともあり，発表資料の書式，面接の進め方，やりとり，さまざまな面でいわゆる「ダメ出し」をされました。同期が見ている前で，さまざまな面で指摘を受けたこともあり，その日はひどく落ち込んだのを覚えています。けれど，その後，指導者から，最初だからあえて厳しくした，今後伸びると信じているからこそ指摘した，トレーニングでコミュニケーションの技術は身につく，といった言葉かけをしてもらい，以降は指摘をされても自分が伸びるために必要なことだと考えて受け止めたり，他の人の意見を聞くように努めたりすることができるようになりました。また，自分の会話の仕方など客観的に見返すくせがつき，それは4年経ったいまでも，ケース記録をつける時にやりとりも振り返る習慣につながっています。また，この頃の体験で，自分が方向づけをしすぎてしまうことや，うまく相手が気づいていくことを待つことができないことなどを知り，日々の臨床の中で，そういった自分の会話のくせが出ないように意識することができています。修士課程で「うまくやろう」という気持ちが強い頃に，厳しい指摘や検討を受けることができたことは，当時はとてもつらかったですが，いまとなっては自分を振り返る，よいきっかけになったと思っています。

その後の試行実践では，面接が1回きりで終わらずに続いていくという部分が新しく，回数が決まっているけれど続いていく枠組みの中で，事例にどうかかわっていくかということを知ることができました。そういった意味でケース・マネジメントについてまなべたと思います。ですが，個人的には，クライエントとして他大学に赴いた体験のほうがいまの自分につながっていると感じています。面接をするだけではわからない，相談室まで行く道のりでの体験や，受付に初めて行く時の不安，遅れてしまった時の心理状態など，クライエントがどんな気持ちで来談し，帰っていくのかという面接の枠外の出来事を考えるきっかけになりました。いま住んでいる場所はどこか，どうやって来談しているか，誰がお金を払っているのかという事項が，初回面接をしたり初診を取ったりする際に，常に気にする事項として意識できるようになっています。臨床で出会う人たちの現実場面についてイメージすることは，つい忘れてしまうことがありますが，本当に共感をする上では必要不可欠なことだと感じています。

　現場研修では，クリニック，大学病院，総合病院において，予診や心理検査，デイケア，リエゾンなど，精神科医療や総合病院において臨床心理士として働くための技能についてまなぶ機会を得ました。試行実践までと大きく違う特徴の一つは，本当の"病"に出会ったことだと思います。病というと誤解をされてしまうかもしれませんが，統合失調症の人と会った時に臨床心理士が感じる感覚，うつ病の人の重い空気，不安障害の人の切迫感，こういったいわゆる症状は，肌で感じないとわからないものだと思います。教科書でまなぶような知識は事前に身についていたとはいえ，まだ研修という守られた立場でさまざまな"病"に出会え，またその経過や予後について知れたことは，その後患者やクライエントに心理教育をする時の自信につながっています。また，もう一つの大きな体験として，リエゾンの経験ができたことが挙げられます。普通に生活をしていた人が身体疾患によって心理的サポートが必要になる，という場面に出会いました。時に，お会いしていた方が余命数ヶ月であることを知ったり，先週話した方が他界してしまうという状況に遭遇しました。そういった出来事が日常的に起こっていき，心理援助の限界や無力感を抱きながら，何ができるのか考えていくという体験は本当に貴重なものでした。私は現在，主に親子の支援に携わることが多いのですが，その際に，いままでのその親子の歴史だけではなくて，「この子が大人になったらどうなるんだろう」「この子の親は今後どんな人生を歩んでいきたいんだろう」など，ライフスパン全体で見立てを立てながら，相談業務ができるようになったことは，さまざまな方が生死をさまよう現場でまなばせていただいたからだと思っています。

　まだまだ未熟だと感じながら臨床実践に取り組んでいますが，このように未熟だと感じられることも，それでも技術を高めていこうと思えることも，最初のロールプレイによるトレーニングがベースにあると思います。

修士課程修了後2年目の臨床心理士（男性）

　共感面接とアセスメント面接のロールプレイは，修士課程の同学年同士で行いました。共感面接を始める前は，同じ学年で年齢も近い人が多いので共感しやすいのではないかと思っていましたが，いざやってみると，自分の思い込みで「わかりました。こういうことなんですね」とまとめてしまうことが多くて，共感がうまくいかなかったことをよく覚えています。この共感面接のロールプレイを通して，同じ修士課程の学生という近い立場の人間であっても，考えていることや感じていること，悩んでいることはそれぞれ大きく違うのだということがまず体感できました。同時に，聴く側の姿勢として「わかる」「わかる」の「わかる」一辺倒で安易に理解していくのではなく，「同じ表現でも自分が考えているものとは別のものなのではないか」という視点を常にもって聴いていく必要があるということをまなぶことができたと思います。

　アセスメント面接では，必要なことを質問していかなければならないので，自分がわからないところはどこなのか，あるいは臨床心理学的に見て聞いておく必要がある質問とはどういうことなのかを考えながら，ロールプレイに臨みました。共感面接のロールプレイで共感の重要性を感じていたのですが，それと必要な情報を聴取し，査定していくこととの両立が難しかったです。何を訊けばいいのかわからなくなり，共感だけで終わってしまったり，制限時間内でいろいろな情報を訊かなければと，質問ばかりになってしまったりなどという体験を繰り返しながら，共感のタイミングや質問の仕方，内容などをまなんでいきました。

　実際の臨床現場で働くようになったいま，これら二つを振り返ってみると，共感面接でトレーニングされる「共感」と，アセスメント面接でトレーニングされる「質問」を使い分けながら，面接が進んでいるような気がします。実際の現場では，自分とは異なる体験をした人と接することも多く，いろいろ聞いていって初めてイメージでき，共感できるということが多いです。初め想像していた「わかる」「わかる」「わかる」という感じではなく，「わからない」「わからない」「なんとなくわかる」というような形で共感が進むようになり，トレーニングを重ねる中で，自分の中での共感のイメージが変わってきたということがあります。

　試行実践では，臨床面接をする側と受ける側の両方の立場を体験することができました。僕にとっては受ける側の体験が大きく，いろいろ話すのですが，「こんなことでいいのかな」と不安に思っていました。臨床面接をする側としては，意外とクライエントさんが話をしてくれたり，面接前にあれこれ想像しても自分が想像した通りに面接が進むわけではなかったりという体験がありました。いま振り返ってみるとこの頃は，座学での勉強を通して，こういう臨床面接がいいといった模範解答的なイメージがあり，それに近づかなければと思いながらやっていたように思います。ただ実際には，試行実践

の場でもその後の臨床現場でも，自分が考えた通りに進むということはなく，自分の思い通りに面接を進めようとすることがむしろ害を及ぼす場合も多いと感じています。その原点は試行実践だったと思うのですが，自分なりの見立てや今後の方向性のイメージをもちつつも，実際の面接はその時々の状況やクライエントに合わせて，ゆるやかに進んでいくことが多いと改めて感じています。

　現場研修の中で予診の役割は大きく，知識ではこういう患者がいると知ってはいても，やはり実際に会ってみると全く違うもので，最初は非常に緊張するとともにうまく聞けずに悩みながら進みました。そんな中で，一度ある障害の患者に出会うと，自分の中にモデルができたような感じで，次に同じ障害の別の患者に会う時に，「あの人はこう言っていたがこういうところはあるのだろうか」などと，格段に想像しやすくなって，少し自信がつくという経験がありました。こういう経験はいまも変わらず，さまざまなクライエントに会う際のモデルの一つになっています。また，面接以外のデイケアや検査，リエゾンなどのトレーニングがありました。これまでは1対1の面接という形態でしたが，各々のトレーニングで活動を行う目的が違い，それに伴い環境や患者への接し方が異なるということをまなぶことができました。同時に，話すことが苦手だったり難しかったりする患者と会うことで，雰囲気やしゃべり方，たたずまいなど，話の内容以外の部分からの情報から見立てを立てることも教えていただき，これは実際の面接室での実践にも非常に役に立っています。

　振り返ってみていま強く感じるのは，各々のトレーニングは基礎的なものであると同時に，そこで培われるスキルは臨床活動の中核にあり，現場で働くようになったいまでも非常に大切なことだということです。また，これらのスキルは継続的なトレーニングを通して磨かれるものでありながら，完璧というものはないように感じています。たとえば，いまでもうまく聴けなかった，共感できなかったという体験はありますし，もっとスキルを磨かなければと感じています。見立て一つ取ってみても，後になってそれを修正していくことは多いです。その時々で最善を尽くしつつも，模範解答がないことに苦しんだり楽しんだりしながらやっていく必要があるのだろうと思います。

〈引用文献〉
富岡直・中嶋義文（2013）．総合病院での心理職の訓練システム　臨床心理学，**13**（1），101-106.

第VI部 物語をつなぐ実践

第15章 事例の物語をつなぐ

1 物語をつなぐ

「語り」と「劇」のつながりに注目する

　これまで物語の観点から臨床心理実践の基本を解説してきました。第Ⅱ部では，"事例の現実"をより深く理解するために，事例を物語として見ていくことを提案しました。そして，「事例の物語」は，「語りとしての物語」と「劇としての物語」から構成されているとしました。このように，事例の現実を，「語りとしての物語」と「劇としての物語」から構成される物語として理解し，問題の成り立ちについての"読み"である見立てをもち，事例に介入していく実践の基本を検討しました。第Ⅲ部では，そのような実践の基本となるコミュニケーション技能をテーマとしました。第Ⅳ部では，そのコミュニケーション技能を用いて問題解決に向けての事例にかかわっていくケース・マネジメント技能をテーマとしました。そして第Ⅴ部では，システム・オーガニゼーションの技能として，「実践の物語」を展開する場のつくり方とその機能を検討しました。

　そこで第Ⅵ部では，これまでまなんできた技能が実際の臨床現場ではどのように実践されているかを見ていくことにします。「事例の物語」の理解について，臨床現場では，訓練段階の物語の読みとは異なるダイナミックな展開が生じます。初学者にとっては，訓練段階の事例でも複雑な要素が含まれていて対処するのが難しいと感じることも多かったと思います。しかし，訓練段階で経験する事例は，それでも臨床現場での実践に比較すれば，動きが少なく，客観的立場から事例の物語を見立てることができるものでした。

　臨床現場の実践では，臨床心理士自体が事例の物語に深く介在し，登場人物の1人となって物語の展開にかかわることになります。つまり，事例の物語に加えて「実践の物語」がダイナミックに動き出すことになります。具体的には，

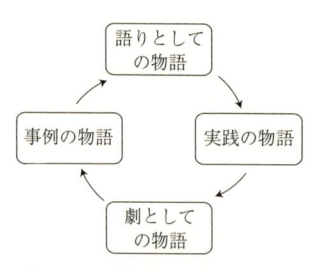

図15-1 「実践の物語」の展開

「実践の物語」を媒介として,「語りとしての物語」と「劇としての物語」が相互に影響し合いながら循環的に展開することになります。つまり,臨床現場における実践過程は,「実践の物語」を媒介として「語り」と「劇」が相互に重なり合って展開することになります。その点で臨床現場での事例の展開について見立てを形成することは,一筋縄ではいかないわけです。

初回面接は,クライエントが日常場面で起きている「事例の物語」から抜け出し,相談機関に来談して,担当の臨床心理士を相手に問題について語るという行為となります。そこで語られるのが「語りとしての物語」です。その初回面接における「語る―聴く」という関係を出発点として,「実践の物語」が展開し始めます。それは,当初は面接室という閉じられた空間で展開する物語です。しかし,実践過程が進むにしたがって,次第に「実践の物語」は日常場面に入り込んでいきます。クライエントは,実践場面での「語りとしての物語」の経験を日常場面にもち帰ることで,「劇としての物語」に影響を与えます。その結果,「事例の物語」が変化することになります。

このように臨床心理士とクライエントの間で生じる「実践の物語」を媒介として,「劇としての物語」と「語りとしての物語」が交流し,新たな物語が展開し始めることになります(図15-1)。ただし,精神分析では,第13章で指摘したように治療構造を重視し,日常場面から切り離された面接の空間と時間において「実践の物語」を展開させます。そして,治療構造内の「実践の物語」を防衛機制,抵抗,投映,転移―逆転移といった概念で解釈,分析することで,物語の変容を目指します。治療構造という閉鎖的枠組みを重視しており,「実践の物語」を日常場面で展開する「劇としての物語」に開かれたものとしてはいません。それに対して認知行動療法では,クライエントに次回の面接までに日常場面で実施してくる行動実験課題を宿題として課します。これは,「実践の物語」を積極的に「劇としての物語」に組み込んでいくための仕組みとなっています。

つなぎ役としての臨床心理士

「実践の物語」を媒介として,自然に「語りとしての物語」と「劇としての物語」が循環的に交流するのに加えて,臨床心理士は,実践の技法として積極的に両者の交流を図ることもあります。たとえば,親などの家族,職場の同僚や上司,クラス担任や友人などといった,日常生活において事例の当事者とかかわる関係者を実践場面に参加させる場合がそれに当たります。当事者以外の,「劇としての物語」の登場人物が実践場面に参加することによって,実践の枠内で「劇としての物語」が「語りとしての物語」と交錯することになります。これは,実践の枠を広げ,「語りとしての物語」と「劇としての物語」を交流させる中間的な場をしつらえ,そこでの両者の交流を通して物語の展開を図る介入となります。

家族療法は,家族を実践の枠内に招き入れることで「語りとしての物語」と「劇としての物語」との循環的交流を積極的に利用する技法と見ることができます。この他,集団療法もこのような技法の一つと見ることができます。また,行動療法や認知行動療法では,実践の枠内の「語りとしての物語」を,語りを深めるためではなく,行動調整のために利用します。自らの行動や行動イメージについて語ることを通して,自己の行動を調整し,それを「劇としての物語」の中で実行することが推奨されます。このように「語りとしての物語」が「劇としての物語」の中での行動を調整する"演技指導"の一環となっている点で,行動療法や認知行動療法も「語りとしての物語」と「劇としての物語」の循環的交流を積極的に利用しているわけです。

さらに,「劇としての物語」を実践の枠内に取り込むのではなく,実践の枠を日常場面に開かれた開放系の枠組みとしてとらえ,臨床心理士が日常場面,つまり「劇としての物語」に積極的に参入していく介入技法もあります。そこでは,臨床心理士は,クライエントの「語りとしての物語」を聴くという狭い実践の枠組みを越えて,日常場面で起きている「劇としての物語」にその劇の登場人物の1人として参加し,積極的に劇の舞台やストーリーの進展に介入することになります。臨床心理実践は日常の出来事の一つとして,「劇としての物語」の中で他の出来事と関連しながら並行して展開することになります。したがって,「語りとしての物語」は,「劇としての物語」の中に開かれ,劇の舞

台における出来事の一つとして劇の内側から直接に「劇としての物語」と交錯し，両者の循環的交流が進むことになります。キーパーソンへのコンサルテーションを通しての日常場面への危機介入や，日常場面におけるソーシャルサポート・ネットワークの構築などを積極的に行うコミュニティ心理学の介入は，このような立場の技法と見ることができます。

　このように実践過程では，「語りとしての物語」と「劇としての物語」が循環的に展開しており，その両者が重なる中間領域を活用することが，物語過程に介入し，物語の展開を促す重要なポイントとなっています。この中間領域と関連して，現場の臨床心理士は，役回りとして「つなぎ役」を取ることがあります。事例の全体の物語の展開を読みつつ，「語りとしての物語」と「劇としての物語」が交錯する中間領域に介在し，「実践の物語」を媒体として両者の物語をつないでいくことが，つなぎ役としての臨床心理士の重要な役回りです。

心理療法の物語

　「実践の物語」には，さまざまな形態があります。その中で最もよく見られるのが「心理療法の物語」です。それは，語りという行為を通して「語り手」と「聴き手」の間に生じる物語です。

　「心理療法の物語」は，「語りとしての物語」を「語る―聴く」という関係を契機として生成されるので，「語りとしての物語」の内容が物語の展開の中にもち込まれます。また，語り手の対人関係のパターンはある程度一定しているので，「劇としての物語」の関係パターンが物語の展開の中にもち込まれます。それと同時に，「語り手―聴き手」の関係を基礎にして生成されるので，聴き手である臨床心理士の聴き方によってその性質が決まってくるという特徴もあります。そこで，臨床心理士は，「心理療法の物語」の内容を調整し，それを活用して事例の物語を展開することを試みることになります。

　たとえば，認知行動療法では，臨床心理士とクライエントが協働関係を形成するために「心理療法の物語」を活用します。それに対して「心理療法の物語」を最も戦略的に，そして組織的に事例の物語への介入に利用するのが，精神分析です。精神分析の転移の理論を物語の観点から説明すると次のようになります。まず，語り手であるクライエントの過去の対人関係の体験，つまり

「劇としての物語」での体験によって形成されたイメージ（対象関係）に基づいて「語りとしての物語」が語られます。その結果，語られる物語を媒介として語り手の対人関係のイメージ（対象関係）が聴き手である分析家に投影され，転移することになります。そのイメージに聴き手である分析家が反応し，語り手と聴き手の両者がそのイメージで想定される役割を劇的に演じ始めるのが，「転移─逆転移」関係です。精神分析の治療構造は，自由連想や分析家の中立性などを利用して，語り手と聴き手の間に転移関係を操作的に生じさせ，それを「心理療法の物語」として生起させる装置となっています。

語りを劇につなぐ

「心理療法の物語」は，「語る─聴く」関係を契機とし，クライエントと臨床心理士の間に生成される劇的な人間関係の物語です。「心理療法の物語」は，「語る─聴く」関係を契機とする点で「語りとしての物語」と，また劇的物語である点で「劇としての物語」と関連性（つながり）があります。したがって，「心理療法の物語」の活用に当たっては，このつながりをいかに事例の物語全体の展開につなげていくかがポイントになります。

ここで重要となるのが，前述した「劇としての物語」と「語りとしての物語」が重なり，交流する中間領域です。この中間領域に「心理療法の物語」を「つなぎ」として介在させ，「語りとしての物語」と「劇としての物語」をつないで物語の全体の変容につなげることが，「心理療法の物語」の有効な活用方法です。ただし，「語りとしての物語」が成立する事例と，成立しない事例では，その技法が異なってきます。そこで，本項では，まず「語りとしての物語」が成立する場合について検討します。

「語りとしての物語」が成立する場合には，クライエントは，臨床心理士を聴き手として物語を語ることで，自己の人生の物語を語り直し，読み直し，自己の経験を再体制化していきます。そして，ここで読み直した自己の人生の物語を「劇としての物語」において行動として実現し，自分の物語を生きられるようになります。クライエントが自分の力で，自己の物語を「劇としての物語」において実現化していくことができる場合には，臨床心理士は，手を出さないでそれを見守ることになります。

しかし，クライエントが自己の物語を行動として実現化する力が弱い場合や「劇としての物語」のパターンが固定している場合などでは，せっかく物語の読み直しがされたとしても，それが，「劇としての物語」の舞台である日常場面で生かされることがないまま潰される危険性が高くなります。

そのような場合には，読み直された「語りとしての物語」をいかに「劇としての物語」につないでいくかが課題となります。ここで重要となるのが，「心理療法の物語」を実践場面に閉じ込めないで「劇としての物語」に広げていくことです。それによって，「語りとしての物語」の展開を「劇としての物語」につないでいくことが可能となります。

そのためには，「心理療法の物語」の基礎となっている「語る─聴く」関係を「劇としての物語」の舞台の中につないでいく，「つなぎ」の作業が必要となります。それは，具体的には，「劇としての物語」の登場人物である関係者に協力してもらい，「心理療法の物語」の「語る─聴く」人間関係を，「劇としての物語」における日常的人間関係として引き継いでもらうことです。そのための技法が，コンサルテーションです。

このような「つなぎ」の作業が最も必要となるのが，子どもを対象とした心理支援です。たとえば，遊戯療法では，語りは遊びとして表現され，一緒に遊べることが語りを聴くことに相当します。したがって，「語りとしての物語」は遊びを通して語られることになります。臨床心理士を遊び相手とする「心理療法の物語」が生成され，それを基礎として「語りとしての物語」である遊びが展開したとしても，それが日常場面である「劇としての物語」で展開しなければ意味がありません。そこで，コンサルテーションとして（母）親面接や教師面接をし，遊びを通して語られた子どもの「語りとしての物語」の意味を関係者に伝えるとともに，生成された「心理療法の物語」の受け皿となる人間関係を「劇としての物語」の舞台にしつらえ，遊びの関係を日常場面につなげていくことを試みます。

2 つなぎモデルによる物語支援

心理療法の限界を超える

前節では，「心理療法の物語」は，「実践の物語」の一形態として「語りとし

ての物語」と「劇としての物語」の中間領域をつなぐ媒体となり，事例の物語全体の展開を生じさせると指摘しました。その際，臨床心理士は，物語の聴き手として，「実践の物語」を日常生活につなぐ役割を担うことになります。

しかし，それが可能となるのは，「語りとしての物語」が成立する場合です。一般的には，行動化や身体化が頻発するパーソナリティ障害，精神病，発達障害，比較的重症の不安障害や身体表現性障害，さらに低年齢の子どもや動機づけのないクライエントに関しては，「語りとしての物語」が成立するのが困難です。このような事例においては，「心理療法の物語」を活用して「語りとしての物語」と「劇としての物語」をつなぎ，新たな出来事を起こしていくことには限界があります。

当事者の物語る機能に障害が見られる場合には，「語りとしての物語」と「劇としての物語」の区別ができていないため，両者が混同されたまま一つの物語を形成してしまっています。このような場合，そもそも「語りとしての物語」が成立していないのですから，「語りとしての物語」を「劇としての物語」から切り離し，それを実践の場で聴くという，心理療法の枠組み自体が成り立たないわけです。むしろ，そのような場合の心理療法的介入は，当事者にとってだけでなく，「劇としての物語」にとっても，全体の物語のバランスを崩す危険な刺激となります。なぜならば，当事者の語りは容易に日常生活の場で身体化や行動化され，「語りとしての物語」の混乱が「劇としての物語」に浸透してしまうからです。当事者は，心理的動揺を「語りとしての物語」の内に収めることができないので，"語り"を「劇としての物語」における"行い"として行動化してしまい，物語全体がますます混乱する悪循環のパターンが生じます。したがって，臨床心理士は，当事者の語りを「語りとしての物語」として聴き過ぎないことが肝心になります。

さらに，このような事例では，「語りとしての物語」と「劇としての物語」の区別ができていないため，「劇としての物語」に介入し，そのシステムを変えるというシステム論的介入も余計な混乱を生じさせることになります。「語りとしての物語」をもてず，「劇としての物語」の登場人物の中で自己の物語遂行という点で最も弱い立場にある当事者は，「劇としての物語」のシステムが変化した場合には，それに連動した変化を余儀なくされます。そこで変化が

起きたとしても、それは当事者にとっては「語りとしての物語」をもてるようになったのではなく、むしろ「劇としての物語」の変化に巻き込まれたことになり、当事者が「語りとしての物語」をもてないことの混乱はさらに深くなります。

　本節では、このような事例への介入の方法として"つなぎモデル"を提案することにします。これは、臨床心理士が「つなぎ役」となり、「語りとしての物語」と「劇としての物語」の分化以前のレベルにおいて、「実践の物語」を積極的に生成していくことを目標とする介入モデルです。

つなぎモデルの発想

　世の中の事象は、さまざまな要素がつながって構成されています。つなぎモデルは、このような世の中の「つながり」に注目し、それをつなぎ直すことで、問題の解決を試みるという発想に基づいています。仏教ではこれを縁起としてその重要性を指摘しています。この点を考えるならば、つなぎモデルの発想や認識は、東洋的な物事の理解の仕方と言えるかもしれません。

　「つなぎ」は、日本ではさまざまな場面で用いられます。蕎麦をつくる際は、そば粉に長芋などを「つなぎ」として入れます。野球で先発ピッチャーが打たれた場合、2番手のピッチャーをリリーフとして登板させます。このリリーフを「つなぎ」と呼びます。リリーフがよい投球をすれば、逆転につながります。サッカーでも、ゴールは1人の選手の動きで成し遂げられるものではありません。多くの選手がボールをパスでつないで、ゴールキックが可能となります。キラーパスなどは、試合の流れを一発で逆転する「つなぎ」となります。また、私たちは、日常会話でもあるいは記述文でも、「でも」「だから」「ところで」などといった接続詞を用いて、文章と文章をつなぎ、話の流れをつくります。

　このような「つなぎ」や「つながり」の例を見ていくと、「つなぎ」のもつ役割や機能が見えてきます。「つなぎ」は、物事の前面に出るものではありません。また、最終の完成形でもありません。目立たないが、物事の展開を進めたり、転換の方向を変えたりする重要な役割をもっているのです。機能としては、媒介、援助、継続、変換といった働きがあります。

　つなぎモデルでは、問題は、出来事のつながりが適切でなく、何らかの悪循

環が生じているために起こるものと考えます。しかも，多くの場合は，出来事が複雑に絡み合って悪循環が維持され，日常化しているため，その存在に気づくこと自体が難しく，悪循環を解消することはさらに難しくなっています。

　そこで，つなぎモデルでは，「語りとしての物語」と「劇としての物語」の前提となっている，現実のコンテクスト（文脈＝つながり）において生じている悪循環を読み取ることを最初に行います。そして，その悪循環に臨床心理士が介在し，出来事をつなぎ直し，コンテクストを変えていきます。つなぎとは，出来事と出来事の"間"に入ること，"間"をつなぐことです。人と人の"間"をつなぐことによって，「劇としての物語」の前提となっている人間関係を変えていくことです。当事者と世の中の間をつなぎ，その人が世間を生きていく支援をします。

　また，第5章で指摘したように，ストーリーは，出来事の時間的配列です。つなぎモデルでは，「語りとしての物語」の前提となっているコンテクストを読み直すことで，実はそれが誤ったプロットであったことを見出し，時間的配列に従って，時と時の"間"に出来事を組み込み，ストーリーを再編成します。「実践の物語」を媒介として「劇としての物語」において新たな出来事を起こして，時と時の間をつなぎ直すこともします。つまり，時と時の"間"をつなぎ直して，新たなストーリーをつくることで，事例の物語を変えるのです。

　空間は，「劇としての物語」を成り立たせている舞台，つまり社会的環境として見ることができます。つなぎモデルでは，「劇としての物語」の舞台である家庭や学校，職場といった社会的環境に臨床心理士が入り込み，人と人の"間"や，人と組織との"間"，組織と組織の"間"のつながり（＝コンテクスト）を変えていくこともします。それは，社会的な空間をつなぐことです。

　このようにつなぎモデルでは，個人を前提とせず，個人は常に人々の間に存在し，その置かれたコンテクストにおいて意味をもっていると見なします。つまり，まず"つながり"（＝コンテクスト）があり，その一部に個人なるものが存在していると考えるのです。そして臨床心理士は，そのコンテクストにつなぎ役として介在し，コンテクストを変えることで問題解決を図ります。その点でつなぎモデルは，個人主義でも集団主義でもなく，文脈主義に立つものです。

　つなぎモデルでも「語りとしての物語」が成立する場合には，臨床心理士が

クライエントの「語りとしての物語」に共感することでクライエントとの間につながりをつくり，「実践の物語」を展開します。「実践の物語」を通して，クライエントが生きている「劇としての物語」に介在し，人々のつながりを変え，事例の物語のコンテクストを変えていきます。ただし，つなぎモデルにおける「つなぎ」では，単に親密な関係をつくるのではなく，人や出来事の間で適切な"間"を取ることが重要となります。

つなぎモデルの方法

語りの場を整える 当事者の物語る機能が障害されていたり，非常に未熟であったりする事例では，「語りとしての物語」を前提にすることができません。そのため，「語りとしての物語」と「劇としての物語」を切り離すのではなく，むしろ，両者を一緒にして循環的に全体の物語を展開させ，その経過の中で次第に「語りとしての物語」を分化して成立させることが介入の目標となります。それは，具体的作業としては，「劇としての物語」の中で「語りとしての物語」が成立するように全体の物語を調整していくことになります。

したがって，つなぎモデルの目標は，「語りとしての物語」を語らせることでも，また「劇としての物語」のシステムを変えることでもなく，「劇としての物語」の中に「語りとしての物語」を成立させる環境を整えることです。

実際の介入に当たっては，まず当事者の行動化を受けとめる環境を「劇としての物語」の舞台にしつらえることを試みます。そこでの臨床心理士は，当事者の物語の聴き役ではなく，関係者をつなぎ，環境をしつらえる「つなぎ役」となります。同時に，「つなぎ役」として当事者とつながることを試みます。次章で示す結花さんの事例では，第1～4期にかけてこの作業を行っています。

臨床心理士はつなぎ役として当事者との間で人間的なつながりを形成し，そのつながりの中で少しずつ当事者の物語を聴き，「語りとしての物語」の生成を援助します。この「語りとしての物語」を聴く作業において，「語る―聴く」関係が成立し，当事者と臨床心理士との間に「実践の物語」が生成され始めます。しかし，ここでの「実践の物語」は，精神分析のような実践の場の枠内に閉じた構造の中で生成される「心理療法の物語」ではなく，「劇としての物語」に開いた枠組みの中で生成されるものです。臨床心理士はあくまでも「劇とし

ての物語」の中の聴き役の1人として，全体の物語の展開のつなぎ役としての立場を維持します。

　第6章で定義したように，臨床心理士が介在することによって事例の物語に新たな展開が始まった場合，それを「実践の物語」としました。したがって，「心理療法の物語」も「実践の物語」の一形態と言えます。しかし，それは，当事者と臨床心理士の間に「語りとしての物語」が最初から成立する場合にのみ可能となるものでした。それに対して「語る―聴く」といった関係を前提とせず，「劇としての物語」において臨床心理士がつなぎ役となることで起きてくる物語は，より適用範囲の広い「実践の物語」ということになります。次章の結花さんの事例では，臨床心理士は，つなぎモデルによって，まず結花さんと人間的なつながりを形成し，"語り"が生じる段階までもっていき，その上で「実践の物語」を展開するという方略を採ったということになります。

　間を取る　つなぎ役としての臨床心理士には，通常の「語りとしての物語」を聴くのとは異なる特殊な聴き方が必要となります。まず，「語りとしての物語」と「劇としての物語」の区別が曖昧なため，結花さんの夢の物語がそうであったように，語られる物語は両者が重なり合う混沌を含んだ物語であることを前提としなければなりません。物語の中に入っていくような聴き方をした場合には，語り手も聴き手も容易にその物語の混沌に巻き込まれてしまいます。そこで，物語と"間"を取る聴き方が必要となります。それは，語られる物語を聴きつつ，その語りを「劇としての物語」の中の語り行動として調整し，語り手が物語と"間"を取りながら語ることができるようにもっていく聴き方です。このような聴き方は，語り手に対して，物語と"間"を取りつつ語るための「演技指導」をすることでもあります。次章の結花さんの事例では，これは第5～8期で行った作業です。

　前述のように，ストーリーとは出来事の時間的配列です。したがって，"間"を取ることができることは，自分の時間をもてること，そして自分のストーリーをもてることにつながります。したがって，"間"を取れるようになるにしたがって，次第に物語ることが可能となってきます。この段階では，臨床心理士は，語られる物語を聴き，「語りとしての物語」の成立を援助します。このような"間"を取りつつ物語を「語る―聴く」関係が形成されるのにしたがっ

て，当事者と臨床心理士の間に「実践の物語」が生成されます。

しかし，物語を語ることができるようになったとしても，当事者の物語る機能が障害されていたり，「語りとしての物語」と「劇としての物語」が不可分に連動していたりする場合が多いので，「語りとしての物語」が独立して展開することは期待できません。そこで，ここで生成する「実践の物語」は，単に「語りとしての物語」のみを聴くという閉じた関係ではなく，「劇としての物語」を含めた物語全体に開かれ，その物語全体と"間"を取りつつ，物語を「語る—聴く」という人間関係の物語です。したがって，この「実践の物語」では，精神分析のように転移関係がテーマとなるのではなく，"間"を取ることがテーマとなります。次章の結花さんの事例では，この段階は，第9～11期に相当します。

ある程度「語りとしての物語」が成立してきた段階で，次にその物語を「劇としての物語」の中で再現していくことがテーマとなります。特に当初「語りとしての物語」と「劇としての物語」の区別が成立していなかった事例では，「語りとしての物語」が成立してきても，従来の「劇としての物語」のプロットに従って，「語りとしての物語」を「劇としての物語」の中に巻き込んでしまう動きが生じます。そこで，「語りとしての物語」を展開できる舞台を「劇としての物語」にしつらえる作業が必要になります。具体的には，「実践の物語」を「劇としての物語」につなぎ，"間"を取って当事者の語りを聴ける人間関係を日常場面に広げていく作業です。当事者は，日常場面におけるそのような人間関係の中で，少しずつ自己の物語を行為として実行していくことになります。それは，物語を単に「語りとしての物語」に収めるのではなく，「劇としての物語」において，生きられる物語としていく過程です。

この段階では，臨床心理士は，当事者が自己の物語を生きるのを見守る役割となります。「劇としての物語」の中で新たな「語りとしての物語」が語られ，生きられるようになることで，建設的な循環が形成され，物語の全体が安定した方向に展開し始めることが理想です。しかし，日常場面で自己の物語を生きていくことは難しく，容易に物語は混乱を来たします。そのような時に，「実践の物語」は「劇としての物語」に開かれた避難場所となります。当事者は，臨床心理士との間で「実践の物語」を再開し，そこで間を取りつつ「物語」を

語ることで，自分の「語りとしての物語」を確認します。そして，再び「劇としての物語」に戻っていきます。この点で「実践の物語」は，「語りとしての物語」と「劇としての物語」の建設的な循環のつなぎとなります。次章の結花さんの事例では，この段階は，第12期以降に相当します。

3　日本の社会文化に即した実践モデルに向けて

縁起の物語

つなぎモデルは，個人の「語りとしての物語」と社会の「劇としての物語」の分化以前のコンテクストに働きかける方法です。その点で個人主義を前提としない日本の伝統的な人間関係の在り方に根ざした方法と言えます。そこで，日本の社会・文化との関連でつなぎモデルの特徴を見ていくことにします。

第1に，何をどのようにつないでいくかということがテーマとなります。これは，事例の当事者や関係者が巻き込まれている混沌とした事態を，それらの人が主体的に生きられるような秩序ある事態につないでいくということになります。つまり，人を巻き込み，その人の主体性を奪うような混乱した物語状況を，その人が，少しでも自己の人生の物語を主体的に生きられるような秩序ある物語状況に変えていくことです。したがって，つなぎモデルによる実践援助では，何もないところから新たな秩序や物語を立ち上げるのではなく，また既存の社会秩序や理論モデルの物語を押しつけるのでもなく，すでに生じている混乱した物語から，秩序につながる筋道をクライエントと臨床心理士が協力して見出していくのです。

具体的には，混乱した物語状況のプロットやストーリーのコンテクストを読み取り，それにつながる形で新たな秩序に向けてのプロットを見立て，そして実際の出来事として新たなストーリーを生成し，日常場面で生きられる物語を展開させていく作業となります。物語が混乱しているとしても，まずは現在起きている物語のストーリーを確定し，その物語のコンテクストを，新たな生きられる秩序を備えた物語につないでいくことがテーマとなります。

物語のコンテクストを尊重するという点に関しては，"縁"という言葉を用いて説明するとわかりやすくなります。広辞苑では，"縁"の意味として「ゆかり，つづきあい，えにし」を挙げています。つなぎモデルでは，事例の物語

のコンテクストを"縁"として生かす形で，当事者が生きられるような新たな物語の展開を出来事として生起させます。これは，縁を生かして出来事を生起させるという点で，「縁起」に基づく介入と呼べるものです。欧米の契約の概念で人間関係，社会関係が成り立っていない日本では，「縁起」で示されるような，物語のコンテクストを生かした形での介入が重要となります。生きられる秩序を備えた物語につないでいく方法は，"縁"として表現できる社会的関係（吉津，1987）のつながりの中で，新たな物語を出来事として生起させることです。その点で，つなぎモデルは「縁起」に基づく援助モデルと言えます。

第2に，人を巻き込む混乱した物語を，人が主体的に生きられる秩序を備えた物語につないでいくためにはどのようにしたらよいのかという方法がテーマとなります。世間や仲間との調和を重視する日本人は，自己の「語りとしての物語」が分化したものとして確立していない場合が多くあります。むしろ，「語りとしての物語」と「劇としての物語」が融合し，混乱が生じている場合が多いとも言えます。これについては，前述したように「語る―聴く」関係を契機として「実践の物語」を生成し，それを「劇としての物語」につないでいくという方法を採ります。

日常場面で生じている物語が混乱したものであっても，それについての語りを聴くことを通して，安定した「実践の物語」を生成することができます。つまり，語られる内容が混乱した物語であっても，安定した「語る―聴く」という関係の中で主体的に物語を語ることができるならば，語り手に物語を生きている（あるいは生きよう）という感覚が生じ，さらにそれが聴き手との間で生きられる物語を生成することにつながります。

このような場合には，語り手と，聴き手である臨床心理士との間に生成された「実践の物語」は，人間関係の秩序の土台となる信頼感（人間的つながりの感覚）を内包するものとなります。それを「語りとしての物語」の語りに組み入れるとともに，「劇としての物語」につなぎ，日常場面においても自己の物語を生きようという感覚を根づかせていくことが，主体的に生きられる秩序を備えた物語の生成と展開につながります。

自分が所属する集団の和を乱さないように気を配り，自己を抑える傾向の強い日本人にとって，相手を信頼し，自己を語る場をしつらえることが，まず必

要となります。その場を土台として自己語りを促し，その語りを通して，自己の「語りとしての物語」と「劇としての物語」を分化させ，当事者の主体性の発展を支援するのです。

日本の現実に即した支援をする

"縁"という言葉に示されるように，つなぎモデルは，日本文化や社会の特徴に適したものです。日本は，主体として自己が確立した個人があり，その個人と個人の関係を前提として成立している社会ではありません。むしろ，主客未分化な関係の中で，人々がつながり合っている社会の中で物事が決まっていく傾向が強いと言えます。そうなると個人としての「人」ではなく，人と人との間の「つながり（関係）」が重要になります。これを個人主義に対して間人主義という表現もなされています（浜口，1983）。これは，日本語では，人間，仲間，世間などというように，人や社会を表すのに"間"を用いることからも理解できます。

しかも，その人と人との間のつながりは，気を合わせたり，気遣いをしたり，気持ちを汲んだりというように，"気"のレベルの微妙な関係によって構成され，維持されています。気というのは，「その場の雰囲気」という用語があるように，独立した個人と個人の関係ではなく，渾然一体とした場の空気のようなもので，人はその場の雰囲気を読むことが必要となります。また，社会的つながりには，地縁，血縁，社縁が重要な役割を果たしています。これは，フォーマルな社会的関係でなく，フォーマルとインフォーマルとの境が曖昧な，微妙な関係と言えます。

このような日本の文化や社会に特有なあり方を考慮に入れるならば，「語りとしての物語」も「劇としての物語」も，独特の意味をもつことになります。人は，日常の行動においては，自己を優先するのではなく，その場で期待されている事柄を汲み取って，それに合わせてふるまいがちです。そうなると，他者の期待というプロットが，語りを含めてその人の行動を支配することになります。したがって，「語りとしての物語」も，その人の語りというよりも，「劇としての物語」において期待される役割を演じた結果としての語りとなります。自己語りの形式を取っていても，それはその人の真の自己ではなく，本来の自

己を抑圧した上での，期待された自己の物語であることが多くなります。かくして日本のクライエントの「語りとしての物語」は，我慢をテーマとした物語が多くなるわけです。

　さらに，その"期待される役割"は，「劇としての物語」のプロットであることが多くなります。つまり，日常生活において明確に言語化されるのではなく，暗々裏に期待されている役割ということです。誰も明言しないが，伝統的しきたりに従うことが求められていたり，よい子としてふるまうことが期待されていたりするという事態です。もちろん，教員の指示や家族の命令といった明確な行為によってクライエントの行動が規定される場合もあります。この場合は，「劇としての物語」のストーリーにクライエントが組み込まれていることになります。いずれにしろ，このような仕組みによって，「劇としての物語」は，「語りとしての物語」に影響を与え，時には支配しています。その結果，「語りとしての物語」であっても，真の意味での自己語りでないことが多くなります。むしろ，自己の欲求や願望を抑圧する物語であったりするわけです。

　このような日本の「語りとしての物語」や「劇としての物語」の特徴を考慮するならば，単純に「語りを聴き，変容を起こす」，あるいは「劇の登場人物の行動を変える」という介入では問題解決につながらない場合が多くなります。臨床心理士は，まずは，日本特有の気を介しての人間的つながりや縁を介しての社会的つながりに参加できなくてはなりません。微妙な関係性に合わせてクライエントとのつながりをつくり，その関係をつなぎ直していくことが必要となります。そして，その人の自己語りができる環境を整え，自己を育てる作業が必要となります。また，それと関連して，クライエントの語りを規定し，支配している可能性のある「劇としての物語」のストーリーやプロットを読み込み，劇の登場人物とつながりをつくることを通して，クライエントが真の自己語りができ，自己を育てることができる舞台をしつらえる作業が必要となる場合も出てきます。

〈引用文献〉
浜口恵俊（1983）.「日本らしさ」の再発見　講談社
吉津宜英（1987）.「縁」の社会学　東京美術

第16章 •• 実践の物語

1 理論モデルを超えて事例の物語へ

　臨床心理学には，精神分析や認知行動療法といった既存の理論モデルがあります。しかし，それはいずれも実践の物語の構造の一部しか扱っていない点で限界があることは，すでに指摘した通りです。その理由は，第1章で解説したように，実践の対象となっている事態は，理論では割り切れない混沌を含んでいるからです。既存の理論モデルを実践過程に当てはめて理解しようとすることには，問題事態の本質とも言える混沌や混乱を理論という秩序で割り切ってしまう危険性があるのです。したがって，実践の基本を考えるに当たっては，混沌とした事態や現場の混乱を前提とした議論が必要となります。その点で物語という枠組みには，理論ではとらえられない混沌や混乱を組み込むことができるという利点があります。

　そこで，本章では，既存の理論モデルの型にはまらない現場の実態から実践の基本について考えていくことにします。実際，現場で対処しなければならない事柄としては，理論モデルで前提とされる枠に収まらない事態のほうが多いのも事実です。物語は混沌や混乱に開かれているし，またそれらを内に含むものです。むしろ，物語とは，混沌とした事態や混乱した出来事から生成されるとも言えます。その点で物語は，現場の実態から実践とは何かを考察するための有効な視点を提供する枠組みとなるのです。

　物語という観点から見た場合，臨床心理実践は「語りとしての物語」と「劇としての物語」からなる物語過程として理解できます。実践を物語過程として理解することによって，既存の理論モデルを離れて物語の展開に即して事例の現実を見ていくことが可能となります。さらに，前章では日本の社会文化の特徴に即した物語支援の方法としてつなぎモデルを提案しました。本章では，つなぎモデルの観点から，第4章で取り上げた結花さんの事例（複数の事例を参考

とした創作事例）の物語のその後の展開を事例研究として示し，それを題材として実践の基本とは何かを具体的に考察することにします。

まず事例の経過を12期に分け，それぞれの期における物語への介入のあらすじを，担当の臨床心理士の"読み"とともに記述します。各期には，事例の物語への介入に関して臨床心理士の，その期における見立てのポイントを表題として示します。以下，＃は面接回を示します。

2　事例の物語を読む（前半）

第1期：病院内のつなぎ役としての物語介入　〈＃1-6〉開始から3ヶ月間

受付時の結花さんは個人面接ができる状態ではなく，また"語り"を聴き過ぎることは，結花さんが抱えられない気持ちを引き出す危険性があった。たとえば，面接の後に病院を飛び出して街中を歩き回り，補導されることなどが生じた。そこで面接では，語りを深めるのではなく，雑談などで"気"を合わせ，結花さんとの"間"で人間的なつながりを形成することに"気"を注いだ。日常場面で結花さんは，人にとても"気"遣いする反面，些細なことが"気"に障り，いら立ち，暴れ，その結果，関係者との対立を招き，その後に"気"が沈みリストカットに耽るという悪循環を繰り返しており，それが「劇としての物語」のパターンとなっていた。臨床心理士は結花さんが行動化によって引き起こした出来事に介在し，結花さんの気持ちを関係者に伝えるつなぎ役となり，「劇としての物語」の悪循環のパターンに介入した。たとえば，イライラした結花さんが病棟内で暴れ，それを止めようとした男性看護師と険悪な関係になったので，臨床心理士は，結花さん，母親，男性看護師，看護師長が話し合う場を設けて，関係の調整を行った。それは，臨床心理士が，周囲の人たちと結花さんの"間"の「つなぎ役」となり，その「つなぎ役」として結花さんとの人間的つながりを形成することでもあった。

第2期："行い"の調整　〈＃7-13〉その後の3ヶ月間

この時期，臨床心理士は，相手を前に言葉で気持ちを話すという行為を中心に，行動の調整役として「劇としての物語」に介入した。落ち着きを取り戻して退院になったものの，"語り"よりも"行い"が優先する結花さんに対して，

"語り"を前提とする心理療法が無理なのは当然である。そこで，まず"行い"を通しての心理援助を試みたわけである。臨床心理士は，結花さんの語りを聴く場としてではなく，気持ちを言葉として表現できずに暴力などの行動に走る結花さんが，母親に対して自分の気持ちを話す練習をする場として，母子面接を位置づけた。面接場面では，"語り"の前段階として，母親に対して自分の気持ちを話すという行為ができるような演技指導をしたと言える。しかし臨床心理士は，＃13の個人面接における興奮に直面し，結花さんにとって「語りとしての物語」の枠組みを維持できる段階はまだまだ先であることを改めて痛感した。その後，結花さんが「何もすることがない」と言うので，臨床心理士が「どんなことでもいいのでできそうなことはないのか」と聞いたところ，「ゲームと家の庭のチューリップに水をあげること」と答えがあり，それをすることを宿題とした。

第3期："語り"のための枠組みづくり 〈＃14-19〉 その後の3ヶ月間

臨床心理士が聴き役となり，徐々に結花さんの"語り"が始まった。しかし，"語り"は，結花さんが言葉で語り得ない不安をも同時に引き出した。たとえば，「自分が道路に飛び出して車にひかれてズタズタになる」といった夢を頻回に見るようになった。そこで，不安に対して適当な"間"（距離）を取れるような"語り"の場をいかにつくるかが介入のテーマとなった。母子面接を適宜入れること，頼りがいのある院長を主治医として院長との関係を柱とすること，面接の間隔を置くことなどは，その"間"を取るための枠組みであった。「劇としての物語」の舞台において「語りとしての物語」を成立させるための枠組みづくりがなされ，病院という舞台に開かれた"語り"の場をしつらえた。

第4期："行い"と"語り"をつなぐ 〈＃20-25〉 その後の3ヶ月間

臨床心理士は，病院という舞台に開かれた"語り"の場を利用して，"行い"と"語り"のつなぎ役として物語に介入した。この時期，結花さんが頼りにしている看護師長が他の病院に異動することが決まった。看護師長の異動は日常場面の事実であり，その点で別れは「劇としての物語」における行為的出来事である。しかし，その別れを気持ちの中に収めることは"語り"を通してなさ

れる出来事である。そこで臨床心理士は，"語り"の枠組みである面接場面に看護師長に入ってもらい，別れについて語り合った。ここで結花さんに別れについての気持ちを語ってもらい，その気持ちを臨床心理士や看護師長が聴くことで，"行い"としての別れを気持ちの中に収めることを試みた。＃25で別れに関して自然な涙が出てきたのは，別れを気持ちの中の出来事として体験し，その気持ちを"語る"ことができるようになってきたからである。それまでの結花さんにおいては"行い"と"語り"が分裂していたが，気持ちを媒介として，次第に両者のつながりが出てきた。

第5期："間"を取るための演技指導 〈＃26-33〉その後の3ヶ月間

　結花さんが周囲に巻き込まれずに少しでも自分のペースで時間をもてるようになることを目指して，"間"を取る行動の形成を試みた。結花さんは，父親の一周忌の準備で兄の役割にまで気を回してしまい，混乱していた。「兄が頼りないので私がしっかりしなければいけないと思うと，イライラしてきて，そのたびに死にたくなってしまう」と語るので，臨床心理士はこれを，周囲と"間"が取れないために「劇としての物語」の役割が混乱し，関係の物語に巻き込まれ，その結果自己の物語を生きられなくなっている事態であると見立てた。また，面接中に沈黙があると，そわそわしてきて落ち込むことが続いた。自己の物語を生きていないがゆえに，間が空くとそこに落ち込んでしまうと読むこともできる。自己の物語を生きるためには，自分のストーリーをもてることが重要になる。第3章で示したように，ストーリーは出来事の時間的配列であるため，自己の物語を生きるためには，自分の時間をもてることが前提となる。"間"を取ることは，その第一歩である。そこで，臨床心理士は，面接で雑談をすること，沈黙を楽しめるようになることを目標とした。また，面接をキャンセルしてもよいので，結花さんが憧れていたミュージカルを観に行く計

画を立てることを宿題とした．「雑談をする」「休みを取る」といった，"間"を取る行動の形成を試みたわけである．"間"を取り，そこに音楽やイメージなどの遊びを組み入れ，自己の物語を想像できる能力を養うための演技指導をすることで，「劇としての物語」に介入した．

3 事例の物語を読む（後半）

第6期：物語生成に向けての舞台設定 〈♯ 34-38〉その後の5ヶ月間

　結花さん自身の物語を生成するための舞台設定を行った．母親との面接の情報から，結花さんの家族にはつらい歴史があることが明らかとなった．父親が小学校5年生の時，強盗事件に巻き込まれて祖父が殺害され，祖母も重傷を負うという出来事があり，そのため父親は一時期養護施設で育ったことがあった．また，兄は母親が忙しく家を空けることが多かったこともあり，中学生の頃は暴走族のグループに入り，補導されることもあった．結花さんは，事件によって夫を亡くして苦労した祖母，その期待に応えて努力して弁護士になった父親，犯罪への強い憎しみをもつ夫の仕事を秘書として必死に支えてきた母親，さらに非行に走った兄という家族を舞台として展開してきた「劇としての物語」に深く巻き込まれていた．結花さんは，その家族の物語を生きさせられ，その家族の影を背負って混乱していた，との"読み"が可能である．家族の物語の混乱の程度を考えるならば，それは，結花さんがひとりで語ることができる物語でもなければ，自分がひとりで聴き取ることができる物語でもないとの"読み"が臨床心理士にはあった．

　そこで，臨床心理士は，母親，医師，看護師長などの関係者によって結花さんの語りを受けとめる環境が整うのを待つとともに，必要に応じてそれら関係者をつなぎ，それぞれの役割を整え，「劇としての物語」の中に結花さん自身の「語りとしての物語」が生成する場をしつらえるための介入を行った．たとえば，面接中に結花さんが「ミュージカルに行って楽しめたのはよかったが，その後疲れて寝てばかり．その時，母親と同じ秘書の学校へ行くという夢を見て，何もしていない自分を考えて焦って落ち込んだ」と語るので，臨床心理士は，「秘書なんて忙しい仕事はやめたほうがいい．もっと楽に生きることを考えたほうがいい」と伝えた．それを聞いていた母親は，「夫の仕事を支えるの

で精一杯で，私は子どもと遊んだことがなかった」と語った。

　その後，結花さんは家で母親に甘えるようになり，家にひきこもって面接に来られなくなった。母親が代わりに来談し，「死んだ父親が泣いていた」といった結花さんの夢を伝えるようになった。それに対して臨床心理士は，その夢に対する自分の読み（解釈）を手紙に書いて母親に渡した。結花さん宛てに手紙を書いたのは，手紙という媒体には，文字として書き留めることを通して物語を定着させる機能があると考えたからである。悪夢であっても，それは結花さん自身の生成した物語である。手紙の紙面という場は，臨床心理士が夢の物語を聴き，読み，それを文字面として再語りしたものを，結花さん自身が読み直す場であり，「語りとしての物語」が発生するための「語る—聴く」関係が成立している。しかも，それが文字として残るものであるので，物語の生成のための場の設定の一環となると考えたわけである。

第7期：夢の"語り"を通して物語を聴く 〈♯39-46〉その後の4ヶ月間

　臨床心理士は，夢の語りをきっかけとして，母子合同面接で結花さん個人を超えた家族の物語を聴いた。結花さんの家族を舞台とする「劇としての物語」には，幾世代にもわたる物語が通底しており，それがプロットとなってさまざまな混乱した出来事が生起していたと読むことができた。結花さんの夢は，まさにそれを物語っていた。臨床心理士は，夢の語りを聴き，結花さんの背後にある物語の複雑さを理解できた。とても個人の語りだけでどうにかなる問題ではないと感じた。「劇としての物語」が動く時間が必要であることを痛感した。

第8期："語り"の枠組みの確認 〈♯47-59〉その後の5ヶ月間

　「語りとしての物語」の成立に向けて，語りの場の確認を結花さんとともに行った。この時期になると，結花さんはタクシーで来談できるようになっていた。母子合同面接で，「親はお金や物を与えるだけだった。さみしかった」という言葉で，自分の気持ちとして母親への不満を語った。それに対して母親は，「実は自分も実母に育てられていない」と語り，自らの両親の離婚について話し始めた。自己の物語を語ることは，他者とは異なる自分を主張することにつながる。したがって，結花さんは，母親との関係，主治医との関係を再確認し，

自己を物語り，自己を主張しても，それに動揺せずに自分の語りを聴くことができる体制が整っているかどうかを確認する必要があったと思われる。なお，母親に自分の気持ちを言葉で伝えた後の面接では，「育てていたチューリップの花が，今年は見事に咲くようになった」との報告があった。

第9期：「語る―聴く」関係の形成 〈♯60-68〉 その後の5ヶ月間

　夢を媒介にして，結花さんは次第に自分の気持ちを語ることができるようになり，臨床心理士との間で「語る―聴く」関係が形成されてきた。世代を超えた家族の大きな物語に巻き込まれ，それを背負い込んで自分自身の物語を生きることができていなかった結花さんが，次第に自分の物語をもつようになってきた。臨床心理士は，語られた夢を聴き，そこに込められている結花さんの気持ちを物語の意味として読み取り，それを結花さんに伝えた。結花さんは，臨床心理士の読みを聴くことで自分の気持ちを確認し，それを物語るようになった。このように夢を媒介として臨床心理士と結花さんの間に「語る―聴く」関係が成立し，それが結花さんが自分の物語をもつことにつながった。この点で夢は，言葉にならない混沌とした気持ちを物語という秩序につなぐ媒体として利用できることが示された。

第10期：イメージの"語り"を聴く 〈♯69-78〉 その後の5ヶ月間

　臨床心理士は，結花さんのイメージの物語を聴くことを通して，結花さんが自分の人生の物語を語り始めることを援助した。たとえば，結花さんは，「この頃，最初におかしくなった高校の頃のことを思い出す。それは，暗い夜に谷間で雨が降っている情景のイメージに近い。当時読んでいた三島由紀夫の世界に近い，危ういイメージと感じたのを覚えている」と語った。結花さんが気持ちをイメージとして物語ることができるようになるにつれて，夢も個人を超えた大きな物語から出てくるのではなく，結花さん個人の人生の物語とかかわるものになっていった。結花さんは，具合が悪くなりだした頃の暗い夜のイメージや父親の幽霊の夢を語ることを通して，「劇としての物語」で生じた出来事を，自分の人生の物語として語り直すことを行った。それは，巻き込まれていた大きな物語に対して"間"を取ることであり，同時に自分の気持ちの底にあ

る深い闇の世界に対しても"間"を置くことにもつながった。そのような語りを聴くことを通して，結花さんの「語りとしての物語」の生成を援助した。その結果，「父が成仏できないと言って泣く」夢を見た朝，家の仏壇に線香をあげたら気持ちが落ち着いた，ということも語られるようになった。

第11期：母と子の物語を聴く 〈#79-86〉その後の5ヶ月間

結花さんが自己の物語を語り，自分の物語を生きられるようになるためにはどうしても避けて通れない母親との関係がテーマになった。がむしゃらに働いていた父親の跡継ぎとして期待されていた結花さんには，暗に男性性が求められていた。しかし，思春期，青年期に至り，結花さんが自己の「語りとしての物語」を展開させるためには「女性性の物語」が必要であった。ところが，冷淡な継母に育てられたということもあり，母親自身の女性性が脆いものであった。そこに結花さんの苦しみがあった。ただし，この時期に結花さんは，宗教的なものに触れつつ，母親や父親とは異なる自分の物語を模索し，語り始めた。

第12期：「語り」から「行い」へ 〈#87-93〉その後の10ヶ月間

自分の物語を語り始めた結花さんが，日常生活の中で少しずつ自分らしい行動を始めるのを見守るという方向での物語への介入を行った。臨床心理士は，以前から結花さんに，無理して来談することはないと伝えていたが，この時期になると，心理的に安定してきたこともあり，来談したい時に予約を入れるという枠組みになっていた。来談した際には，庭で咲いたチューリップを病院にもってきて職員に配るということもあった。「語りとしての物語」を聴くことよりも，結花さんが「劇としての物語」の中で自分らしい行いができ，少しでも自分の物語を生きられるように援助を行った。面接で結花さんは，「英会話学校に通えるようになった」「アルバイトできるようになった」などと語った。最終の面接では，「4ヶ月前から通い始めた生け花教室が忙しくなったので，面接は終わりにしたい」と語られ，終結となった。医療面接はその後も続いていた。

日常生活において人は，人と人との間で生きている。したがって，個人の「語りとしての物語」は，それだけで独立して展開するものではなく，「劇とし

ての物語」と相互に重なり合う循環の中で発展するものであり，常に両者のバランスを取ることが重要となる。特に結花さんのように，個人の物語が深く「劇としての物語」のプロットに巻き込まれている事例では，臨床心理士の聴く役割を優先して「語りとしての物語」のみを展開し過ぎることは禁物である。

臨床心理士としては，結花さんがこでで自己の物語を語り始めたからこそ，気が向いた時にその物語を「劇としての物語」において行為として実際に行い，それを通して自己の物語を生きる体験を積み重ねていくことが重要であるとの読みがあった。

4 物語の展開に向けて

事例の物語の展開における臨床心理士の役回り

物語の観点に立つならば，クライエントが語り，それを臨床心理士が聴くという関係が実践の場の基本となります。その点で，物語の聴き役が，臨床心理士の基本的な役割です。しかし，結花さんの事例のように当事者が家族の深い混乱の物語に巻き込まれている場合には，物語を語ろうとすること自体が自分では扱い得ない深い家族の混乱を引き受けることになり，ますます心理的混乱に巻き込まれ，「語りとしての物語」が成立しないことになります。また，重い精神障害を患っている事例においても，「語り」の機能が障害されているために「語りとしての物語」の成立が困難になっています。

このように，そもそも「語りとしての物語」が成立していない事例では，物語を聴くことよりも，まずは「語り」という行為を成り立たせるための行動調整が必要となります。臨床心理士は，物語の聴き役を基本とするため，つい物語を聴き過ぎる傾向があります。しかし，「語りとしての物語」が成立していない場合には，「語り」を日常の行為の一つとして，それを「劇としての物語」において適切に遂行できるような演技指導をする必要があります。聴き過ぎな

いこと，語らせ過ぎないことが肝心なわけです。

　また，当事者の「語り」を聴くのは，臨床心理士だけではありません。むしろ，日常場面の関係者，つまり「劇としての物語」の登場人物のほうが当事者に接して，話を聴く機会は多いわけです。そのため，「語り」の聴き役として関係者が協力できる場が必要であり，そのような場を構成するつなぎ役が臨床心理士に求められることになります。

　この点が，語りと劇の場の設定（システム・オーガニゼーション）とかかわってきます。心理療法モデルに基づいた介入を正式に行うためには，第13章で論じたように治療構造と言われる枠組みが必要となります。しかし，結花さんの事例のように，「劇としての物語」自体がひどく混乱している場合には，治療構造が成立しないどころか，無理に狭い枠に収めようとした場合には，枠にはめられることへの反発としてさらなる混乱が引き起こされます。したがって，そのような事例の物語援助に当たっては，まずは事例の物語の状態に合わせた実践の枠組みづくりから始めなければなりません。そのためには，当事者だけでなく，家族，医師や看護師，つきそいなども含め，関係者の協力を得て，「劇としての物語」の中に"語り"を生成する場をしつらえる作業が必要となります。その点で，現場の臨床心理士には，関係者をつないで実践の場をつくっていくつなぎ役としての役割が求められることになるわけです。

　結花さんの事例でもそうであったように，難しい事例であればあるほど，個人の「語りとしての物語」は，個人を超えた「劇としての物語」の全体，あるいはその歴史と深くかかわってきます。その点で，「語りとしての物語」を聴くためにも，「劇としての物語」との関連で「語りとしての物語」のコンテクストを読み取る，解読者としての役割が臨床心理士に求められることにもなります。そのためには，当事者の語る物語だけでなく，「劇としての物語」を含めた全体の物語が読めていなければなりません。そのような全体の"読み"があって，適切なつなぎ役も可能となります。もちろん，そのような"読み"は，さまざまな関係者との話し合いの中で見出されていくものであることは言うまでもありません。

　このように，物語性の観点から現場の臨床心理実践を検討すると，臨床心理士のさまざまな役回りが見えてきます。特に，結花さんの事例のように「語り

としての物語」が成立していない場合では，臨床心理士は，「劇としての物語」の外でクライエントを待ち受け，その「語りとしての物語」を聴くという枠組みの内での聴き役に収まっているわけにはいかなくなります。臨床心理士自身が「劇としての物語」の中に役者として入り込み，当事者や関係者をつないで実践の枠組みをしつらえる役割を引き受けなければなりません。これは，「劇としての物語」の中に，「語りとしての物語」を生成させ，展開させる場をしつらえる役割です。その場合，実践的介入そのものが「劇としての物語」の中で展開する一つの社会活動として位置づけられることになります。

　これまで日本の実践では，語られた物語を聴き，読むセラピストの役割が臨床心理士の専門性として強調され過ぎていました。しかし，実践の現場では，臨床心理士がつなぎ役や演技指導役を取り，語りの場をしつらえる作業が重要となります。このような作業は，社会システムに実践活動を位置づけていく活動です。日本では，学校臨床が注目されるようになってようやく，臨床心理士の専門性として，社会的関係をつなぎ，語りの場をしつらえるコーディネーターの役割が議論されるようになってきました。

　このように，物語性の観点から現場の事例を検討した場合，単なる聴き役，読み役としての臨床心理士のお決まりの役割だけでなく，場合によっては雑役にも見える，現場の臨床心理士のさまざまな役回りが見えてきます。そして，そのようなさまざまな役割を駆使して当事者が少しでも自己の物語を語り，自分の物語を生きられるように援助することが臨床心理士の専門性であり，それが実践の有効性につながると考えられます。

第VII部
実践の技能を使いこなすために

# 第17章 "語り"を生成する機能

1 機能としての場

　第13章「システム・オーガニゼーションの役割」では，「実践の物語」を展開するために"場をしつらえる"技能の重要性を指摘しました。"場をしつらえる"ことは，実践活動を社会システムに位置づけるための枠組みを構築することでもありました。この枠組みが「実践の物語」が展開する舞台になるわけです。しかし，実践の場をしつらえるためには，枠組みがあるだけでは十分ではありません。その枠組みに実践を進める"働き"がなければ，実践は展開しません。つまり，舞台があっても，そこで物語が展開しなければ，ただの板の間でしかないのです。逆に単なる野原であっても，物語の展開を促す"働き"をもっていれば，そこはドラマが展開する舞台になります。
　このように実践の場をつくるためには，物語の展開を支える"枠組み"だけでなく，物語の展開を促す"働き"が必要となります。この"枠組み"と"働き"は，"構造"と"機能"と言い換えることができます。第13章では，実践の場の枠組みに相当する構造の意味とその役割について，治療構造を含めて検討しました。そこで，本章と次章では，その構造が実践の場として有効な"働き"をするための"機能"を検討することにします。実践の場は，適切な構造と機能を備えて初めて有効な活動を生み出すことが可能となります。
　第13章や第15章で指摘したように，日本の臨床心理実践では，治療構造という閉鎖的な枠組みにこだわる傾向がありました。しかし，臨床心理実践が社会のニーズに応えて発展していくためには，社会に開かれた構造の中で柔軟に活動を発展させる機能を備えていることが求められています。そこで，本章と次章では，その機能とは何かに注目することにします。
　本書では，物語論に基づいて実践の技能を物語技法として解説してきました。これらの技法は，それだけでは物語を構成するさまざまな要素に関連する個々

の技術でしかありません。たとえば，"語る"技術があっても，"聴く"技術がなければ，物語は生成されません。したがって，場が物語の展開を促す機能をもつためには，さまざまな物語技法をつなぎ合わせて物語を生成する動きをつくり出す必要があります。

本章と次章では，このような動きをつくり出す"関係としての機能"を見ていくことにします。実践の場とは，社会に開かれた構造をもち，柔軟に多様な技法を関係づけ，つなぎ合わせることで成立するものです。実践の物語を展開するためには，既存の枠組みや関係を超えて新たな物語を生成する場を形成する創造的な作業が必要となるわけです。多様な技法を関連づけ，つなぎ合わせることで，実践の物語を展開する動きをつくり出していくことこそが，"実践の技能を使いこなす"ことです。本章と次章ではまた，本書でこれまでに検討してきた，多様な基本技能を改めて確認することになります。

2 "語り"を生成する機能

語る―聴く

厄介な事態に対する日常的な対処法としては，「みざる，きかざる，いわざる」というように，それにかかわらないですます方法もあります。しかし，相談機関への来談は，それとは対極に，その事態について積極的に語ることが出発点となります。そして，その語りを"聴く"ことが実践の原点です。

では，"聴く"というのは，どのような技能でしょうか。まず，"聴く"技能を考える上で重要となるのが，"語る"こととの関連性です。というのは，"聴く"ことは，それ自体で成立する行為ではなく，「語りを聴く」というように，常に相手の語りとの関連で成立する関係的行為だからです。しかも，「語りを聴く」という行為は，ただ単に相手の語るのを受けとめるという受動的機能だけでなく，"聴く"ことによって相手の「語り」を引き出す，あるいは「語り」を生み出すという積極的な機能を特徴とします。

話すという行為は，"離す"や"放す"に通ずるように，相手とのやりとりというよりも，まずは表出するといった機能が重視されます。喫茶店などでの友人間のおしゃべりでは，話し手の関心はもっぱら自分の話を表出することにあり，むしろ聞き手がその話を聞き流すことが前提となっているとも言えます。

17 "語り"を生成する機能

それに対して"語る"ことは，"騙る"にも通じるように，聴き手である相手を語りの中に巻き込もうとする積極的な関係性を前提とします（坂部，1989）。語り手は，虚構も含むプロットで物語を構成し，それを相手に聴かせよう，わからせようとします。つまり，語ることは，聴き手の存在を前提とした物語る行為と重なってきます。物語文学の起源が口承であったことからわかるように，語ること，物語ることは，それを"聴く"という行為があって初めて成立するものです。

では，実践において，なぜ「話を聞く」のではなく，「語りを聴く」ことが必要なのでしょうか。それは，話すという行為の機能が話し手の意識している事柄の表出でしかないからです。私たちは，ロジャース（Rogers, C.）が指摘したように自らの体験過程に開かれ，それを全て意識できているわけではありません。また，フロイト（Freud, S.）が指摘したように無意識にしている行動も多々あります。あえて秘密にしておきたいこともあります。そのため，「話す―聞く」関係で面接が行われている場合には，現実のほんの一部でしかない，語り手が日頃意識して話そうとしている事柄しか聞くことができないことになります。それに対して，"語る"（特に「物語る」）という行為の機能は，語り手の狭い意識を超え，しかも虚と実の区別を超えた，語り手の内なる真実を伝える機能です。したがって，そこで生じている現実を知るためには，単なる会話ではなく，「語る―聴く」関係を通して，その人の日常の意識を超えた真実を物語ってもらう必要があるわけです。

このように，単なる「お話」を超えて語り手の真実につながる"語り"を引き出すのが「語る―聴く」関係を基礎に置く臨床面接法です。聴き手は，この臨床面接法で語り手の「語りを聴く」ことによって，その事例の現実を物語として共有できることになります。当初は記憶の断片であった出来事が，物語のストーリーとして時間（歴史）に沿って語られ，それに伴い関連した物語が想起されていきます。また，バラバラであった出来事が，物語のプロットとして因果関係の中で語られるようになります。

さらに，語り手は，語りを聴いてもらえることで，それまで抑えていた気持ちを語るようになり，次第に"思いの丈"を語り始めます。それは，"思い"（＝想い）であるだけに，語り手の想念や想像が多分に含まれているものです。

しかし，それを通して語り手は，事実か否かという次元を超えて，自らが経験している真実を語ろうとするのであり，その語り手の"思い"がそこで語られる物語のプロットを構成することになります。この他に，夢に代表されるイメージの物語においても，意識や事実という枠組みを超えた語り手の真実が語られます。したがって，聴き手である臨床心理士には，そのような事実を超えて語られる物語の真実を「聴き」取る技術が必要となります。

このように「語りを聴く」ことを通して，物語の真実という次元を含めてさまざまな次元の現実が再構成されることになります。したがって，"聴く"ことは，語り手の語りや物語，つまり「語りとしての物語」を生み出す行為であり，事例の現実を再構成する重要な行為ということになります。

ところで，この"聴く"という行為は，「語りとしての物語」を生み出すという点で日常の話を聞くのとは異なる特殊な技能であり，誰にでもできるものではありません。そこでは，うなずきや沈黙といった微妙なコミュニケーションを含めて「語り」を共感的に"聴く"技術が必要とされます（Havens, 1986）。聴き方によって語り手の「語り」の内容が大きく変化する点で，この"聴く"技能は実践の技能の中でも最も重要な技能です。しかし，"聴く"という行為があまりに日常的な行為であるので，これまでその技術については安易に考えられていた側面があります。

この"聴く"技能を最も専門的に論じているのが，クライエント中心療法です。クライエント中心療法が重視する，相手の語ったことを反射し，明確化して伝え返すこと，あるいは素直な感想を伝えることは，"聴く"行為の基本です。「語る―聴く」関係は，単に聴き手が語りに耳を傾けているだけではなく，聴き取ったことを語り手に伝え返すという積極的な"聴く"技術があって初めて成立します。語り手は，聴き手のこのような反応を得ることで，自己の語りが理解されていることを確認し，さらに自己を相手に伝えようとして物語ることを始めます。

このような「語る―聴く」関係を基盤として，語り手であるクライエントと聴き手である臨床心理士の間に「実践の物語」が生成します。語り手は，その「実践の物語」においてさまざまな経験を物語るようになり，次第に狭い意識を超えた自己自身の豊かな体験過程に開かれていくことになります。これは，

クライエント中心療法が指摘するように，語りを聴くことの心理援助的側面です。この"聴く"技能を，さらに体験過程を聴く心理援助技法として組織化したのがフォーカシングです。

訊く─語る

語りを聴いて理解したことを語り手に伝え返し，物語を生成していく"聴く"技能は，実際に行ってみると意外と難しいものです。その難しさは，聴き手が語りのプロットの中に巻き込まれ，ストーリーを読み取れなくなることによって生じます。第3章で論じたように「語りとしての物語」には，プロットとストーリーの次元があります。語りは，語り手のプロットが表現されたものです。プロットは，語り手の想定する出来事の因果関係に基づいて構成される物語なので，そこには語り手の思い（想い）が込められています。そのため「語りとしての物語」では，想念，想像，空想，時には妄想といった，語り手の思い込みによる独特の論理展開がなされ，ストーリーが隠されてしまうことになります。

したがって，聴き手は，語り手のプロットを聴きながら，そのストーリーを読み取ることができて初めて，語りを理解できることになります。しかし，それは，簡単ではありません。「語り」は，「騙り」に通じるように，そもそも相手を巻き込む行為です。そのため，聴き手は容易に語りの独特のプロットに巻き込まれ，実際に生じていたストーリーを読み取ることができなくなり，語りを理解できない状態になります。理解できなければ，当然理解したことを伝え返すことができず，"聴く"行為を持続できなくなります。

そこで，語りを共感的に理解するために，聴き手には，一方では相手の語りに聴き入り，その受け手としてプロットに巻き込まれつつ，他方ではそのストーリーを積極的に読み取る技術が必要となります。ストーリーを読み取るために必要となるのが，"訊く"技能です。ストーリーとは，既述したように出来事の時間的配列です。そこで，語りのストーリーを読み取るためには，語りを"聴き"つつ，その語りを構成する出来事について"訊き"，出来事の時間的配列を確定していく作業が必要となります。

語りは，語り手のプロットであり，語り手独特の因果関係に基づいて特定の

出来事が選択され，脚色されて表現されます。そのため，プロットに関しては，語り手独特の論理の飛躍があり，ストーリーとしての連続性が不明の箇所が必ず出てきます。このような聴き手にとってストーリーとして"わかりにくい"と感じられる箇所は，逆に語り手独特のプロットに基づく論理的飛躍が最もよく示された箇所でもあるわけです。したがって，この聴き手に生じる"わからない"感じは，語り手のプロットの偏りを理解するための重要な手がかりとなります。プロットの偏りは，前述したように語り手独特の思い込みと関連しており，その点で語り手の心理的な問題を暗示するものです。そこで，聴き手は，土居（1992）が指摘するように，"わからない"感じを語り手に伝え，その箇所のストーリーを探っていくことが「語りとしての物語」の理解につながります。このように"わからない"箇所に関して質問をすることで，「語りとしての物語」のストーリーとプロットを読み取っていくのが"訊く"技能です。

　なお，語り手のプロットである語りを聴くことは，語り手独自の物語世界に入っていくことです。それは，現象学的世界，内的現実，対象関係，内的体験，イメージ世界といったいわゆる精神内界（intrapsychic world）に通じるものであり，しばしば「語りとしての物語」は，語り手の精神内界の出来事として扱われます。しかし，第3章で論じたように，語り手は「劇としての物語」の対人関係（interpersonal）の中で生きており，その語りは「劇としての物語」の中の出来事の一つでしかないという入れ子構造になっています。したがって，「語りとしての物語」が精神内界の出来事をテーマとしていても，その意味を理解するためには，「語りとしての物語」のストーリーだけでなく，語りが出てきた「劇としての物語」のストーリーを把握しておく必要があります。たとえば，「語りとしての物語」である夢が語られた場合，語り手の日常場面における対人関係の出来事を把握し，それとの関連で夢の意味を理解することも必要となります。

　つまり，「語りとしての物語」の意味を共感的に理解するためには，語られた物語のプロットを聴くのと同時に，語りの背景にある「劇としての物語」のストーリーを把握し，そのストーリーとの関連で語りの意味を読み取っていく作業が必要となります。"訊く"ことは，「劇としての物語」のストーリーを把握するための技能でもあります。語りの背景となっている「劇としての物語」

のストーリーを訊くことによって、そのストーリーとの関連で「語りとしての物語」の意味を理解できるようになり、ひいては精神内界の出来事を含めて物語を共感的に聴くことが可能となります。

このような点を考慮するならば、"訊く"技能は、単に「語りとしての物語」を聴くためだけでなく、「劇としての物語」で生じた出来事を明らかにするためにも必要となります。「劇としての物語」での出来事は、後述するように基本的には"みる"ことによって知ることができるものです。しかし、実際は臨床心理士が「劇としての物語」の全てを"みる"ことはできません。そこで、"訊く"技能は、次節で論じるように「劇としての物語」を"みる"ための技能としても用いられることになります。

"訊く"技能については、どのような時期に、どのような質問をどのようにするのかといった点でさまざまな技術があります。たとえば、オープンクエスチョンにするのか、クローズドクエスチョンにするのかといったことも、"訊く"ことの基本的な技術となります。

"きく"ことの難しさと"読む"ことの必要性

このように「語りをきく」技能は、"聴く"技能と"訊く"技能を織り交ぜることで成立します。訊くことを織り交ぜながら語りを聴くことで、次第に「語りとしての物語」が展開し始め、それを契機として語り手と聴き手の間に「語る―きく」関係を基本とした「実践の物語」が生成されていきます。

ところで、この"聴く"ことと"訊く"ことのバランスをどのように取るかは、非常に難しい問題です。聴き過ぎることは、聴き手が語り手のプロットに巻き込まれ、「語りとしての物語」の展開をコントロールできなくなる危険性があります。特に、第16章の結花さんの事例のように「語りとしての物語」が成立しない場合には、聴き過ぎることは、物語全体の混乱を引き起こすことになります。逆に、訊き過ぎることは、単にストーリーを構成する出来事を事実として調査するだけに終わってしまい、「語りとしての物語」の展開にはつながらず、「実践の物語」も生成されない点で限界があります。したがって、事例の物語の状態や介入の目的に合わせて、"聴く"こと"訊く"ことのバランスを調整していくことが、「語りをきく」技能となります。

その際，"聴く"と"訊く"には，互いに相反する性質があることに留意しなければなりません。"聴く"ことは語り手の語りの世界を受容し，共感する行為であり，「語り手」を中心に置くことが基本になります。それに対して，"訊く"ことは相手の語りを対象化し，客観的に分析する行為であり，「訊き手」を中心とすることが基本になります。このように両者は水と油のように異質な面をもっているので，両者を合わせもつためには特別な技能が必要となります。

　それが，事例の物語を"読む"技能です。語られた物語の読みができていれば，理解できたことを語り手に伝え返して"聴く"ことができます。また，物語が読めていることは，まだ読めていない部分がわかることでもあり，"訊く"べき事柄が明らかになります。このように，聴くことと訊くことを物語を読む過程の中に位置づけていくことで，両者のバランスを取ることが可能となります。そして，物語を読むことで，物語の意味を把握し，それによって共感的理解として「語りをきく」ことが可能となります。このように"聴く"技能と"訊く"技能のバランスを取りながら「語りとしての物語」をきき，事例の物語についての読みを深め，事例への理解を深めていく過程が実践過程となるわけです。

3　"読み"を生成する機能

語り直す―読み直す

　私たちは，さまざまな出来事の中で生きており，その出来事との関連で喜んだり，悲しんだりします。その点で心理的な混乱は，出来事と密接な関連があります。ただし，出来事自体に意味があり，それによって影響を受けて心理的混乱が引き起こされるわけではありません。それは，同じ出来事でも人によって経験される意味が異なることによって確認できます。出来事自体に意味があるのではなく，私たちがどのように経験するかによってその出来事に意味が付与されるのです。私たちの経験のあり方が"悲しみ"であるならば悲しい出来事に，"喜び"であるならば喜ばしい出来事になるわけです。

　このような私たちの経験のあり方を規定するのが，物語の機能です。既述したように物語は，出来事の連鎖です。ストーリーが出来事の時間的配列である

のに対して，プロットは，語り手が考える出来事間の因果関係に基づく配列です。したがって，物語を構成するそれぞれの出来事には，物語のプロットで前提とされている因果関係との関連で"意味"が付与されることになります。たとえば，同じ「枯葉が落ちる」という出来事であっても，秋を愛でる物語のプロットにおいては風流な出来事となるのに対して，O. ヘンリーの『最後の一葉』のような物語のプロットにおいては危機的な出来事としての意味が付与されることになります。私たちが出来事を経験する際には，この物語の意味付与の機能が介在してきます。人は，それぞれの物語を生きており，出来事を経験する際には，その出来事を各自の物語のプロットに位置づけ，意味を付与しているといった過程が考えられます。

　クライエントが語る「語りとしての物語」は，この各自の生きている物語のプロットの言語表現です。したがって，語られた物語を読むことは，物語のプロットの特徴を明らかにすることであり，そのプロットの特徴との関連で語り手の経験の意味を把握できることになります。前節では語りを"きく"ために"読む"技能が必要であることを指摘しましたが，このように語り手の経験の意味を把握するためにも"読む"技能は必要とされます。ここで特に必要とされる"読む"技能は，語られた物語のプロットの特徴を明らかにする技術ということになります。そして，プロットの特徴を明らかにするためには，前提として物語のストーリーとプロットを読み分ける技術が求められるのです。

　前述のように，人の経験のあり方と物語には密接な関連があります。この点を論じているのが，認知療法です。物語の中でも特にプロットが人間の経験の意味と関連しているのですが，このプロットは，認知の歪みの要因となる認知的変数と重ねて考えることができます。たとえば，エリス（Ellis, A.）のいう「不合理な信念（irrational belief）」は不合理な物語のプロット形成に関連し，ベック（Beck, A.）の抑うつの否定的認知は自動思考となってうつ的な物語のプロット形成に関連することになります。このように，物語を"読む"技能は，単に語りをきくためだけに必要なのではなく，語り手の経験の意味を知る上でも重要な役割を果たすことになります。

　ところで，"聴く"技能には，語りを聴いて理解したことを語り手に伝えることが含まれると前節で指摘しました。これは，聴き手である臨床心理士の，

事例の物語に関する"読み"を語り手であるクライエントに伝えていく過程です。実践過程は，このように臨床心理士が事例についての読みをクライエントに伝え，その読みの妥当性をクライエントとの間で循環的に検討していく過程です。このような読み合わせの過程では，クライエントも自己の物語についての読みを再検討することになり，その結果，自己の物語についての「語り直し」と「読み直し」を始めることになります。自己の物語の読み直しをすることにより，物語のプロットが変化します。物語のプロットが変化するならば，それに従って語り手の認知のあり方，そして経験の意味も変化し，出来事に新たな意味が付与されることになります。

このように考えるならば，語りを聴き，そこで読み取った物語の"読み"を語り手に伝え返していく実践過程は，同時に語り手自身の物語の語り直しと読み直しを促し，さらには語り手の経験の意味を変え，新たな意味を生成していく機能をもつことが明らかとなります。実践過程をこのような物語の読み直し過程と見なし，その経験の再体制化に向けて参考となるのがナラティヴ・セラピーの技法です。このような観点から，物語の読み直し過程は全ての心理療法過程に通じるとして，物語論を中心として心理療法論を再構成する動きも活発化しています（McLeod, 1997）。

このような語り手の語り直しと読み直しを促す"読む"技能に関しては，事例の物語を読み取る点では評論家（critic），語り手の語り直しと読み直しを援助し，経験の再体制化を進める点では編集者（editor）にたとえられるような役割と技術が，臨床心理士に求められることになります。心理療法のいずれの技法も少なからずこのような物語の読み直しを促す側面を持っていますが，その中でも認知療法は，この側面を最も集中的，組織的に扱っている方法です。

読み解く―語り直す

以上，実践過程においてクライエントの語りを"きき"，その物語を"読む"ことの重要性を指摘しました。しかし，実際には，難しい事例になればなるほど，クライエントの物語を"きく"ことや"読む"こと自体が困難となり，実践過程そのものが成立しないで中断する場合が多くなります。

難しい事例としては，まずクライエントの語りに問題がある場合が考えられ

ます。そもそも物語を語ることができない，あるいは語ろうとしない場合です。これは，"読む"以前の"きく"ことの難しさです。また，事例の物語が複雑に入り組んで混乱しており，語りが非常にわかりにくくなっている場合があります。これは，"読む"ことの難しさと関連します。

次に，クライエントの語りの問題というよりも，聴き手である臨床心理士の心理状態に問題が生じる場合があります。"聴く"という行為には，語られた物語を共感的，体験的に受けとめる側面があります。そのため，語られる物語が体験過程に根ざした語りであればあるほど，それを聴く臨床心理士の側にその体験過程にまつわる感情が通底するかのように伝わってきます。そして，臨床心理士の側では，伝わってきた語り手の感情に反応して，不安，恐怖，怒りといったさまざまな感情が湧いてくることで心理的混乱が生じ，語り手の物語を冷静に聴くことも，読むこともできなくなる場合があります。

実際の実践においては，このような"聴く"ことや"読む"ことの難しさにどのように対処するかが切実な問題となります。精神分析の方法論は，このような難しさを前提とした上で，クライエントの物語を読み解くための独特の仕組みを備えたものとなっています。精神分析の過程は，退行を促すセッティングでクライエントに過去の出来事について物語らせ，それを分析家が「読み解く」こと（解釈）によってクライエントの物語の「読み直し」と「語り直し」を進める過程と見ることができます。したがって，精神分析で語られる過去の事柄は，歴史の事実ではなく，事実の再構成としての物語であることが前提となっています。そこでは，物語として語られる現実の多様性をいかに「読み解く」かが介入のポイントとなります。

このような目標を達成するために精神分析では，さまざまな装置や技法が開発されています。まず，日常とは厳密に区切った時間と空間を確保し，その枠組み（治療構造）の中でクライエントの自由連想の語りを"聴く"セッティングとします。このような日常から切り離され，守られた場での自由連想の語りは，母親に抱かれ（holding），あやされている乳幼児にも似た心境に語り手を導きます。しかも，分析家は，クライエントの過去（特に親子関係）について"訊く"ことをします。そこでクライエントは，心理的に退行し，象徴機能を獲得した幼児がお話づくりを好むように，自己の過去についての物語を語り始

めやすくなります。したがって，精神分析の枠組み自体が，（特に語ろうとしない事例に対して）物語の語りを導く装置となっています。また，このような枠組みでも語ろうとしない場合には，その語らなさを防衛や抵抗として読み解くための筋書きが用意されています。そして，その背景には無意識とその抑圧を基本構造とする心理力動論が，クライエントの語りの内容やその語り方を読み解くための筋書きとしてあります。

さらに，語られた物語が複雑に入り組み，混乱してわかりにくくなっている場合でも，精神分析ではさまざまな読み解きのための筋書きが用意されています。心理・性的発達論に基づく対象関係の物語（特にエディプス・コンプレックスの物語）は，クライエントの物語を読み解くための中心的な筋書きです。クライン（Klein, M.）を起源とする対象関係論も，クライエントの物語を内面のドラマとして読み解くための系統的な読みを提供しています。ユング（Jung, C.）の分析心理学のコンプレックス，ペルソナとシャドー，元型といった考え方は神話も含むあらゆる物語の基本的モチーフを抽出したものであり，まさに物語を読み解くためのエッセンスです。また，夢分析を初め，イメージやシンボルの物語を読み解くための手続きも用意されています。

このように精神分析では，まず語りを引き起こしやすい枠組みを設定し，"語らなさ"や"複雑な語り"などを読み解くための手続きと筋書きを多数用意しているわけです。しかも，それに加えて精神分析の「語る—読む」過程には，もう一つ重要な装置が組み込まれています。それは，語り手であるクライエントと聴き手である分析家の間に新たに生成される「実践の物語」を，積極的に物語の「語り直し」「読み直し」に利用するしかけを備えていることです。前述したような退行を促すようなセッティングでの語りは，語り手と聴き手との間に乳幼児期の親子関係に類似した人間関係を成立しやすくします。このようにして成立する人間関係は，語りを契機としてクライエントと分析家の間に実際に生成する劇的な物語となります。

精神分析では，クライエントと分析家の間で実際の出来事として生起する「実践の物語」のドラマを，「転移—逆転移」として積極的に「読み解く」ことを重視します。その読みのため筋書きの一つとして，投影（同一視）の考えがあります。前述したように，実践過程では，語られる物語を聴くことで聴き手

の体験過程にさまざまな感情が湧いてきて，語り手の語りが冷静に聴けなくなる現象が生じてきます。精神分析では，これを「転移─逆転移」の結果として生じた現象として読み解いていきます。そこでは，語り手の内的世界のイメージである対象関係が聴き手に投影され，聴き手がそれを取り入れたことで聴き手の心理的混乱が生じると説明されます。したがって，聴き手は，自らの心理的混乱を手がかりとして投影された対象関係を引き戻すことで，逆に語り手の対象関係を読み解くことができることになります。語り手の対象関係が聴き手に投影することが転移であり，投影を取り入れることで生じる聴き手の心理的混乱が逆転移となるわけです。

このように考えるならば，「転移─逆転移」は，語り手と聴き手の間で生起する「実践の物語」のドラマを読み解くためのシナリオということになります。聴き手は，それを利用することで，自己の混乱した心理状態を転じて相手の語りを読み解くための手がかりとすることが可能となります。そして，語り手は，そのような臨床心理士の読み解きを与えられて，自己の物語を語り直し，読み直していくことになります。

以上のように精神分析の実践過程では，まず非日常的な場で語り手の物語を生じさせ，それを精神分析で仮定される筋書きにしたがって読み解くことが重視されます。このような精神分析の仕組みは，語ろうとしない語り手の語りを促し，複雑でわかりにくい物語を読み解くことを可能にする利点があります。

しかし，そのような仕組みは，日常から切り離された実験室にもたとえられる人工的な場で物語を語らせ，それに精神分析流の既製の筋書きを当てはめることで，精神分析の物語を読み込んでいく過程としての側面も同時に合わせもつことを忘れてはなりません。もちろん，ラカン（Lacan, J.）が主張するように，無意識を読む行為における主体は無意識の側にあり，分析家はその物語の意味を読み取り，翻訳する役割であって，そもそも分析家の読みを勝手に押しつけることなど許されないのが精神分析の本来のあり方なのかもしれません。しかし，実際のところは，精神分析には，実証し得ない「無意識」をあたかも抽象的実体であるかのように見なし，その無意識という仮設構造に基づいて組み立てられた精神分析概念を筋書きとして当てはめて，物語を"読み込む"側面があります。語りを聴いてその物語を"読む"のではなく，精神分析の物語

の筋書きを読んで聞かせる可能性があるわけです。そのような場合には，読み手主導の，人工的で抽象的な読みの側面が強くなります。

　このような精神分析の一方的，人工的，抽象的な読みの過程を補償するのが，先ほどの「実践の物語」を「転移―逆転移」として「読み解く」仕組みです。「転移―逆転移」は，語り手と聴き手の間で実際に生起する具体的出来事です。しかも，そこでは，語り手と聴き手の間で織りなされる人間関係のドラマとして，お互いの語り合いと生々しい感情の交流が展開します。したがって，クライエントは，「転移―逆転移」の中で，分析家を相手として内的な対象関係のイメージを現実のドラマとして演じ，語ります。まさに，内的ドラマを「心理療法の物語」の中で現実のドラマとして再体験するわけです。分析家は，そのような具体的で生々しい「心理療法の物語」を「転移―逆転移」として読み解きつつ，そのドラマに参加します。その過程は，同時にクライエントが自己の物語を体験的に「語り直し」ていく過程となります。このような「心理療法の物語」の中での具体的で生々しい語り直しの体験が進行することで，精神分析特有の一方向性，人工性，抽象性が補償され，クライエントの主体的な自己の物語の「読み直し」が可能になると考えられます。

4　"読む"ことの難しさと"みる"ことの必要性

　以上，実践において必要とされる「語りとしての物語」を"きき"，その物語の意味を"読む"技能を論じてきました。そこでは，語りのプロットを語り手の経験のあり方を意味するものとして読むことが基本となっていました。その結果，語りは語り手の認知と関連していることが前提となり，ひいては認知世界，現象学的世界，内的経験世界，イメージ世界というように精神内界の物語として「語りとしての物語」の意味を読み解く傾向が強くなります。精神分析（特にユングの分析心理学）は，そのような「語りとしての物語」を精神内界の物語として"読む"技法の代表と言えるものです。

　しかし，語り手は「劇としての物語」の舞台である日常場面で生活しており，その「語り」は「劇としての物語」の中の出来事の一つでしかないという入れ子構造になっています。したがって，「語りとしての物語」の意味を精神内界の物語としてのみ読み解いていくことには無理があります。たとえば，日常場

面での対人関係のトラブルに語り手が関与し，それを実践の場で語った場合を考えてみます。精神分析に代表される，精神内界の物語を重視する技法では，語り手の行動は精神内界に収めておくべき内的物語を外界で"行動化"したとしてその意味を読み解き，介入では「語りとしての物語」においてその精神内界の物語の意味を語り直し，読み直すことが目指されることになります。それに対して「劇としての物語」の観点からするならば，その語りは対人関係のトラブルという，日常の対人行動の一環として理解され，まずは語り手の対人関係や行動の観察が重視され，介入も日常場面の対人関係や行動の調整に向かうことになります。

　このような視点の違いを考慮するならば，「語りとしての物語」を精神内界の物語として"読む"技法は，「語り」は「劇としての物語」における行為の一つでしかないという事実を無視する危険性をはらんでいることになります。その点で，事例の物語を"読む"作業は，単に「語りとしての物語」だけを読んでいればよいという単純なものではないわけです。特に第16章の結花さんの事例のように，語りという行為を的確に行う機能が障害されている事例においては，「語りとしての物語」を精神内界の語りとして見る以前に，「劇としての物語」の観点に基づき，行為としての語りを調整する介入が求められます。それにもかかわらず，その語りを精神内界との関連に偏って読み解くことは，「劇としての物語」の事実との乖離を生み出し，行動面での混乱を引き起こす危険があるわけです。したがって，「語りとしての物語」を読む場合にも，困難な事例になればなるほど，「劇としての物語」との関連でその語りの意味を読む視点をもつ必要が出てきます。

　さらに，このような「劇としての物語」との乖離は，単に事例の物語の"読み"に関してだけでなく，実践の活動をどのように運営するのかというシステム・オーガニゼーションのテーマと関連してきます。特に精神分析は，前述したように日常とは切り離された閉鎖的枠組みの中で物語過程を展開させるので，その非日常的枠組みを実践の場として確保できることが前提条件となります。しかし，病院臨床や学校臨床など現場での実践活動は，日常的な治療活動や教育活動との連携の中で行われており，精神分析の枠組みを設定することは必ずしも容易ではありません。むしろ，他の領域の活動と連携しながらの実践活動

が重視される現場では，非日常的で閉鎖的な枠組みの中で人工的な物語過程を進めることは，周囲の状況との亀裂や相互不信を生じさせる危険性があります。

したがって，「語りとしての物語」の"読み"を開かれた実践の現場で用いるためには，「語りとしての物語」の意味を，単に精神内界の物語として読むのではなく，常に「劇としての物語」において観察される出来事のストーリーと読み合わせていく多元的な視点をもち，「語りとしての物語」を「劇としての物語」に開かれたものとして位置づけていくことが重要となります。そして，そのためには，語りを聴くだけでなく，「劇としての物語」を観て，全体の物語を展望する視点が必要となります。つまり，"読む"ためには，"観る"技能が必要となるのです。

この点については，精神分析に限らず，私たちの経験の意味を規定している，物語を"読む"技能全般についても当てはまります。既述したように，人はそれぞれの物語を生きており，出来事を経験する際には，その出来事を各自の物語に位置づけ，意味を付与しています。しかし，各自の物語は，単にその人の内に閉じた個人的な物語ではなく，その人が生きている日常場面，つまり「劇としての物語」において与えられた社会的役割の物語という側面をもちます。したがって，人の経験の意味を規定している物語を"読む"ためには，その人の「語りとしての物語」を読むだけでは十分でなく，その人がその中で役割を取り，行動している「劇としての物語」を観察し，それとの関連でその人が生きている物語の意味を"読み取る"必要があります。したがって，事例の物語を"読む"ためには，「劇としての物語」を"観る"技能が必要となります。

〈引用文献〉

土居健郎（1992）．新訂 方法としての面接　医学書院
Havens, L. (1986). *Making contact: Uses of language in psychotherapy*. Harvard University Press.（下山晴彦（訳）（2001）．心理療法におけることばの使い方　誠信書房）
McLeod, J. (1997). *Narrative and psychotherapy*. Sage.（下山晴彦（監訳）（2007）．物語りとしての心理療法　誠信書房）
坂部恵（1989）．ペルソナの詩学　岩波書店

第18章 "劇(ドラマ)"を生成する機能

1 「劇としての物語」の変容にかかわる機能

　前章では「語りとしての物語」を中心に論じてきました。そこでは，"語り"の展開が語り手の「認知」の変化を促し，それが，その人の「経験」や「行動」の改善につながるといった「認知から行動へ」の方向性が暗黙の前提となっていました。しかし，人は，自らの認知のあり方を筋書きとして，ただ単にそれに従って自己の行動を決定しているのではありません。認知心理学（たとえば，佐伯・佐々木，2013）が示すように，人は「動きの中で考える」，つまり行動し，状況と相互作用する中で認知を生成し，修正するという「行動から認知へ」という図式が成り立つのです。その点では，むしろ「認知から行動へ」の方向性に先立つものとして，「行動から認知へ」という方向性が成立しているとも言えます。たとえば，前述したように，精神分析では，内的対象関係が外界に投影され，それが行動を決定するという「認知から行動へ」という図式が想定されています。しかし，それに先行して，実際の社会的状況の中での反応や対人コミュニケーション行動によって内的イメージである対象関係が形成されるという，「行動から認知へ」の図式が存在していると言えます。

　このように考えるならば，物語機能として，"語り"と同時に"行い"（ふるまい）の重要性を積極的に取り上げていく必要性が明らかとなります。第3章で論じたように，"行い"は「劇としての物語」の中心的次元です。したがって，「劇としての物語」と関連の強い物語機能であり，"行い"を遂行する技能は「劇としての物語」に介入するための技能ということになります。

　「劇としての物語」は，登場人物たちのさまざまな行為から構成されています。そこで，"語り"の聴き手ではなく，劇の観客としての立場に立つならば，"語り"は，劇の舞台におけるそのようなさまざまな行為の一つでしかないことが見えてきます。つまり，「劇としての物語」の視点に立った場合，"語り"

は「劇としての物語」における"行い"の一つとして位置づけられることになります。これは,「語りとしての物語」と「劇としての物語」が入れ子構造になっていることを考えるならば,当然のことです。したがって,「語りとしての物語」においては特別な物語機能であった"語る"機能は,「劇としての物語」においては,さまざまな行為の一つという相対的な位置づけとなります。

このように"語り"を相対的に位置づけることで,"いくら能書を並べても,実際に行うことができなければ,それはできないのと同じだ"といった見方が可能となります。いくら知って（認知して）いても,行う（行動する）ことができなければ意味がないというわけです。このような考え方は,「語りとしての物語」の相対的位置づけを明らかにします。前章では,物語遂行の技能として,「語りとしての物語」をきき,読む技能を論じてきました。しかし,「語りとしての物語」が展開し,物語の「読み直し」の過程が進み,経験のあり方が変化したとしても,日常場面,つまり「劇としての物語」において,語り手の実際の行動が変化し,社会的な関係や役割が変化しなければ,新たな物語を生きられるようになったとは言えません。したがって,物語を生きるという点では,行為としての側面が重要な意味をもつことが明らかとなります。

これは,芸事や職人技を身につけることに関して言われる「習うよりは慣れろ」という諺にも通じる発想です。本書では,臨床心理学を実践知の学問と位置づけ,臨床心理学をまなぶ上では,いくら理論を知っていても,実際に行為として事例の物語の展開を促す技能がなければ意味がないとの立場に立っています。その点で本書は,"行い"を重視しています。

2 行動の変化を導く機能

行う—観る

以上の議論から,物語機能としての"行い"（行動）の重要性が明らかになりました。では,これは実践の技法とどのように関連してくるのでしょうか。当然のことながら,「劇としての物語」に視点が移され,その「劇としての物語」の"行い"に介入することで,事例の物語の展開を促すことが試みられます。そこでは,"語る"行為は,他の"行い"と同様に調整や指導の対象となります。「語りとしての物語」の語り直しや読み直しについても,まず劇の中

で行動し，その行動の結果として"語り"や"読み"も変化してくるといった，"行い"優先の発想が導入されます。また，"語り"を前提とする介入技法では「語りとしての物語」が成立しない事例に対応できませんでしたが，"行い"に注目することによってそのような事例の物語への介入が可能になります。そこで，以下，"行い"に注目することで可能となる，物語への介入の発想と技法についてまとめてみます。

「語りとしての物語」に関するデータは，"語り"を"聴く（訊く）"こと（＝面接法）によって収集されます。それに対して「劇としての物語」に関するデータは，基本的には"行い"を"観る"ことによって収集されるものであり，その点で"観る"技能にかかわる観察法が重要となります。したがって，「劇としての物語」に介入するために，臨床心理士には，劇の舞台，つまり日常場面での登場人物たちの行動を観察し，それをデータとして記述する技能が求められます。

観察法における"観る"技能に関しては，観察する側とされる側との関係性に留意すべきです。まず，その関係性によって，観察は大きく直接観察と間接観察に分けられます。客観的な観察をするためには，ワンウェイミラーなどを用いた間接観察がなされます。ただし，間接観察では，観察する側の働きかけへの反応などを観ることができないので，それが必要な場合には直接観察で，しかも対象との関係に参加する参与観察となります。いずれの場合でも，的確な観察を行うためには，「行動分析」が必要となります。行動分析は，"語り"が成立しない事例の初期アセスメントにおいては特に重要となります。たとえば，乳幼児期や児童期の事例の母子関係行動，あるいは自閉症スペクトラム障害，学習障害，注意欠陥・多動性障害などが疑われる発達障害事例の行動パターンを把握する場合などが，それに当たります。

このような行動観察の技法を身につけるためには，行動療法をまなぶことが役立ちます。行動に注目する行動療法ですから，観察のためのチェックリストが用意されており，それに基づく行動分析の手続きが整っています。また，行動療法の基本にある学習理論では「刺激—反応」の図式で行動を把握するので，行動をそれが生じてきた状況との関連で理解します（山下・下山，2010）。それによって行動を一連の「刺激—反応」の連鎖としてとらえることが可能となり，

介入すべき問題状況を明確にする視点が得られます。しかも，問題状況を構成している行動を適切な行動に"導く"応用行動分析や曝露法などの技法が用意されているので，行動観察を介入と関連させて遂行できることになります。

"観る"技能においては，行動を客観的に観察することが重視されるわけですが，実践の過程が始まるとそのような客観的な観察は困難となります。それは，観察者である臨床心理士と観察される事例との関係が動き出してしまうからです。実践の過程とは臨床心理士が対象となる事例との間の関係を取り結んでいく過程でもあり，そこに「実践の物語」が生起することになります。「実践の物語」では，臨床心理士は単なる観察者として，その外に立つ観客の立場を保つことができなくなります。つまり，臨床心理士は，その「実践の物語」に参加し，その劇的物語の1人の役者として舞台に立つことになるわけです。

このようにして臨床心理士は，単に観る側でなく，他の登場人物（事例の当事者や関係者）から観られる側にもなります。しかも，第15章で論じたように，「実践の物語」が「劇としての物語」に開け，両者が重なり合って循環するような場合には，臨床心理士は，「実践の物語」を介して「劇としての物語」の登場人物の1人として事例の物語に参加することになります。このように登場人物として「劇としての物語」に参加する臨床心理士には，単なる観客としての客観的な観察ができなくなるわけです。

対象の事態に参加しつつ観察する参与観察については，フィールドワークの技法として論じられています。フィールドワークの技法は，実践の"観る"技能と重なる側面も多くあり，参考となります。しかし，実践の場合は，単に対象の事態に参加して観察するフィールドワークとは異なり，その事態に介入し，改善を目指すという積極的な関与をしつつ観察を行う点に独自性があります。したがって，実践過程における観察は，一方で対象に積極的にかかわり，変化を引き起こしつつ，他方ではそれを客観的に観察するという矛盾した二つの作業を重ね合わせていく特殊な技法となります。「実践の物語」に役者として参加しつつ，他方でそれを観客として観察し，しかもその進行を演出家よろしく運営するという複雑な作業が臨床心理士に課せられることになります。

このような複雑な観察を遂行するためには，観察する側と観察される側の関係性を理解し調整する，対人関係の理論と技法が必要となります。日常の対人

関係パターンが面接場面の対人関係として示されるので、「実践の物語」における観察から「劇としての物語」の対人関係を理解することが可能になります。この点については、参与観察の重要性を指摘したサリバン（Sullivan, H. S.）の対人関係論が参考となります。また、前述した精神分析の「転移―逆転移」の考え方は「実践の物語」のドラマのストーリーを読む視点を提供するものです。それを参考とすることで、臨床心理士は自己モニタリングを含めた観察のための観点を得ることができます。さらに、複雑な観察を的確に行うために、実践過程に直接参加する臨床心理士とそれを間接的に観察する臨床心理士というように、関与と観察を分ける、家族療法のような観察技法もあります。この他、遊戯療法や家族療法でなされるようにビデオを用いる方法もあります。

　以上、"観る"技能における関係性について検討しました。そこで、次に"観る"技能とかかわるもう一つの要因として時間を取り上げることにします。行動は、時間の経過の中で出来事の連鎖の一環として起きてきます。したがって、行動は、時間的に配列された出来事との関連で観察する必要があります。このように行動が出来事の時間的配列の中に位置づけられるということは、行動がストーリーの構成要素であることを示しています。逆に言えば、時間に注目して行動を観察することによって、事例の物語のストーリーを把握することが可能となるわけです。時間という点に関しては、組織的観察法の一つとして、時間を区切って繰り返し観察する時間見本法があります。時間見本法によって観察された行動を隔時比較することで、その行動の同一部分と変化部分を検討し、ストーリーの推移を明らかにすることができます。週に１度という時間間隔で行う実践活動も、時間見本法によって事例の物語のストーリーの推移を観察する過程と見ることができます。

　ただし、実践場面での観察は、クライエントの日常生活全体の時間と比較すれば、限られた時間にならざるを得ません。また、必要に応じて実践場面を出て日常場面での観察をしたとしても、それも時間的にはかなり限られたものです。しかも、「劇としての物語」のストーリーを把握するためには、現在の出来事だけでなく、事例の問題の始源にさかのぼって出来事の歴史を把握する必要があります。したがって、過去を含めた日常の出来事全般については、いずれにせよ臨床心理士が直接観察することは不可能です。

そこで，当事者やその行動を観察する立場にあった関係者からの聞き取りが必要となります。「劇としての物語」のストーリーの聞き取りに際しては，実際に生じた出来事を時間に沿って事実確認していく"訊く"技能が必要となります。ここでは，"観る"技能ではなく，再び"訊く"技能がテーマとなります。前章で論じた"訊く"技能が「語りとしての物語」のプロットを"聴く"ためのものであったのに対して，今回は「劇としての物語」のストーリーを"観る"ためのものとなります。当事者や関係者が観察した事実を時間に沿って聞き取るのですから，そこで明らかにされるのは「物語（story）」というよりも「歴史（history）」となります。したがって，ここでは歴史家やノンフィクションのルポライターのような客観的視点で，事例の生活史，家族史，問題歴，症歴などを事実確認していく"訊く"技能が求められます。このような"訊く"技能は，広い意味での"観る"技能に含まれるものです。

行う―導く（演技指導）

「劇としての物語」の展開を促す最も直接的な介入法は，"観る"ことによって登場人物の不適切な行動を明らかにし，それを適切な行動に"導く"演技指導を行うことです。「劇としての物語」のストーリーを構成する"行い"が変化すれば，事例の物語のストーリーが変化し，その結果そこでの経験のあり方が変化し，「語りとしての物語」も変化する可能性が出てきます。

ただし，不適切な行動は，「劇としての物語」の中で繰り返されることでパターン化されており，ほとんどの場合，意識では不適切とわかっていても，その行動が身に染みついて変えられない状態になっています。その点で行いの変わりにくさは，その人の「劇としての物語」で生きてきた苦しい歴史を身体が物語っていると見ることができます。そこで，演技指導に当たっては，まず身体をほぐし，新たな行いに導く準備をし，不安の少ない場面からイメージ場面を含めて徐々に行いをやり直していくことになります。この"行い"を"導く"技法については，行動療法や動作法が参考となります。

このように，「劇としての物語」のストーリーを構成する行いの演技指導をすることで，物語への介入が可能となります。しかし，「劇としての物語」は，実際はさまざまな登場人物の行いが複雑に重なり合って構成されており，劇の

プロットも固定化していることが多いので，事例の当事者の行いを変えただけで事例の物語の全体が変化することは少ないのも事実です。そのような点では，"行い"を"導く"介入には限界があります。ただし，物語全体が展開しなくとも，できる範囲内で登場人物の行動を調整することは，物語の展開を徐々に変えていくための出発点にはなります。また，少しでも自己の"行い"を調整できることは，その人の自信につながります。これは，第16章で示した結花さんのような"語り"が成立しない難しい事例では，特に必要な技法となります。

"語り"が成立しない事例では，「語りとしての物語」を扱うことはできません。しかし，"語り"自体は，言語行為であり，"行い"の一種です。したがって，"行い"を"導く"ことの一環として，言語以前の行動を含めて言語行為の調整を行うことで，"語り"に介入することが可能となります。発達的には，言語行為が可能になる以前にもさまざまな前言語的コミュニケーション行動が存在しています。近年の発達心理学の研究によって，母子間の関係性において，情動調律や行為の共同性などといった前言語的コミュニケーション行動の意義が明らかにされてきています。

子どもは，2歳を過ぎる頃から象徴機能が発達し，象徴遊びが可能となり，ふり遊びやごっこ遊びにおいて虚構の事柄をあたかも現実の出来事であるかのようにふるまうことができるようになります。さらに，4歳頃になるとそれを集団においてもできるようになります。この集団的象徴遊びは，「劇としての物語」の原型に相当します。それに対して，時間概念などの高度な表象機能を要する物語行為は，象徴的遊びの発達を経た幼児期後期の5歳頃になって初めて可能となります。この点でも，「劇としての物語」が「語りとしての物語」に先行することが示されます。

したがって，発達的には「語りとしての物語」は，さまざまな"行い"がコミュニケーション行動として交錯する中から生成されると見ることができます。そこで，単に「語る―聴く」という関係性だけでなく，前言語的なものを含んだコミュニケーション行動を調整し，"語り"を生み出す関係性を構成することで，「語りとしての物語」に介入することが可能となります。

これは，"語り"が成立しない事例では特に有効です。たとえば，ロールシャッハ・テストなどの心理検査法や描画などのイメージ技法についても，表現

された内容の分析以前に，そこでクライエントと臨床心理士が検査やイメージ行為をともに行うという，行為の共同性が存在しています（下山，1990）。そこで，"語り"が成立しない事例に対しては，まずそのような"行い"を共同する関係性を「実践の物語」として構成し，次にその関係性に基づいて協力して何らかの"行い"をし，その"行い"を遂行できたことをともに喜び，それについて語り合うことで"語り"を生成することが可能となります。

"行い"を共同する関係性に支えられて，適切な"行い"を遂行でき，それをともに喜べることが，人が生きていく上での基本的な自信となります。たとえば，ハイハイしていた幼児が，立ち上がることで家族に祝福され，さらに1歩歩みを進めることができた時の自信に満ちた表情は，自信をもつことに関して，いかに行為の共同性が重要かを示しています。このことと密接に関連しているのが，遊戯療法です。遊戯として表現された内容の象徴的意味の分析以前に，ともにごっこ遊びをするという"行い"の共同性が，その子どもの自己についての自信の形成と物語の生成に大きく寄与していることを忘れてはなりません。

このように"語り"以前の，"行い"に基づく関係性があり，そのような関係性を調整することで事例の物語の展開に介入できることが明らかとなります。特に「語りとしての物語」が成立しない事例については，このような関係性を調整することで語りを生成することが可能となります。したがって，語り以前の行為や関係性を"観る"技能を高めるためにも発達心理学の発想や知識をまなぶことが前提となります。

行う―診る

以上の考察から，"行い"を"観て"，それを"導く"ことの重要性が明らかになりました。ところが，実際に行いを適切に導くことは容易ではありません。適切に"導く"ためには，単に"導く"技法を習得するだけでは十分ではありません。それは，「劇としての物語」の行いを遂行する機能の質が人によって違っており，それぞれの人の機能を見極め，それに適した指導が必要となるからです。そして，それが特に問題となるのは，実行機能の障害がある場合です。実践の対象となる事例では，単に行いが不適切であるとか，偏っているという

のではなく，ある種の行動を行う機能が障害されており，その結果として行動の異常が生じているといった場合が多いのです。そのような場合は，その人の実行機能の障害に対応した指導の方法が必要となります。

　しかし，実践の事例における実行機能の障害は実に多種多様であり，しかもはっきりわかりにくく，見分けがつきにくいという問題があります。したがって，行いを導くための見立てを立てる場合には，単に"行い"を"観る"だけでなく，その機能の障害を見極める，つまり"診る"技能が必要となります。

　このような機能の障害は，実践のあらゆる側面にかかわってきます。たとえば，実践の最も基本的な機能である「語りを聴く」ことについても，機能の障害との関連で混乱を生じさせてしまう危険性が出てきます。それは，語りを安易に聴くことによって，語り手の語る機能の障害を引き出してしまう危険性があるからです。精神障害はほとんどの場合，認知（思考）機能の障害を伴っており，それは語る機能の障害として表れます。たとえば，統合失調症における認知機能の障害である幻聴や妄想は，「語りとしての物語」において語り手の真実として語られます。聴き手である臨床心理士に，それが知覚異常や思考異常による幻聴や妄想であることを"診る"技能がなく，事実として聴いてしまう場合には，臨床心理士は，語り手の病理を引き出し，現実場面での混乱をさらに悪化させてしまいます。

　この他，抑うつの場合には，罪責妄想や微小妄想を含む独特の悲観的な物語が語られます。パーソナリティ障害では，行動化の裏に自己中心的な認識と，それに基づく自己中心的な物語があり，臨床心理士は，その物語に巻き込まれてしまいがちです。特に境界性パーソナリティ障害では，"見捨てられる"という悲劇の物語がまことしやかに語られ，臨床心理士は，そのイメージ過剰の問題に気づけずに「語りとしての物語」に聴き入ってしまう危険が常にあります。発達障害では，認知の偏りや硬さがあり，こだわり行動や多動などが生じます。不安障害では，自動思考となっている不安に満ちた物語が繰り返し語られます。解離性障害では，劇的な物語が語られ，演じられます。

　このように，精神障害には，認知機能の障害によって形成された独特の「語りとしての物語」があり，語り手であるクライエント自身がその物語に巻き込まれている事態と見ることができます。したがって，このような独特の物語に

臨床心理士が巻き込まれることは，その障害をさらに混乱させることになります。語り手の認知機能の障害を診ずに，安易に「語りとしての物語」に聴き入ることは，危険極まりないわけです。

また，「劇としての物語」ではさまざまな行動の問題が見られますが，それは，単なる身体機能の障害ではなく，精神障害による行動機能の障害の表れとして診ることができます。したがって，「劇としての物語」への介入に当たっては，まず精神障害との関連で行動の問題を"診る"技能が必要となります。

このように，「語りとしての物語」においても「劇としての物語」においても，認知機能や行動機能の障害の表れとして，物語の遂行が不全に陥っている場合があります。そこで，事例の物語への介入に際しては，物語の遂行不全の背景にある障害のストーリーを「読み分け」，「語りとしての物語」や「劇としての物語」の意味を「読み解く」ことも可能となります。たとえば，理解しがたい突飛な行動が繰り返される事例において，そこに認知機能の障害として妄想のストーリーが介在していることを「読み分ける」ことで，事例の当事者の行動の意味を「読み解く」ことが可能となる場合があります。このような物語の「読み分け」の作業の前提として重要となるのが，"診る"技能です。

機能障害を"診る"ために，さまざまな検査法が開発されています。心理学の検査法としては，知能検査と性格検査，脳の障害を調べる神経心理学的検査があります。特に発達障害に関する認知機能の障害を診るためには，知能検査の結果が参考となります。性格検査は，さらに質問紙法と投影法に下位分類されますが，いずれの心理学検査法も認知機能の特徴や障害を測定し，それから行動の障害を予測するものとなっています。臨床心理士は，機能の障害を"診る"技能を高めるために，検査法の技法をまず身につけることが求められます。

しかし，いつでもどこでも心理検査ができるわけではありませんし，またすべきでもありません。そこで，重要となるのが行動を観察し，認知機能を含めてさまざまな機能障害を"診る"技能です。特に認知機能の障害に関しては，実際に生起した事実とそれについての認識を比較して，評価することになります。ただし，臨床心理士は全ての事実を観察できるわけではないので，この評価を行うためには"訊く"技能が必要となります。これは，機能障害を"診る"ための"訊く"技能であり，面接法のうち調査面接法に相当するものです。前述

したように，"聴く"ための"訊く"技能は，語り手の語りの進行に沿って質問を出していく臨床面接法に当たり，臨床心理士はあくまで聴き手の立場でした。それに対して，"診る"ための"訊く"技能は調査面接法に当たるので，情報収集が目的であり，訊き手である臨床心理士には，調査対象についての情報の領域と水準を予め明らかにしておき，それに従って積極的に情報を引き出す技術が必要となります。

したがって，"診る"ための"訊く"技能を磨くためには，まず訊き手である臨床心理士が調査対象についての情報の領域と水準を予めもっていることが必要となります。この領域と水準に相当するのが，精神障害の分類です。クレペリンを祖とする伝統的な診断分類は病因論に基づく体系となっており，そこでは精神疾患（mental disease）の診断が目的となっていました。それに対してDSMは記述症候論に基づく体系となっており，疾患とは必ずしも一致しない精神障害（mental disorder）の分類が目的となっており，分類基準として具体的な行動や認知の障害の特徴が示されています。記載されている基準は，行動や認知の障害のエピソードの現象記述であり，それぞれの精神障害で生起しやすい物語のストーリーの類型として理解し，「劇としての物語」における「行い」や「語りとしての物語」における「語り」の障害のストーリーを「読み分ける」，つまり障害を"診る"ための具体的な照合枠として利用できます。

このように，"診る"技能を磨くためには，検査法の技法の習得とともに，精神障害の分類体系を含む異常心理学（たとえば，Davison & Neale, 1994）の知識を学習し，それに基づく調査的面接法を習得することが必要となります。

診る—導く（演技指導）

実践における"診る"ことは精神医学における「診断」に，また「診るために訊く」ことは「問診」に類似した作業です。しかし，精神医学では，基本的に機能障害を精神疾患の症状と見なした上で，その症状を確定し，症状管理に基づく治療が目指されます。それは，医学モデルに依拠したものであり，症状は生物学的な機能不全によるものと想定され，薬物治療が重視されます。したがって，そこでは厳密な症状分析が目的となり，そのために信頼性の高い「問診」が第一に求められます。

それに対して臨床心理実践では，機能障害を人生の物語を生きる機能の不全として理解し，その機能障害を抱えつつどのように人生の物語を構成していくのがよいのかを探ることが目指されます。したがって，臨床心理実践では，精神医学のように機能障害を症状として"管理"することが目的ではなく，事例の当事者が機能の障害を抱えつつ自己の人生の物語を生きていくのを"援助"することが目的となります。また，精神医学とは異なり，機能障害を症状単位に"分析"することよりも，その機能障害をその人の人生の物語に"統合"していくことが重視されます。そこで必要となるのが，認知行動療法の機能分析とそれに基づくケース・フォーミュレーションです（下山，2008）。

　このように，臨床心理実践における"診る"技能は，精神医学の診断とは異なり，事例の物語の機能障害を見極め，その機能障害を抱えつつ自己の物語を生きる方向を探る技能です。そこで，実践においては，"診る"技能によって明らかとなった機能障害に対する対処の仕方を見出し，適切な物語の展開に向けて"導く"技法が必要となります。その際に注意することは，精神障害の分類は，あくまでも一般的な分類基準であるということです。その一般的分類を個別の事例の物語の機能障害として具体的に理解し，しかもその機能障害への対処の方法を"導く"実践の作業は，医師が患者の病理を一般的な障害分類に一方的に診断していくのとは異なり，事例の当事者との間の具体的な協働作業となります。

　したがって，実践においては，単純に「精神障害」＝「病気」とは見なさず，あくまでも機能障害として，その障害に適した対処の仕方を事例の当事者とともに探ることが目的となります。そして，精神障害を機能障害として理解することは，特に認知機能の障害に注目することで可能となります。認知心理学の最新の成果が示すように，認知機能は単に認知的側面だけでなく，"語り"を含めて人の"行い"全般と密接な関連があります。そこで，対象となる事例の精神障害の認知機能の特徴を"診て"，その認知過程に介入することで"行い"を調整し，機能障害への対処法を"導く"ことが可能となるわけです。このような認知過程に介入する技法として，事例の当事者にその認知の偏りを伝え，当事者自身が自己の認知の偏りを修正することで行動も修正していく過程を自己モニターできるようにして"行い"を"導く"技法が認知行動療法によって

提案されています（Westbrook *et al.*, 2011）。

"みる"ことの難しさと"読む"ことの必要性

本章で検討した"みる"技能は，個々の"行い"を客観的に分析する技術です。そのため，"みる"技能にこだわればこだわるほど，行いを対象化し，その細かな部分に注目するようになります。しかも，個々の行いばかりみていると，"木を見て森を見ず"のように「劇としての物語」の全体のストーリーが見えなくなります。個々の行いは，それ自体としては意味をもたず，「劇としての物語」のコンテクストに位置づけて初めて意味をもつものです。したがって，個々の行いを"みる"技能にこだわることは，対象を分析することだけに目が行き，物語全体のコンテクストとの関連性を見失い，意味のない介入を導いてしまうという難しさがあります。

たとえば，被害念慮といった事態を考えてみます。たしかに，そこには思考障害といった個人の機能障害の可能性が見てとれます。しかし，その人が所属する集団の責任者にリーダーシップが欠如しており，集団の混乱の犠牲者として実際にその人が心理的に追いつめられる状態にあったとすれば，個人の機能障害だけを"診て"，"行い"を"導く"介入は，周囲が責任者のリーダーシップの欠如という社会的機能の問題を見過ごすことに協力し，事例の混乱を長期化する手助けをすることになってしまいます。

そこで，事例の物語への介入に当たっては，"みる"ことができた出来事から物語のストーリーを読み取り，物語全体を展望し，それとの関連で介入の意味を判断しなければなりません。したがって，"行い"に対して適切な介入をするためには，「劇としての物語」の全体を"読む"技能が必要となります。

なお，"みる"ことで全体との関連性を見失うもう一つの問題として，「語りとしての物語」の無視ということがあります。「語りとしての物語」を"きく"技能では，臨床心理士は，"語り"に共感し，クライエントと事例の物語を共有することが目指されます。それに対して行いを"観る"技能，あるいは物語の遂行機能を"診る"技能では，前述したように"行い"を対象化し，客観的に分析することが目指されるため，事例の物語を共感的に"聴く"ことができなくなります。そのような場合，クライエントを単に病者と見て，クライエン

トの生きている意味を見失うことになります。

　"みる"技能と"きく"技能という，相反する性質をもつ両技能を統合するために必要となるのが，"読む"技能です。前述のように，「語りとしての物語」を適切に"きく"ためには，"読む"技能が必要とされました。したがって，「劇としての物語」を"読む"技能があれば，そこで「語りとしての物語」についての"読み"と「劇としての物語」についての"読み"を重ね合わせて事例の物語の全体を読むことが可能となります。そうすることで，生きている意味を含んだ厚みのある物語として，事例を理解することが可能となります。

　たとえば，統合失調症の事例で妄想や幻聴などの認知障害を機能障害としてだけ"診て"いたのでは，事例を対象化するだけで，事例の当事者の「語りとしての物語」を共感的に"聴く"ことができなくなります。逆に妄想や幻聴などの語りを共感的に"聴き"過ぎた場合には，事例の機能障害を"診る"ことがおろそかになります。単に妄想や幻聴を機能障害として"診る"だけでなく，その語りの意味をその人が生活している「劇としての物語」との関連で読み取り，その意味を踏まえて「語りとしての物語」を"聴く"ことができるならば，"みる"ことと"きく"ことを適切に統合したことになります。

3　「生活」にかかわる技能

再び"読む"技能へ

　私たちは，生活場面において家庭，学校，職場，地域といった社会関係を生きています。したがって，自己の物語を"生きる"ことは，同時に所属する社会の物語を"生きる"ことでもあります。この点で私たちは，個人と社会が重なり合う物語を生きていると言えます。たとえば，「語りとしての物語」にしても，単にそれを語り手個人の"語り"によって生成されるものと見なすことはできません。物語文学と口承文学が深く重なることからもわかるように，語られる物語は，本来他者と対話し，伝え合うことで共同生成されるものです。噂話や世間話などを含めて考えるならば，「語りとしての物語」は，社会集団，つまり共同体の中で，伝達，解釈，修正，再生されながら共同生成された社会的物語が，個人の口を借りて語られているといった側面が多分にあります（野家，1996）。

このような個人と社会が重なり合う物語を「生きる」という側面は,「劇としての物語」ではさらに強くなります。というのは,個人の"行い"は,その人の内面の発動としてだけでなく,「劇としての物語」のプロットに規定される役割行動として行われる場合が多いからです。したがって,私たちは,自分自身で主体的に自分の行動を決定していると思っていても,実際は所属している社会集団から期待される役割を果たしているといった側面があります。その点で自己の物語を"生きる"ことの中には,「劇としての物語」における役割を"演じている"側面が多分にあるわけです。

　そこで,事例の物語に介入する際には,事例の当事者の「劇としての物語」における役割に注目し,その役割を変えていくことが必要となります。ただし,劇の中の"役"は,劇の物語全体の中に位置づけられて初めて意味をもつものです。そのため,事例の当事者が"演じる"役割が劇の中でどのような意味をもつのかを理解するためには,まず「劇としての物語」の全体との関連で部分の意味を"読む"技能が必要となります。

　したがって,「生きられる物語」については,"行い"を"観て",そこで演じられている「劇としての物語」の全体を"読む"技能が求められることになります。「語られる物語」については,"語り"を"聴き",その「語りとしての物語」を"読む"技能が求められます。したがって,実践活動として事例の物語に介入し,当事者が自己の物語を生きられるように援助する際には,臨床心理士には既述した「聴く―読む」技能に加えて,新たに「観る―読む」技能も含めた2種類の"読む"技能を使いこなすことが必要となります。

　この2種類の"読む"技能は,同じ"読む"行為ではありますが,両者を使い分け,しかもそれらを統合していくのには高度な技術を要します。というのは,「劇としての物語」を"読む"ためには,「語りとしての物語」を"読む"のとは異なる特殊な技術が必要となるからです。「語りとしての物語」では,まずプロットが語られ,そこから物語のストーリーを"読む"技能が求められました。しかし,「劇としての物語」では,その逆で,まず"観る"ことができるのは,日常場面で時間の経過に従って生起する出来事のストーリーです。そこで,「劇としての物語」では,ストーリーから,その背後で物語を規定しているプロットを"読む"技能が必要となります。

「劇としての物語」を読む

「劇としての物語」において，出来事の時間的配列であるストーリーは単なる現象であり，実質はその背後にある「劇としての物語」のプロットに支配されています。実践の対象となる事例では，それぞれ異なる混乱した出来事が見られます。しかし，いずれもその混乱が解決されず，同じパターンが繰り返されるストーリーになっている点では共通しています。これは，プロットが劇の出来事の生起のルールを支配し，ストーリーをパターン化させているからです。ほとんどの事例において，いずれの当事者や関係者も困惑しているのにもかかわらず，まるでシナリオがあるかのように同じパターンのストーリーが繰り返され，問題の解決に向かって新たな方向に物語が展開できなくなっています。その"シナリオ"が「劇としての物語」のプロットに相当するわけです。心理的に不安定な人は，確固たる自己の人生の物語をもてないでいる状態ですから，このような「劇としての物語」のプロットに最も巻き込まれやすいのです。

「劇としての物語」のプロットは，裏で物語のストーリーの展開を支配しているので，一見しただけではわかりません。一目で"観る"ことができる出来事は，プロットの表れのほんの一部です。それは，時間経過の中で円環的に繰り返されるストーリーのある部分を切り取った側面（パンクチュエーション）に過ぎないわけです。したがって，それだけ観て事例の問題の原因を決めつけるのは短絡的と言わざるを得ません。たとえば，登校拒否の事例で，繰り返されていた母親との口論の後に登校拒否が始まったとしても，母子関係の悪化が登校拒否の原因とは限りません。その背景には，夫婦の不仲が，さらにその背景には見えざる嫁姑の対立があり，実はその子どもは嫁姑の対立に巻き込まれていたというプロットを考えることができます。そのような場合，嫁姑の対立を中心とした悪循環が物語のプロットとしてあり，その表れとしてさまざまな家族のメンバー間の対立や混乱が繰り返し生じていたと"読む"ことができます。

このような事例の物語のストーリーを支配する悪循環については，家族療法によって，単純な「原因─結果」論である直線的因果律とは異なる円環的因果律として論じられています。「劇としての物語」のプロットは，この円環的因果律に基づいており，それによってパターン化した，出口のないストーリーが生起することになるわけです。円環的因果律はその社会システムの構造によっ

て構成されているので，事例の物語のプロットを"読む"ためには「劇としての物語」のメンバーからなる集団システムの構造の特徴を明らかにする必要があります。

ところが，臨床心理士は，実際には事例の物語の全ての出来事を観察できません。そこで，ここでも"訊く"ことによって物語のストーリーを明らかにし，そこからその集団システムの構造と円環的因果律に基づくプロットを"読む"ことになります。システムの構造の特徴を明らかにするためには，当然家族療法で重視されるシステム論の基礎概念を知っておく必要があります（本シリーズ第4巻参照）。その上で，システム内の差異や文脈について"訊き"，そのシステムの構造と円環的因果律に関する"読み"（仮説）を深め，事例の物語のプロットを明らかにしていくことが，臨床心理士の"読む"技能として求められることになります。

演じる―演出する

「劇としての物語」のプロットが明らかになるにしたがって，事例の当事者を含めて登場人物のそれぞれが"演じる"役割の意味が見えてきます。そこで，次に臨床心理士が行うのは，事例の当事者の役割を変え，新たな物語を生きられるように援助することです。

しかし，いくら個人の役割を変えたところで，「劇としての物語」のプロットそのものが変わっていなければ，結局は以前と同様のパターン化されたストーリーが円環的に繰り返され，登場人物は新たな物語を生きることはできません。逆に物語全体のプロットが変われば，個々の登場人物の役割は変わってきます。そこで，臨床心理士は，単に個人の役割を変えるだけでなく，プロットを含めて「劇としての物語」が新たな方向に展開するような介入をする必要があります。これは，個々の役者の演技指導（="行い"を"導く"こと）だけでなく，シナリオの書き換えも含めて劇全体の進行に責任をもってかかわる「演出家」の仕事に相当します。したがって，臨床心理士には，演出家として「劇としての物語」全体の進行を"演出する"技能が求められることになります。

「演出する」ことは，劇の主要な登場人物である事例の当事者や関係者と協力して新たな物語を共同製作していくことです。共同製作に当たっては，事例

の物語はすでに「劇としての物語」として進行しているので，まず臨床心理士は「劇としての物語」に参加し，その劇のメンバーたちに演出家として認められることから始めなければなりません。

しかし，「劇としての物語」には，プロットに支配された独特の対人関係のパターンがあり，そこに安易に参加することは，臨床心理士がそのプロットに取り込まれることになりかねません。たとえば，ダブルバインド（二重拘束）と呼ばれる，同時に相矛盾する二つのメッセージに応じなければならないような，複雑なコミュニケーション・パターンに，臨床心理士は知らず知らずのうちに巻き込まれていきます。また，集団システムには，その集団の現状を平衡維持しようとするホメオスタシスの機能があるとされますが，そのような集団力学を考慮せずに安易に集団のメンバーの行いに介入した場合，集団システムがその介入に反応して，一層閉鎖的になっていく危険性もあります。

したがって，「劇としての物語」への参加に際して臨床心理士は，円環的な質問をすることで，その集団システムの構造の歪みと，それによって構成されている物語のプロットを読みつつ，物語に巻き込まれないように介入することが必要となります。システムについて"訊く"ことを通して，次第に臨床心理士と事例の当事者や関係者との間で，事例の物語のプロットについての"読み"（＝仮説）を共有する「実践の物語」が生成され，それを媒介として「劇としての物語」に介入できるようになっていきます。

このように「実践の物語」を媒介として臨床心理士は，演出家として「劇としての物語」の一部に参加します。そして，そこで新たな劇のストーリーの展開に向けて登場人物に演技課題を出し，それを"実演"してもらうことで「劇としての物語」を演出していきます。日常場面で"演じて"きてもらう宿題を出すこともあります。そのようにして，次第に「劇としての物語」全体を演出できるようになると，劇の登場人物であるメンバー間の関係も変わり，その結果システムの構造が変わり，それを通してプロットも変化することになります。

なお，事例の物語において問題の解決に結びつかないストーリーのパターンが繰り返される点に注目するならば，「劇としての物語」を構成する集団システム自体が，問題を未解決にしたまま維持する物語のプロットにはまり込んで機能不全となり，そこから抜け出せないでいる事態として"読む"こともでき

ます。前節で論じたように「劇としての物語」の個々の行いの問題については，行為者である個人の機能不全として"診る"技能が必要とされました。しかし，集団そのものが当面の問題を解決できないでいる場合には，個人ではなく，その集団システムの社会的機能の不全として，物語のストーリーを読むことができるわけです。

その場合には，社会的機能を不全としているプロットを「読み取り」，そのプロットに代わるものとして，問題の解決につながる新たなプロットを「読み直し」，事例の物語を展開させていく"演出"技能が臨床心理士には求められます。事例の物語が問題を維持するプロットにはまり込んでいるならば，その問題を外在化する必要があります。あるいは，そのプロットにはまり込んでいない例外の出来事を見つけて，それを新たな物語の「読み直し」に向けて利用することもできます。

いずれにしろ，「もし……ならば……となるでしょう」といった仮定法を使った対話で，過去のストーリーにとらわれない新たなプロットの「読み直し」をしていくことになります。そして，問題を未解決なままにしているプロットに代わる新たなプロットに基づく"行い"を実演する"演技指導"を行い，物語全体を新たな展開に向けて"演出する"技能が臨床心理士に必要となります。システムの構造を探るよりも新たなプロットを「読み直し」，それを「実演」させていくことが物語を現実の社会の中に構成していくことにつながるという社会構成主義（social constructionism）の考え方が，その前提となっています。

生活する―場をしつらえる（舞台設定）

臨床心理士が「劇としての物語」の集団システムに演出家として介入するという方法は，あくまでも実践の場という枠組みの内にその集団のメンバーが来談することが条件となっており，そこでメンバーと臨床心理士（のチーム）との間に「実践の物語」を生成し，それを通して「劇としての物語」に影響を与える援助構造となっています。そのため，前述の"演出"技能を適用するには，集団がある程度のまとまりをもち，しかもそのメンバーが自らの問題に対処するために実践の場に来談し，問題について語り合うだけのパワーを備えていることが条件となります。

しかし，実際には，そのような援助構造に当てはまらない場合は数多くあります。システムとは，"部分と部分の間に関連性のある集合体"として理解されるように，ある程度のまとまり，つまり秩序を前提とする概念です。ところが，精神障害やパーソナリティ障害（特に境界性パーソナリティ障害）がかかわる事態では，その障害自体に混沌親和性があり，秩序を前提とするかかわりに対しては逆に混乱する場合があり，そのような場合にはこうした援助構造は適しません（下山，1995）。第16章の結花さんの事例もそれに当てはまります。また，集団が混乱，あるいは疲弊しているため，問題解決に向けて来談し，語り合うパワーがその集団に残されていない場合もあります。

このように新たな物語を生成するパワーがそもそもその集団にない場合もこうした援助構造は適しません。さらに，学校のクラス，会社の職場，地域の住民といった，多人数が関与する生活集団に問題がある場合も，実践の場に来談できる人数は限られているので，対処できるスケールが限られます。したがって，「劇としての物語」の集団システムに介入する方法は，ある程度のまとまりをもち，新たな物語を生成するパワーを備えたシステムに限られることになります。

そこで，「劇としての物語」に問題があったとしても，問題が広範囲にわたり，しかも関連する集団のまとまりがなく，また変化に向けてのパワーを備えていないような事例では，その集団を実践の場に来談させて新たな物語を"演出する"技法を適用できません。そのため，そのような事例に対しては，関連する集団システムを実践の場に来談させるのではなく，逆に臨床心理士が，事例の物語が生じている日常生活の場面を構成する社会的環境自体に介入する必要が出てきます。日常生活の場面とは，「劇としての物語」の「舞台」に相当します。したがって，そのような事例では，「劇としての物語」の舞台そのものに介入し，舞台である社会的環境として新たな物語の展開を可能にする「場」を"しつらえる"ことが目標となります。

臨床心理士は，「劇としての物語」の状況から舞台設定の問題点を「読み取り」，事例の当事者が自己の物語を生きられるように，関係者の協力を得て社会的枠組みをしつらえます。物語を「生きる」ことは「生活する」ことであり，物語を生き抜く力の原点は生活力です。したがって，臨床心理士には，事例の

当事者が生活し，物語を生きられるような場を社会的環境としてしつらえる"舞台設定"技能が求められることになります。そのための技法として，危機介入，コンサルテーション，ソーシャルネットワークの形成といったコミュニティ心理学の方法があります（本シリーズ第5巻参照）。臨床心理士は，事例の物語のキーパーソンにコンサルテーションを行い，あるいは関係者と連携して事例の物語が展開できるようなソーシャルネットワークを整えます。

　このようにして臨床心理士と事例の当事者，それに関係者との間で生成される「実践の物語」は，当事者が自己の物語を生きるための出発点となります。たとえば，第16章の結花さんの事例では，臨床心理士と結花さんと看護師長との間で生成された「実践の物語」は，信頼できる人間関係が，結花さんが自己の物語を生きることを支える社会的環境となっていました。病院臨床や学校臨床では，臨床心理士と事例の当事者，そして関係者である医師や教師との間で生成される「実践の物語」は，当事者が自己の物語を生きる際の社会的環境として重要な意味をもつことになります。

　したがって，ここでの臨床心理士は，演出家といった特別な立場ではなく，「劇としての物語」の登場人物の1人として，事例の物語に関係するさまざまな社会的資源をつなぎ，新たな物語が生成する枠組みを「しつらえる」ための「コーディネーター」（つなぎ役）といった立場となります。ここで重要なのは，新たな物語の展開を引き起こすのは臨床心理士ではなく，臨床心理士はあくまでも新たな物語が生成するための舞台を「しつらえる」役回りとなることです。

"読む"ことの難しさと"聴く"ことの重要性

　私たちは，社会的関係を生きています。したがって，社会的物語である「劇としての物語」を"読む"ことで事例の物語への介入の方向性を探ることは，実践においては必須の作業です。しかし，「劇としての物語」を"読む"ことには，二重の難しさがあります。まず，見えにくい物語のプロットを"読む"ことの難しさがあります。そして，それに加えて，「劇としての物語」を構成する集団システムや社会的環境に介入した後の物語の展開を"読む"ことの難しさがあります。「劇としての物語」は，個々の構成メンバーの自己の物語を超えた上位システムとして機能しています。そのため，「劇としての物語」に

介入が行われた場合,事例の物語は個々の構成メンバーの自己の物語を超えたところで展開し,そしてそれに強い影響を与えることになります。

このような状況においては,事例の当事者を含めた個々のメンバーの自発性や主体性が台無しにされてしまう危険性が出てきます。「劇としての物語」の観点からは事例の物語は改善されたとしても,事例の当事者が自己の物語を生きるという点では,むしろ物語を生きる主体性が失われてしまう場合があり得るわけです。そのような自己の物語の展開をも含めて,介入後の事例の物語の展開を"読む"ことが,「劇としての物語」への介入では特に困難になります。

この点と関連するのが,「劇としての物語」への介入における操作性の問題です。たとえば,家族システムへの有効な介入を重視する家族療法では,新たな家族の物語を"演出する"ためにマジックミラー（ビデオ）や介入チームと観察チームといった特別な仕組みを用意します。実践の場を,そのような特別な仕組みを備えた舞台とし,そこに家族を招き入れます。そして,その舞台において臨床心理士（チーム）は,家族システムとの間に「実践の物語」を生成し,それを通して「劇としての物語」の展開を"演出する"ことになります。その際に用いられる"演出"技法には,集団の物語のプロットに対して操作的,人工的に介入する側面があります。システム論でしばしば用いられる戦略やゲームという概念が示すように,"演出"技法には,臨床心理士主導で既存のシステムの秩序（ルール）を新たな秩序（ルール）に操作的に替え,それによって物語のプロットを差し替えていくといった側面があります。そのため,変化が劇的に起きることはありますが,それが日常生活場面における事例の物語の自然なコンテクストとそぐわない場合も出てきます。その場合には,集団の物語は変化したとしても,個々人が自己の物語を「生きる」という点で無理が生じる危険性が出てきます。

自己の物語を生きることの原点は,生活力であり,それは他者に与えられるものではなく,自らが紡ぎだしていくことが重要となります。いくら,臨床心理士の専門的な力によって「劇としての物語」を展開したとしても,それが個人の生きる力にならなければ意味がないわけです。むしろ,個人の生きる力が台無しになるような場合は,結局事例の当事者は専門家の治療の物語や理論モデルの物語を生きさせられることになっており,専門家の力が権力として行使

されています。身体的あるいは心理的機能の障害のために事例の当事者の物語を「生きる」力が低下している場合には，特にその危険性が高くなります。

　セルフヘルプ活動やデイケアなどの実践活動では，身体的あるいは心理的機能の障害のために事例の当事者の物語を「生きる」力が低下している事例が多いだけに，このように専門家の物語を生きさせられることに対しては特に敏感になります。そこでは，それがどんなにわずかなものであっても，むしろわずかであるからこそ，自己の物語を生きる生活力を守り，蓄えることが最も重要な意味をもつのです。そのために物語を自ら生み出し，そこから生きるパワーを得ていくエンパワーメントの過程が大切となります。

　このような物語過程の意味を考える時，改めて「語る─聴く」関係が実践の原点として必要とされることを確認できます。物語は，本来社会的物語として，個人の物語を支配する機能を備えています。国民を扇動するための全体主義の物語，あるいは市民の消費を煽るマスメディアの物語によって個人の物語が取り込まれ，マインドコントロールされていくことは日々生じています。したがって，物語の観点から事例に介入する際には，常に物語の操作的支配性に注意しなければなりません。そして，そのためには，物語の原点として当事者の語りを"聴く"ことを常に重視する姿勢が必要となります。

4　全体から部分へ

　これまでそれぞれの理論モデルの技法として別々に論じられてきた実践の技能を，別々なものとしてではなく，事例の物語を遂行する技能として統一的に論じました。いずれの技能も，「語りとしての物語」「劇としての物語」「実践の物語」からなる全体の物語を遂行するために必要な技能であり，どれ一つとして独立して別々に機能するものではありません。したがって，実践の技能を高めるためには，常に物語の全体との関連を見て，その中に個々の技法を位置づけ，さらには組み合わせて物語を生成する場の機能を高めることが重要となります。そこで，事例への介入に当たっては，個々の理論モデルに基づくのではなく，常に物語の全体との関連を考慮し，適切な技法を採用し，それらを関連づけるといった発想の転換が必要となります。

　この発想の転換は実践の枠組みの問題とも関連してきます。これまでは，ま

ず実践の枠組みで日常場面とは異なる実践の場を区切り，その中で実践活動を行うといった発想が強かったと言えます。しかし，事例の物語の全体との関連を考慮するならば，まず実践の場を区切るのではなく，当該の事例の物語の機能の問題を把握し，それとの関連で枠組みを決めていくことが重要となります。しかも，それぞれの物語の機能は互いに関連しているので，物語の全体を展開させるためには，物語の機能を枠組みで区切ることよりも，枠組みを開放し，それぞれの機能をつないで物語が生成する場を構成していくことが重要です。

物語の機能ごとに区切って理解する発想は，住宅の建築にたとえるならば，モデルルームを組み合わせた，まとまりのないモデルハウスのようなものです。本来，住宅は，家族の成員が各自の人生の物語と家族の物語をそこで営む場です。各部屋は，それぞれ家族の成員が生活するのに適した機能をもち，家族が語り合う居間を中心にそれらの部屋が集まって自然に一つの家が構成される構造となっています。まずその家で生活する家族の物語があり，その中でそれぞれの部屋の機能が決まってくるのです。まずモデルルームがあり，それの組み合わせによって家ができるわけではないのです。このたとえでは，居間に相当するのが物語機能の中でも最も基本的な「語る―聴く」機能です。また，家族の物語を発展させていくためには，それぞれの部屋を区切るのではなく，各部屋の機能的なつながりが重要になることは言うまでもありません。

〈引用文献〉

Davison, G. C. & Neale, J. M. (1994). *Abnormal psychology* (6th ed.). Wiley.（下山晴彦（編訳）(2006-08). テキスト臨床心理学全5巻＋別巻　誠信書房）

野家啓一 (1996). 物語の哲学　岩波書店

佐伯胖・佐々木正人（編）(2013). 新装版 アクティブ・マインド　東京大学出版会

下山晴彦 (1990).「絵物語法」の研究――対象関係仮説の観点から　心理臨床学研究，**7** (3), 5-20.

下山晴彦 (1995). 境界例援助における「手応え感」の意味――「つなぎ」モデルにおける個人と家族　心理臨床学研究，**13** (1), 3-25.

下山晴彦 (2008). 臨床心理アセスメント入門　金剛出版

Westbrook, D., Kennerly, H., & Kirk, J. (2011). An introduction to cognitive behaviour therapy: Skills and applications. Sage.（下山晴彦（監訳）(2012). 認知行動療法ガイド　金剛出版）

第19章 ●● 改めて実践の基本を考える

1 行為としての知

実践の基本となる知のあり方

　第4章では，混乱と秩序，実践と理論といった矛盾する事柄の間につながりを見出し，そのつながりを育てていくのが実践知であると指摘しました。このことからもわかるように，実践と理論は，互いに矛盾する異質性をもち合わせつつも，決して互いに相容れない対立物ではありません。むしろ，異質であるからこそ，両者の間に自然なつながりができた時には，実り豊かな成果を生み出せると考えられます。ですから，よりよい実践を行うためには，理論を否定するのではなく，実践を活かす理論，あるいは実践で活きる理論を生み出す実践ということを常に考えていかなければなりません。

　このように考えるならば，実践知とは，単に実践に役立つ理論に関する知ではなく，そのような理論を実践で利用する技能，さらには実践の中からそのような理論を生成する技能を含む知の総称ということになります。つまり，理論だけではなく，その理論の使い方やつくり方という"技(わざ)"を含む知ということです。しかも，技を含むという点で，実践知はその技を使いこなして初めて意味をもつ知でもあり，このようなあり方を強調するならば，「行為としての知」と表現できます。

　ところで，皆さんは，このような知のあり方を具体的にイメージできるでしょうか。そのようなものは空想の産物であって，実際にはあり得ないと考える人もいると思います。実践知などという，理論と実践が融合した"知行合一"の状態は，悟りを開いた達人の境地であって，凡人のよくするところではないと主張する人もいると思います。

　しかし，果たしてそうでしょうか。このような知のあり方があり得ないと考える人は，かなり自然科学の理論概念や知のあり方に毒されているのではない

でしょうか。自然科学の知では，客観的論理性が原理となっています。そのため，自然科学の理論概念を前提とする限り，理論は混乱した現実に具体的にかかわっていく実践とは対立する互いに相容れない対立するものというイメージが強くなります。それは，自然科学の知の限界を越えられていないということです。臨床心理学のような「行為としての知」のあり方については，モデルを自然科学の知に求めるのではなく，思考すること（知）と行為すること（行）が自然に重なり合っている，日常生活の知に求めることが必要となります。

　ところで，臨床心理学は実践の学であることを強調しておきながら，いつのまにか本章の語り口が理屈っぽいものとなっていることに気づきました。実践知ということで現場に即したわかりやすい話の展開を期待していた読者の皆さんは，消化不良気味かもしれません。

　そこで，以下では少し趣向を変えて，お口直しに料理の比喩を用いて臨床心理学の知について考えてみたいと思います。

料理を通してみた実践知の独自性

　ここで実践知の例として思いつくのが，"料理"です。料理そのものは，食事をつくるという行為です。しかし，食事をつくるためには，そのための知識が必要となります。特にお客さんに満足してもらえるおいしい料理をつくる料理人になるためには，料理についての"実践知"が必要となります。実践知は，机上でまなべる知識とは本質的に異なるものです。レシピを知っているだけでは，「料理ができる」ことにはなりません。また，料理についての理論，つまり栄養学や調理法についての知識をいくら豊富にもっていても，おいしい料理を実際につくることができなければ意味がありません。見よう見まねで料理ができても，料理についての体系的な知識がなければ，応用が利かず，お客さんのニーズに応えられる専門の料理人とは言えないでしょう。

　このように専門的な料理の知は，理論的な知識だけでなく，そのつくり方，つまり料理の技法についての知識があり，実際にその料理をつくる技能を伴っていて，初めて意味をもつものとなります。その点で料理の知は，「行為としての知」である実践知の代表例にふさわしいでしょう。

　第4章では実践が出来事であることを示し，臨床心理学における理論と実践

の矛盾を指摘しました。この理論と実践の関係は，料理についても同様のことが言えます。おいしい料理というのは，その料理をある特定の人が食して感じる具体的出来事であって，決して料理の本に書いてあるカロリーやレシピ，あるいは料理の写真によっては生まれません。むしろ，料理の理論にこだわり，理論通りの料理をつくるならば，料理を食するお客さんの希望や健康状態などを無視することになります。お客さんは，このような料理に対しては本当においしいとは感じにくいでしょう。

料理という実践は，一般的抽象的な理論の中にあるのではなく，お客さんという特定の人の希望と料理人の技との出会いによって生じる具体的出来事と言えます。そして，料理という実践を行う中で料理に関する理論が活かされた時に，初めて実り豊かな成果が生まれます。このように臨床心理実践と料理には，多くの共通点が見られます。しかも，料理の知は，日常的で，誰にとっても身の回りにある知であり，そのあり方が理解しやすいということがあります。

そこで，以下において，実践知を理解する参考として料理の知を取り上げ，それを通して臨床心理学の知のあり方を見ていくことにします。その際，臨床心理学を一つの専門分野として位置づけ，また実践を専門的社会活動として位置づけて理解するため，料理についても，家庭料理とは異なる「プロの料理」を例に取り上げ，特に専門性という観点から実践知のあり方を検討することにします。

2　実践知と専門性

関係の展開の責任

臨床心理士の専門性は，事例の当事者との関係の展開に責任をもつことであるということはすでに指摘しました。料理という実践も，本来はお客さんと料理人との具体的な関係の産物であり，その関係の展開に責任をもつのが料理人の専門性と考えられます。

たとえば，寿司屋のカウンターでのお客さんと板前との関係を考えてみるとわかりやすいでしょう。板前がお客さんのニーズと使用できる素材から献立を決め，料理をします。献立は，実践で言えば，見立て（仮説と介入計画）に相当します。次に料理をし，それを出すわけですが，おいしい料理には，その盛り

つけや食事をする場所の雰囲気も重要になります。料理人は，ただ単に料理が上手ければよいのではなく，それを食べる場をどのように構成するかも決めなければなりません。これは，場を「しつらえる」技能に関連してきます。また，お客さんの食事の取り方を見計らって，次の料理の味つけや出すタイミングを考える必要もあります。このような見計らいに基づく一つひとつの料理の出し方は，実践では臨床心理士の見立てに基づく具体的な対応に相当します。

　このようにお客さんにおいしく食べてもらうことまでを含めて料理とするならば，料理の知は，臨床心理実践の知と同様に，相手との関係に左右される具体的で相対的な知です。そして，その具体的な関係の展開に責任をもつことが実践知に携わる者の専門性と見ることができます。

　ただし，実践では，料理に比べて複雑な要因が関与しており，関係の展開に責任を取ることがかなり難しい作業となります。料理では，お客さんは自分のニーズ（食欲や好み）を意識し，表現してくれます。しかし，実践では，当事者は自らが置かれている混乱した事態を的確に表現できないことの方が多いのです。しかも，それが語られたとしても，それがそのまま見立てにつながるわけではありません。臨床心理士は，得られた情報に基づいてそこで生じている事態のコンテクストを読み取り，問題の核心を把握する作業をしなければ，見立て（仮説）を立てることができません。したがって，この過程における関係の展開に責任をもつためには，的確な情報収集能力と想像力が臨床心理士の専門性として求められます。

　また，料理をつくること自体は，基本的には厨房で料理人だけで行う作業です。それに対して実践過程は，臨床心理士とクライエントとの相互的なやりとりの中で進行します。しかも通常，実践はたとえば1回のセッションが50分，それが1週間に1回というように繰り返されます。料理がその場での1回性の出来事であるのに対して，実践は時間の中で継続して行われる作業となります。

　このように実践の過程は，常に対人関係の場で，しかも時間の中で繰り返されます。その結果，1回ごとに見るならば出来事性が強い実践が，時間性を帯びることになります。時間の中で出来事が生起することによって，そこに物語が生じることになります。当然，クライエントと臨床心理士との間で生じる物語には，事例の混乱がもち込まれることになります。その結果，臨床心理士も

その混乱の枠外にいることはできなくなり，臨床心理士自身の心理的な混乱も惹起され，それを含めて関係の物語が展開することになります。精神分析学で強調される転移―逆転移は，この当事者と臨床心理士との間で生起する物語の一種です。

　臨床心理士がこのような物語を内包する臨床過程の責任を取るためには，自分自身の内的過程を含めてそこで生じている物語に関する"読み"をもち，その物語の展開の調整をすることが必要となります。その点で臨床心理士の専門性として，的確な対人関係能力と物語調整能力が必要となります。

根拠としての日常
　料理は，日常生活の一部です。しかも，切る，焼く，煮る，盛りつける，食べるなどは日常の基本的行為から構成されています。実践知とは，自然科学のように抽象的な知ではなく，料理の知がそうであるように現実の日常的行為に根ざした知のあり方です。このような実践知の特徴は，臨床心理実践にも当てはまります。心理的援助という行為は，基本的には他者に対する手助けであり，誰もが日常的に行っている行為です。具体的には，行為としての実践は，語る，聴く，訊く，観る，診る，読むといった基本的日常行為から成立しています。

　このように，料理も実践も日常の基本的な行為を構成要素とした実践知です。したがって，その専門性は，日常生活から切り離された抽象的な法則や方法に由来するのではなく，日常的な行為を根拠として成立し，それを専門的に洗練させたものとなります。この点でも実践知は，自然科学とは異なる知の次元であることが確認できます。精神医学における医療行為は，基本的には生理学や生物学に基づく病理学に由来する専門的な行為です。つまり，病理学という自然科学の知見に基づく特殊な行為であり，日常的行為とは本質的に異なるものです。

　このように特殊な行為であるので，医療行為が集中的に行われる病院は，時に非日常的空間となります。治療を効率よく行うためには，医療とは異質な日常生活を，医療主導で管理する必要があるからです。集中管理室や保健管理センターといったように医学関連の名称に「管理」がつくことが多いのは，このような理由によると考えられます。

そのため，医学が専門的であろうとすればするほど，医療行為と日常との乖離が生じます。しかし，病気は人や人が生活している日常の場から独立して存在するものではありません。医療行為と日常との乖離は，病気を抱えて日常を生きる患者を，「医療による管理」と「日常を生きる主体性」との間で引き裂くことになります。昨今問題となっているインフォームド・コンセントは，このような点と関連した事柄と言えます。

そこで，医療が日常の中で生かされるには，医療と日常をつなぐ学問が必要となります。現在チーム医療が強く求められているのは，このような事情によるものです。臨床心理士がチーム医療の中で臨床心理活動を適切に実践するためには，医学の知を理解しつつも，医療そのものには組み込まれずに，日常生活に根ざした学問であることが条件となります。医療行為を日常生活につなぐことができるからです。日常を根拠とする実践知である臨床心理学は，このような役割を担うことができる立場にあります。

評価としての日常

以前は男子厨房に入らずと言われたこともありました。しかし，最近では男性が料理に関心をもち，料理をつくることが一種の流行にさえなっています。このような現象が生じた要因の一つとして，料理は日常の行為であり，やる気さえあれば誰にでも可能であるということがあります。しかも，出来上がった料理を食べる喜びを他者と共有でき，心理的満足が得られます。このように，食をともにするという他者との関係性は，日常生活の土台となる事柄でありながら，忙しい現代社会においては日々失われつつあります。料理に対する関心の高まりには，料理を通して他者と食の喜びを共有するといった親密な関係性を回復したいという現代人の望みも託されているように思われます。

前述したように，実践も料理と同様に，手助けという誰もが日常的に行っている活動です。しかも，語る，聴く，訊く，観る，診る，読むといった日常的行為で構成されているので，やる気さえあれば誰にでもできるように思われがちです。さらに，それによって他者が助けられ，他者と喜びを分かちあえることで，大いなる心理的満足と親密な関係性が得られます。昨今，臨床心理学に関して一般の人々による関心の高まりが見られますが，これは料理への関心と

同様に，実践のもつ日常性と密接な関連性があると考えられます。

しかし，日常場面での料理ならば誰でも比較的簡単にできますが，プロの料理人としてお客さんに真に満足してもらえる料理をつくるのは生やさしいことではありません。当然，切る，煮る，焼くといった料理に関する基礎的な行為についても，日常の料理場面とは異なるプロの技を身につける修行が必要となります。それに加えて，料理に関するさまざまな知識をまなび，お客さんのニーズに対応できる多様な献立を用意しなければなりません。また，料理店を経営するには，栄養学や衛生学の知識も必要となるでしょう。したがって，プロの料理人になるには，日常性に根ざしつつも，その日常性を超える専門性が求められることになります。

ただし，プロの料理人として一人前になるには，そのような専門性を身につけるだけでは，まだ十分とは言えません。料理は，料理人の行為だけで完結するのではなく，それを食する相手が存在して初めて出来事として意味をもつという関係的事柄だからです。つまり，お客さんの評価が得られて初めて専門職として一人前となるのです。そして，ここで再び日常性がかかわってきます。

日常を超えたプロの料理人によって調理された料理であっても，それがお客さんに供せられるものである限り，食されるのはあくまでもそのお客さんの日常場面においてであり，料理は日常場面の事柄として評価されるからです。いくら専門的な料理であっても，それが食されるという点で，料理は常に日常に戻ることになります。しかも，味という点では，誰でも日常の経験としてその評価基準をもっています。したがって，料理の評価は，特別な知識がなくても誰でもでき，人それぞれ味にうるさいことになります。むしろ，下手な知識をもっている大人よりも，味わいに関して素朴な感覚をもつ子どものほうが適切な判断を下す場合もあります。

このように，料理のような日常に根ざした実践知は，一見するとやさしいように見えますが，それを専門職として行うのは決してやさしいことではありません。この点は，同じ実践知である臨床心理学においても同様に当てはまります。単なる日常の手助けではなく，専門の心理援助として実践を行うことは，生やさしいものではありません。実践の基本となる"聴く""訊く""観る""診る""読む"といった行為についても，日常を超えた専門的な技が必要とな

ります。また，事例の混乱した事態を査定し，適切な介入方法に結びつく見立てをもつための，理論と方法に関する専門的な知識も身につけなければなりません。

　これらの技術や知識は，単に学習して知っていればよいというのではなく，「行為としての知」として状況に合わせ，工夫して使いこなせるように身についたものとなっていなければなりません。行為としての知を身につけるという点では，単なる学習を超えた修行といった側面の難しさがあります。これは臨床心理学の教育と関連するテーマです。

　また，行為としての実践は，事例の当事者に評価されて初めて意味をもつものです。第6章で臨床過程における仮説の妥当性は当事者との合意によって進むことを指摘しました。このように実践の成果は基本的に，混乱した事態を抱えて日常を生きる当事者によって評価されるものです。したがって，実践の行為そのものは日常を超えた専門的な事柄ですが，その評価は日常のコンテクストでなされる出来事でもあるのです。この点で，実践は，臨床心理学という専門的学問の内に閉じこもっていることはできません。日常に開かれ，日常を生きる社会にその評価を委ねる発想が必要となります。医学のように非日常的な自然科学に根ざした専門領域では，専門知識を独占し，その評価は内部の専門家によってしかできないという論理も成り立つのかもしれませんが，少なくとも実践知である臨床心理学ではそれは許されないことです。

　臨床心理学の専門性は，時として医学領域で見られるような非日常的で独占的な専門性ではないことをまず確認したいと思います。むしろ，日常と非日常の中間にある半日常の専門性として，その両者に開かれ，両者の間を行ったり来たりして両者をつなぐことが実践知である臨床心理学の真骨頂と言えます。専門的学問でありながら，専門家集団の内に閉じこもり，それに守られるのではなく，社会にその評価を委ねるというのは，ある意味で大変厳しいことです。

3　社会的機能

社会的行為としての実践

　料理が日常に根ざしていることを最もよく示す事柄として，家庭料理があります。「おふくろの味」と言われるように，人の味の原点は，その人の生きて

きた歴史と重なる家庭の味と結びつきます。特に乳幼児期では食べることと生きることとは深く重なっており，食事は，養うことであり，育てることでもあるので，人生の歴史の基層を構成することになります。そして，人は，それぞれ異なる食事の歴史を生きているので，味についてもそれぞれの歴史に根ざした個性をもつことになります。現代社会では，人は家庭で育ち，そして家庭をもち，子どもを産み，育てるという生の循環（ライフサイクル）が社会を継続する基本構造となっています。したがって，味の個性は，家庭料理に発し，家庭料理に戻る循環を通して育まれていくことになります。

　このように日常の家庭料理が各人の味の個性の原点となっているわけですが，社会的職業としての料理を提供する活動，つまり生業(なりわい)として料理をする場合には，家庭料理とは異なる社会的側面が重要となります。家庭の外で食事をする時，人は少なくとも意識としては，そこに自己自身の「家庭の味」や「おふくろの味」を求めるのではなく，むしろ日常とは異なる味を期待します。つくる側にとっても，職業としての料理提供は基本的にはサービス業であるので，お客さんのニーズに合った味を提供することが必要です。しかもお客さんは不特定多数であるので，個性よりも一般的に通用する味を追求することも重要となります。

　また，料理をする行為自体についても，家庭という場で行われるプライベートな行為ではなく，社会的行為としての責任を取る必要が出てきます。公共の場で料理をつくることに関しては調理士免許や栄養士としての資格が必要であり，保健所からの営業許可も必要となるでしょう。さらに，生業（商売）としてやっていくためには，経済的な収支も考えなくてはなりません。そのためには社会活動としての機能を高め，経済性を考える必要もあります。たとえば，酒屋や八百屋といった関連の職種との緊密な連携を取るネットワーク機能が必要となります。世の中のニーズに合わせた味つけや献立を見極めるためのマーケティング機能も必要となります。きめ細かなサービスの機能性を高めるためには，受付，給仕，料理，配膳，会計などの下位システムを構成することも必要です。そして，このような社会的組織としての機能性を高め，維持するためには，その活動を運営するマネジメントの機能が最終的に必要となります。

　このように料理を社会という場で展開するためには，家庭料理とは異質な社

会的機能が求められます。この社会的機能は，単に大学や学会という学問の世界の中で自己充足する知とは異なり，社会という場の行為として機能できて初めて意味をもつ実践知では，必要とされる事柄です。「手助け」という援助行為の原点は，母子関係を初めとして，人が経験してきた日常の人間関係にあります。しかし，社会的行為として専門的な心理援助を行う実践では，日常の人間関係とは異なる社会的機能が必要となります。

個性と社会性が交錯するところ

しかし，少なくとも日本の臨床心理学では，社会的機能を実践の機能として積極的に取り入れるといった発想が乏しいように思われます。このように社会的活動でありながら実践において社会性がないがしろにされてきたことの要因として，臨床心理学の知の特殊性があると考えられます。その特殊性について，以下に個性と社会性の交錯という点から整理して議論することにします。

実践の対象となる事例の混乱した事態には，それが形成された固有の歴史があり，当事者にも固有の生育史があります。したがって，実践は，対象となる事例固有の形成史というコンテクストを踏まえ，そのコンテクストを前提として成立します。つまり，実践では，第4章で述べたように事例と臨床心理士の出会いによって新たな出来事が生起することになるのですが，それはあくまでもその事例に固有なコンテクストを前提としたものです。そのため，実践は，料理に比べてはるかに対象の個別性に左右される個性的な活動となります。献立の中からお客さんの注文を取り，お客さんの個性とは無関係にお決まりの料理を出せばよいという一般的対応では，事がすまないのです。そこで，事例の個性を尊重する実践をしようとすればするほど，個性をないがしろにする一般的な社会性を追求してはならないという論理が出てくることになります。

忙しい現代社会において，料理に関する社会的機能性が追求され，ファストフード店が増え，レトルト食品が家庭にどんどん入ってくるようになりました。その結果，手軽に料理や食事をすますことができるようになった反面，本来は家庭料理の補完でしかなかった外食が，逆に家庭料理を凌駕し，家庭料理に取って代わるようになってきています。「おふくろの味」と言われるような，家庭固有の歴史に根ざした個性ある味が失われ，どこでも誰でもできる機能的で

一般的な味が蔓延するようになりました。その結果，日本の食生活が豊かになるのではなく，むしろ人間味のない貧しい食生活になっている側面もあります。

たしかに，料理に関してこのような本末転倒が起きている事実を考えるならば，個性を尊重する臨床心理学は安易に社会的一般性や機能性を追求してはならないと思います。実践は，あくまでも日常の人間関係の補完であり，その点で現実を尊重する立場を忘れてはなりません。当事者の個性から切り離された社会的機能性のみを追求することは，実践が根拠としている日常性を否定することであり，自らの足下を崩していくことに他なりません。ここで再度，臨床心理学の専門性は，日常性を根拠としていることを確認したいと思います。

また，料理には文化という側面があり，日本料理，中国料理，フランス料理など，その地域に根ざした料理があります。そのような料理は，その地域の歴史に育まれてきたものであり，そこで生きる人の体質に最も適したものとなっています。地元の風土に根ざした素材を活かした料理であってこそ，家庭料理に取り入れることができ，生活の豊かさにつながります。したがって，日本で中国料理やフランス料理を日常の料理に取り入れることは意味があるにしても，それを家庭料理に代わるものとして提供することには無理があるというだけでなく，日本文化固有の料理を台無しにしてしまう恐れさえあります。同様に臨床心理学においても，外国の流行の理論を輸入し，それを適用するだけで満足していると，本来ならば根拠にすべき日本の人間関係の文化を台無しにする危険性すらあると言えます。

個性と社会性をつなぐ

このような個性と社会性の異質性を考慮するならば，たしかに臨床心理学に安易に社会性を導入すべきではないでしょう。しかし，行為としての実践自体は個別の事例と臨床心理士の出会いによって生起する具体的出来事であっても，それが生起するのは社会的な場においてです。その点で実践は公共性のある社会的活動であり，臨床心理学は実践を行う場の社会的コンテクストに適した社会的機能を備えなければならないということも忘れてはならないと思います。しかも，社会から切り離された個という存在はないのですから，本来，個性と社会性は相容れない，対立するものではありません。高度に組織化され，非常

にわかりにくい形で組織による個人の管理が進んでいる日本社会では，不登校やいじめの問題に見られるように，社会システムの歪みが個人の問題にすり替えられて顕われています。その点を考慮するならば，むしろ個性と社会性の関連性をまず前提としなければ，個々の問題の意味が見えてこないとも考えられます。

したがって，臨床心理学においては，個性と社会性を切り離して考えるのではなく，個性と社会性をつなぐという視点から両者の関連性を考えていくことが必要となります。つまり，商売や管理の発想に基づき，個性を切り捨ててしまう従来の社会的機能性ではなく，個性を尊重しながら，それを社会につないでいくという，実践独自の新たな社会的機能性を明らかにしていくことが，臨床心理学の課題となります。そして，それに基づいて，事例の個性を社会につないでいくための多様な社会的機能を充実させることが，臨床心理学の社会的専門性であり，役割であると考えられます。

その場合，常に日常性を根拠として，実践が行われる場の特徴に合わせた社会的機能を構成することが重要となります。たとえば，料理では，それが供される場が高級レストランか，学校か，あるいは病院かで，その社会的役割は異なり，当然そのための社会的責任や機能は異なってきます。病院食であれば，まず栄養管理が重要であり，フランス料理のフルコースをつくるための機能を備える必要はありません。それと同様に実践には，医療，教育，司法，産業，福祉といったさまざまな社会的な場があり，しかもそれは日本独特の社会的風土の中にあるので，個々の現場の実状に合わせた社会的組織と機能を構成していくことが求められます。現在議論されている臨床心理士の国家資格問題は，このような臨床心理学の社会的専門性と切り離しては考えられない事柄です。

4 実践知としての臨床心理学

以上，実践知としての臨床心理学のあり方を見てきました。まず，行為としての実践においては出来事性が強いことを明らかにし，その出来事性の強い臨床過程の進展の責任をもつことが，実践の専門性であることを指摘しました。また，それと関連して，臨床心理学における理論の位置づけについても確認しました。理論とは本来，一般性・抽象性が高く，論理的整合性を重視するもの

であるので，事例の混沌とした事態に具体的にかかわっていく実践とは相矛盾する側面があることを確認した上で，混沌とした状況のコンテクストを読み取り，その混沌を秩序につなぐ道筋を見出していくのが，実践の具体的な専門性であることを示しました。

ここで臨床心理学の知として明らかとなった実践知のあり方は，従来の学問の主流を構成していた知のあり方とは基本的に異なる特徴があります。従来の学問の思考法では，神のような絶対者や形而上学のような絶対的な真実を想定する西洋哲学の伝統の影響を受けて，実践知のような相対的な知を下位に位置づける傾向がありました。また，自然科学の思考法でも，主観から分離された客観性という基準を絶対視し，それによって示される普遍的な真実に価値を置いていたと言えます。このように従来の学問では，絶対性や普遍性という価値が重視されてきました。

それに対して臨床心理学の知では，実践と理論，混沌と秩序，具体性と一般性，日常性と専門性，個性と社会性，さらには主観と客観といった異質な両者の間にあり，両者が重なる中間的で相対的な事柄が重視されます。このような中間性が重視される背景には，物事を理解する基準として絶対的なものに価値を置くのではなく，むしろ日常の関係性を前提とし，相対的な現実の中に真実を見出していこうとする知の地平があると考えられます。

このような知の地平においては，単に知の内容だけでなく，知るという行為そのものも日常の関係性の中に位置づけていくことになり，研究も現実の関係の一環としてとらえられることになります。したがって，このような中間的な関係性をまず前提とする思考法（市川，1990）に基づいて学問を構成していくところが，実践知としての臨床心理学の独自性となるわけです。

〈引用文献〉
市川浩（1990）.〈中間者〉の哲学　岩波書店

人名索引

あ行

イールズ（Eells, T. D.）　172
エリクソン（Erikson, E. H.）　20
エリス（Ellis, A.）　287

か行

クライン（Klein, M.）　248, 290
クレペリン（Kraepelin, E.）　157, 305

さ行

坂部恵　88, 90
サリバン（Sullivan, H. S.）　90, 299
ジュネット（Genette, G.）　69

た行

土居健郎　140, 288

は行

バルト（Barthes, R.）　69
フォースター（Forster, E. M.）　68
ブルーナー（Bruner, J.）　69
フロイト（Freud, S.）　281
ベック（Beck, A.）　287
ホワイト（White, M.）　73

や・ら・わ行

ユング（Jung, C.）　290
ラカン（Lacan, J）　291
ロジャース（Rogers, C.）　281

事項索引

あ行

アイデンティティの確立 20
悪循環 174, 255, 256, 266
　マクロな—— 175-178
　ミクロな—— 175, 176, 178
アセスメント 45, 61, 65, 79, 95, 114, 168, 170, 171, 238-240
　——面接 141, 144, 145, 147, 151
いじめ 222
異常心理学 104, 151, 157, 159, 169, 170
イメージ 271, 282, 301
因果関係 68
インターン 232
インフォームド・コンセント 106, 107, 324
うつ病 149
エビデンスベイスト・アプローチ 5, 66, 70, 170
エンカウンター・グループ 161
縁起 262
演技指導 118, 273, 305
演出 118, 311
エンパワーメント 317

か行

解釈 116, 117, 121, 134, 193
回診 240, 242
介入 44, 45, 50, 60, 61, 65, 75, 79, 95, 105, 106, 110, 147, 164, 168, 170, 179, 194, 197, 249, 266, 269, 274, 300, 307, 314, 316
　——目標 172

回避行動 10, 26
外来予診 237, 238, 241
解離性障害 303
過食嘔吐 149
家族システム 59
家族療法 41, 90, 104, 106, 118, 151, 156, 161, 251, 299, 310, 316
語り 66, 69, 75, 79, 101, 267, 270
　——としての物語 80, 83, 87, 90, 91, 94, 193, 255, 260, 264, 269, 270, 272, 308
語る 280, 281, 296
関係者 76
観察
　——学習 228
　——法 82, 101, 103, 169, 182, 297
　間接—— 297
　直接—— 297
カンファレンス 240
キーパーソン 163, 194, 315
危機介入 194
訊く 114, 138-142, 150, 156, 172, 194, 283-286, 290, 300, 304, 305, 311
聴く 114, 118, 122, 134, 135, 138, 142, 172, 193, 194, 196, 197, 280, 282, 286, 287, 289, 307, 308
記述症候論 157, 305
機能障害 154, 159, 162, 193, 306, 307
機能分析 306
虐待 222
逆転移 128, 291
客観性 12
境界性パーソナリティ障害 118, 303, 314
共感 29, 30, 122, 128, 131, 197

──的理解　30, 59, 128, 132
共同生成　17, 18, 22
共同体　19
強迫症状　154
虚偽性　73, 100
虚構性　71, 72, 80, 103
クライエント　29, 45, 76, 82, 188
　──中心療法　41, 58, 88, 104, 106, 117, 282, 283
グループ体験　160
傾聴　115, 117
ケース・フォーミュレーション　45, 49, 58, 171, 172, 178, 196, 198, 213-215, 218, 306
ケース・マネジメント　110, 163, 167, 172, 181, 186, 191, 195, 196, 202, 207, 208, 221, 233, 237, 249
劇　64-66, 75, 76, 79
　──としての物語　81-83, 85, 86, 89, 92-94, 193, 264, 266, 267, 269, 272, 309, 310, 315
検査法　82, 102, 103, 169, 182, 304
現場　41, 84
　──研修　237, 238, 241
行為の共同性　301, 302
効果研究　70
行動化　60, 226, 258, 293
行動分析　160, 297
行動療法　104, 106, 251, 297, 300
コーディネーション　228, 229
個性　224, 328, 329
コミュニケーション　89, 94, 101, 109, 113, 118, 121, 137, 163, 167, 197, 221, 233, 237, 249
　　共感的──　113
　　実行的──　113
　　前言語的──　301
コミュニティ活動　233

コミュニティ心理学　41, 90, 104, 111, 118, 252, 315
コンサルテーション　111, 196, 228, 229, 234, 252, 254, 315
コンテクスト　23, 85, 87, 94, 95, 116, 132, 140, 155, 156, 160, 226, 257, 261, 274, 307, 322, 328, 331

さ行

参与観察　162, 170, 297, 298
資格　327, 330
時間性　68, 71, 73, 100, 103
時間見本法　299
刺激―反応―結果　144, 188
試行実践　201-203, 209, 237
思考モード　73
自己語り　263, 264
自己コントロール　59
自己の物語　20, 21, 23, 27, 72, 260, 268, 270, 272, 288, 306, 308, 314-317
自己の欲求　32, 33, 37
自殺念慮　26, 48
システム・オーガニゼーション　110, 222, 224, 231, 233, 237, 249, 293
システム論　58, 161, 311
実践　54, 99, 100
　──の物語　80, 167, 183, 188, 194, 198, 205, 207, 209, 221, 250, 252, 255, 256, 258-260, 262, 265, 279, 282, 285, 290, 291, 298, 302, 312, 315
実践知　319, 320, 325, 330
質的データ　66
質的な記述　99
質問　139, 140
自動思考　287
シフト　132
社会活動　108, 112, 224
社会性　224, 328, 329

社会的機能　328
社会的場　24
社会的発達　169
集団療法　251
主訴　144, 198, 217
主体的参加　197
純粋性　121, 128, 134, 139
ジョイニング　106
症例　44
初回面接　8, 10, 45, 48, 58, 76, 80, 82, 114, 138, 141, 168, 172, 189, 250
事例　44
　──の現実　41-43, 45, 61, 79
事例研究　190
事例検討　190, 192, 193, 207, 228, 233
事例検討会　75, 106, 181, 186, 190
　集団──　195
　初期──　195
事例報告　181, 189
身体表現性障害　255
信頼関係　135
心理援助専門職　29, 36
心理教育　228, 230
心理劇　161
心理障害　150, 154
心理療法　225, 227, 254
　──の物語　252
スーパービジョン　75, 106, 181, 190, 195, 196, 198, 199, 211, 214
ストーリー　7, 21, 67, 68, 71, 76, 79-81, 85, 86, 89, 95, 101, 116, 128, 140, 144, 185-187, 193, 281, 283, 299, 300, 307, 309
精神医学　20, 106, 224, 305, 306
精神障害　303, 314
精神性　88
精神内界　84, 88, 284
精神病　222
精神病理学　102, 118, 157

精神分析　41, 58, 88, 104-106, 117, 189, 250, 252, 289-293, 295, 299
責任　209, 327, 330
摂食障害　141
セルフヘルプ　317
専門職　12, 13, 25, 27, 28, 48, 209
専門性　14, 49, 53, 188, 321, 325, 331
ソーシャルサポート　228, 229
　──・ネットワーク　194, 252, 315

た行──────────────

退行　289
対象関係　88, 290
対人関係　84, 90, 299
ダイナミックス　160, 189
ダブルバインド（二重拘束）　312
逐語録　184, 195, 205
治療構造　225, 226, 274, 279, 289
つなぎ　254, 256, 266, 274
　──モデル　256-258, 261, 263, 265
DSM（Diagnostic and Statistical Manual of Mental Disorders）　157, 305
デイケア　228, 230, 237, 238, 242, 317
抵抗　290
デイホスピタル　237, 239, 242
データ
　──の記述　185
　──の記録　183
　──の収集　181
手紙　270
出来事性　43, 44, 48, 56, 330
転移　59, 291
　──逆転移　106, 189, 253, 290, 292, 299
同意的妥当性確認　169
投影　290
統合　163
統合失調症　117, 303, 308

動作法　300
当事者　45, 52, 76, 194, 326

な行

内的現実　63
ナラティブ・セラピー　73, 288
日常性　14, 325, 329
認知行動療法（認知行動理論）　41, 102, 104, 115, 118, 170, 250-252, 306
認知心理学　295, 306
認知の偏り　59, 115, 117
認知療法（認知理論）　58, 287
ネットワーキング　111
ノーマライズ　143

は行

パーソナリティ障害　255, 303, 314
バーンアウト　31, 33, 35
陪席　160
発達　72
発達障害　239, 255, 303
発達心理学　169, 302
話す　69
反射　120, 139
ひきこもり　222
ヒストリー　71, 187, 300
病因論　157, 305
評価　325, 326
不安障害　255, 303
フィールドワーク　298
フォーカシング　132, 283
不合理な信念　115, 287
舞台設定　230, 269, 313
不登校　163
ブリーフセラピー　118, 151, 156
プロット　65, 68, 71-73, 76, 79, 80, 82, 85-87, 95, 101, 115, 116, 125, 128, 140, 187, 193, 281-284, 287, 301, 309, 310

雰囲気づくり　120, 139
分析心理学　290
防衛　290
母子面接　267

ま行

見立て　4, 45, 46, 49, 51, 58, 75, 81, 87, 90, 93, 95, 105, 167-170, 178, 186, 192, 207, 208, 218, 249
導く　298, 300, 306, 311
観る　138, 150, 160, 163, 193, 294, 297-300
診る　138, 150, 156, 159, 162, 163, 193, 303-306, 308
無意識　290, 291
無条件の肯定的配慮　106
明確化　120, 132, 139
面接室　221, 222, 225, 250
面接法　82, 103, 169, 182, 187, 297
　　調査——　102, 114, 304
　　臨床——　101, 114, 115, 141, 281
物語　64, 67, 69
　　——技法　99
　　——性　6, 7, 11, 17, 19, 62-64, 66, 70, 71, 73-75, 99, 100, 274
　　——モード　71, 79
　　——論　69
問題解決　27
問題形成　7
問題の外在化　214

や・ら・わ行

遊戯療法　254, 299
夢　270, 271, 282
抑うつ　10, 26, 303
予診　160
読む　43, 129, 135, 159, 162, 169, 172, 185, 194, 221, 286, 287, 293, 307-312, 315
ライフサイクル　72

リーダーシップ　125, 143, 198, 232
リエゾン　228, 229, 234, 237, 241, 242
離人症　151, 154
リストカット　48, 58, 266
リファー　228, 229
理論　53, 54, 56, 57
理論モデル　24, 25, 66, 86, 102-106, 156, 169, 170, 186, 193, 265, 317
臨床心理学　16, 20, 22, 62, 296, 324, 326, 329
臨床心理士　20, 22, 29, 49, 51-53, 80, 83, 86, 118, 148, 208, 227, 233, 234, 251, 252, 257, 273-275, 289, 297, 312, 322, 323, 330
臨床心理実践　12, 20, 41, 55, 62, 64, 75, 95, 99, 100, 113, 223, 249, 265, 306
倫理問題　23, 37
レポート　185, 186, 192, 205
ロールシャッハ・テスト　301
ロールプレイ　118, 120, 123, 129, 138, 141, 145, 151, 161, 202, 233, 237

著者略歴
1957 年　生まれ．
1983 年　東京大学大学院教育学研究科博士
　　　　課程退学．
1997 年　東京大学博士（教育学）．
現　在　東京大学大学院教育学研究科教授．

主要著書
『講座臨床心理学』（共編，東京大学出版会，2001-02 年，全 6 巻）
『テキスト臨床心理学』（編訳，誠信書房，2006-08 年，全 5 巻＋別巻）
『臨床心理アセスメント入門』（金剛出版，2008 年）
『認知行動療法を学ぶ』（編，金剛出版，2011 年）
『発達障害支援必携ガイドブック』（共編，金剛出版，2013 年）

臨床心理学をまなぶ 2　実践の基本

2014 年 3 月 10 日　初　版

［検印廃止］

著　者　下山晴彦
　　　　しもやまはるひこ

発行所　一般財団法人　東京大学出版会
　　　　代表者　渡辺　浩
　　　　153-0041 東京都目黒区駒場 4-5-29
　　　　http://www.utp.or.jp/
　　　　電話 03-6407-1069　Fax 03-6407-1991
　　　　振替 00160-6-59964

印刷所　株式会社精興社
製本所　矢嶋製本株式会社

Ⓒ 2014 Haruhiko Shimoyama
ISBN 978-4-13-015132-0　Printed in Japan

〈JCOPY〉《㈳出版者著作権管理機構　委託出版物》
本書の無断複写は，著作権法上での例外を除き禁じられています．複写される場合は，そのつど事前に，㈳出版者著作権管理機構（電話 03-3513-6969，FAX 03-3513-6979，e-mail: info@jcopy.or.jp）の許諾を得てください．

時代の要求に即応した決定版入門シリーズ
臨床心理学をまなぶ [全7巻]
下山晴彦 編集 ●A5判・平均224頁・各巻2400〜2900円

[シリーズの特色]
- 学部生からまなべる入門テキスト
- 第一人者がまる一冊を書き下ろし
- イラストや実践を視野に入れた事例を多用し,親しみやすい語り口で解説
- 生物—心理—社会モデル,エビデンスベイスト・アプローチ,他分野との連携と専門性の問題など,これからの時代を見すえたテーマを扱い,現場で働く人のまなび直しにも有効

❶ これからの臨床心理学　下山晴彦
いざ,臨床心理学をまなぶ航海へ！　「臨床心理学」とは何か,ストーリー仕立てで,わかりやすく解説.何を目指してまなぶのか,そのためにはどのような選択をすべきかを確認しながら,学習の正しい道筋をガイドする.

❷ 実践の基本　下山晴彦
コミュニケーション,ケース・マネジメント,システム・オーガニゼーションの技能とそのまなび方を,物語論の観点から体系的に解説する.

❸ アセスメントから介入へ　松見淳子
アセスメントと介入を連携した専門活動として扱い,問題を明確化し,そのメカニズムについて作業仮説を立て,介入計画を作成するまでの実際を示す.エビデンスベイストな介入方法を選択するための基礎を養う.

❹ 統合的介入法　平木典子
実践においては,アセスメントをもとに,背景や周囲の人間関係もトータルに見た上で,クライエントその人に合わせた介入法を考えることが必要になる.現在,主流となっている統合的アプローチの基礎を紹介する.

❺ コミュニティ・アプローチ　高畠克子
コミュニティには,教育・医療・福祉・行政・司法など多くの現場がある.現場の要請に応えて出向き,ニーズをアセスメントし,他の専門職,当事者やボランティアと協働して介入し,成果を評価するプロセスを,事例や研究を通して解説する.

❻ 質的研究法　能智正博

エピソード（事例）を記述したり，語り（ナラティヴ）を分析したりする質的研究法は，よりよい実践を促進する手がかりにもなる．インタビューを中心に，実践に根ざす質的研究の意義や実際を解説する．

❼ 量的研究法　南風原朝和

臨床心理学においても，効果研究など客観的な評価が求められてきている．研究の立案をガイドすることに焦点をあて，臨床心理学における量的研究法の代表的なタイプを解説し，基本的な原理や考え方を紹介する．

精神医学を知る　金生由紀子・下山晴彦［編］
メンタルヘルス専門職のために

A5判・360頁・3200円

メンタルヘルスをこころざすすべての人たちに向けた，精神医学と臨床心理学の協働を実現するための指針．精神医学の基本的な考え方と最新の情報を紹介する．

臨床心理学の倫理をまなぶ　金沢吉展

A5判・312頁・3200円

プロとして社会に位置づけられる必須の条件である職業倫理——その基本的概念から守秘義務や多重関係の禁止まで，丁寧に解説．常に傍らに置きたいテキスト．

講座 臨床心理学［全6巻］　下山晴彦・丹野義彦［編］

A5判・平均320頁・各巻3500円

日本の臨床心理学の今後のあり方を提言する講座．心理療法の諸学派の境界を超え，実証性と実践性の統合をキーワードに開かれた学としての全貌を描く．

1　臨床心理学とは何か　　4　異常心理学 II
2　臨床心理学研究　　　　5　発達臨床心理学
3　異常心理学 I　　　　　6　社会臨床心理学

ここに表示された価格は本体価格です．ご購入の際には消費税が加算されますのでご了承ください．